小茶馆

教你开一家年赚50万的

李卓澄 著

人民东方出版传媒
People's Oriental Publishing & Media

东方出版社
The Oriental Press

图书在版编目（CIP）数据

教你开一家年赚 50 万的小茶馆 / 李卓澄 著 . — 北京：东方出版社，2024.1
ISBN 978-7-5207-3677-0

Ⅰ. ①教… Ⅱ. ①李… Ⅲ. ①茶馆－经营管理－中国 Ⅳ. ① F726.93

中国国家版本馆 CIP 数据核字（2023）第 180877 号

教你开一家年赚 50 万的小茶馆
（ JIAONI KAI YIJIA NIANZHUAN 50WAN DE XIAOCHAGUAN ）
- -

作　　者：李卓澄	
责任编辑：江丹丹　叶　银	
责任审校：孟昭勤	
出　　版：东方出版社	
发　　行：人民东方出版传媒有限公司	
地　　址：北京市东城区朝阳门内大街 166 号	
邮　　编：100010	
印　　刷：北京联兴盛业印刷股份有限公司	
版　　次：2024 年 1 月第 1 版	
印　　次：2024 年 1 月第 1 次印刷	
开　　本：880 毫米 ×1230 毫米　1/32	
印　　张：12	
字　　数：242 千字	
书　　号：ISBN 978-7-5207-3677-0	
定　　价：69.00 元	

发行电话：（010）85924663　85924644　85924641
- -

推荐序　中国茶馆经营的一个里程碑

　　拿到李卓澄博士的这本著作，我不禁眼前一亮，他带我进入了一个我从事茶相关的学术研究和社会工作超过 30 年却未曾如此深入思考过的世界——原来茶馆行业自有一片广阔的天地。

　　按照李博士的记忆梳理，我与他第一次见面是在 2016 年，当时，清华大学茶文化协会到访浙江大学茶学系，我与他们进行了座谈。彼时李博士还未投资和从事茶馆行业，刚刚开始对茶叶产生了一定的兴趣，像任何一个新手一样好奇，抓住一切机会和高手交流。

　　随后他在 2017 年开始投入大量精力开办茶馆，其间也不断撰写关于经营的心得文章。在后续的几年里，我不时会在一些行业会议上见到他，他的文章逐渐被行业发现和重视，他也时常被邀请到行业论坛发表他对茶馆业的观点。

　　因为他的研究领域和我的研究领域不太重合，我也没有过多关注，等到过了几年再去看他，颇让我感到意外——不知不觉间，他居然已经做了那么多有意义的工作。

依我看，李博士的这本书如他所言，将对中国茶馆经营管理的商业实践和学科建设，有里程碑式的价值。

第一，李博士将茶馆业作为一个独立的行业主体，并为此搭建了理论基础。

中国茶馆业历来是被放在中国茶产业里，作为茶产业的一个子集，来被全国数千万茶产业从业人员所认识的。放在茶产业里，茶馆业是并不太显眼的一个板块，用李博士的观点，就是在生产总值上被严重低估了，没有得到相应层次的资源，是一个"被坐着量身高的巨人"。

李博士从行业性质、行业规模、行业标准等多个角度重新界定了茶馆行业，将它抬高到了与茶产业齐头并肩、互有并集的并列关系。

这件事的贡献在于，极大地拓宽了泛茶产业的边界。如果我们顺着李博士的分析，把茶馆业和茶产业重新视为一个更大的泛茶产业主体，那我们整个产业、整个市场给予人们的想象空间一下子就大了两三倍，这就为未来的资本进入、技术进入、人才进入，打开了空间和格局。

第二，李博士为茶馆界勾勒出了一个前所未有的解释框架。

垂直领域的经营管理类书籍很难写出特点，写出差异性、可读性、专业性更难。垂直领域的管理类书籍，有很多是由专家学者或者企业的培训讲师依靠管理学通识和自身行业的案例拼凑而成的。其写作的过程，往往也就是一个资料编撰的过程，作品也没有什么真知灼见，只是成为学生上课和考试的参考书，考完试就被束之高阁。

但李博士的这本书完全不是这样的，他本意也并非写作一本茶馆行业的教科书，而是一本对经营者 / 创业者 / 管理者真正有长期价值的参考书。那究竟讨论哪些问题是最重要的？全书的 14 个章节，是李博士不断思考不断重构的结果。他的分类没有照搬其他经管类书籍的框架，而是在自己经营实践的基础之上，拿出了一个更符合实战的框架。

第三，这是一本工具书和教科书，却有极强的可读性。

工具书和教科书很容易让人感到枯燥，难以阅读，但是李博士的这本书丝毫不会让人觉得读不下去，反而越读越有味道。

这本书的可读性源于文字的准确和案例的生动。

首先，李博士的文字运用确实精练而准确，他在行文中总是非常有意识地规避可能产生混淆的用词，并且惜字如金，能不多说的地方尽量不多说，以免读者的注意力被分散，但是必须说清楚的地方也绝不含糊，不让读者遇到阅读障碍。

其次这本书的案例全部来自李博士的实践操作，从他作为案例第一责任人的视角来解读，既充分保障了案例的真实性，也把实操背后的逻辑给读者讲得清清楚楚。也正因为是第一人称的口述，这些案例一个个都生动有趣。

综合上述三大原因，我认为李卓澄博士的著作《教你开一家年赚 50 万的小茶馆》是一本难得一见的好书，诚挚向茶行业和茶馆业的同人朋友们推荐阅读。

王岳飞 [1]

① 王岳飞，1968 年 2 月生，浙江天台人，茶学博士、教授、博导，国家一级评茶师。国务院学科评议组成员，浙江大学农学院副院长，浙江大学茶叶研究所所长，浙江大学侨联副主席、留联会副会长。

自序

你是不是也想拥有一家属于自己的小茶馆？小店不大，管理不难，两三个人就能打理得井井有条。

每天有忙有闲，忙的时候客人络绎不绝，能够带来稳定的收入；闲的时候招待三五好友，能够关照自己的内心。除了线下门店的稳定收入，线上还有丰富的拓客方法和产品销售，是一种收入天花板较高的实体店模式。每天琴棋书画、诗酒花茶，中式文雅生活典范，虽然工作即生活，生活即工作，但是时间完全由你自己决定。

这样的美好生活，真的可以通过开一家小茶馆来实现吗？线下的实体店，难道不是既投入大又风险高吗？没有一点经验，能开好自己的第一家店吗？

相信你会有非常多的疑问，我会在这本书里为你逐一解答。

从互联网公司 CEO 到连锁茶馆创始人

我是李卓澄，全国的连锁茶馆创始人里唯一的清华博士。很多人比我更懂茶，但是几乎没人比我更懂茶馆。在开第一家茶馆之前，我是一家估值过亿的互联网金融科技公司的 CEO。在资本的推动下，企业高速发展，我也每天殚精竭虑，为公司寻找投资人和客户，组建团队和搭建商业模式。

2016 年，因为平时有不少接待需求，加上自己也喜欢茶和传统文化，索性开了一家小茶馆来接待客户，所有的应酬就都往小茶馆里安排。

一边经营公司，一边打理茶馆，实体店经营陷阱很多，细节琐碎，该掉的坑全都掉了个遍，我就把经验都总结成了方法，形成了茶馆的经营管理制度。

到 2017 年年底，金融市场发生大变化，监管的力度加强，我们的金融科技公司因为融不到资就解散了，我陷入了职业发展的危机。

在找不到下一步方向的时候，我发现原来一直没怎么在意的小茶馆，却成了家庭收入的稳定来源，这引发了我对事业和人生本质的思考：小而美的商业形态，才能让绝大部分创业者生存下来。

最务实的创业者要用最低的成本，在最短的时间内，创造最大的现金流。既然我可以，你肯定也行。我意识到，小茶馆可以为千千万万想要开家小店自主创业的人，提供一种靠谱的选择。

为了验证小茶馆商业模式的可复制性和易操作性，找到它在真实经营的不同场景所面临的实际问题，并提出全面的解决方案，我们已经先后开了超过 10 家店。

虽然不可能做到每家店都赚钱，但是随着模式越来越成熟，我们目前开店的成功率超过了 70%！历时 5 年，小茶馆的全套经营模式终于成型了！

经验的最大价值是帮助你减少试错成本

实际上，越成功的人越能认识到经验的价值。因为他们最不缺的是钱，最缺的是时间，而经验是要靠时间去积累的。所以成功的人最喜欢做的是花钱买时间。

无论你是想开一家属于自己的小茶馆，还是已经拥有一家店但遇到很多经营问题，又或者是对实体经营有兴趣但不确定是否适合自己，我可能都是你遇到的最好的老师。

为什么这么说？因为我所教你的都是我所做的，是真正实战的干货，一用就灵。我开过很多家店，替你交了很多学费，你会节约试错成本。你将遇到的所有问题，我都遇到过，都有落地的解决方案。

所以这本书不仅仅是一个课程，更加是一场训练。你将学到的不只是要做什么，还包括究竟怎么做。

任何成功的经营都离不开道、法、术、器四个层次

任何一家能够成功长续经营的企业，都在道、法、术、器四个层次上形成了一套自洽的逻辑。某一个环节的缺失，势必带来企业不能稳定发展的结果。

在这本书里,我会带给你——

道的层面:彻底理解茶馆的商业模式,帮你做好小店的顶层设计,构建起阶段发展目标。

法的层面:打通经营核心三要素人、财、事,帮你在头脑中形成企业经营的全景图。

术的层面:掌握经营的技术和方法,拆解产品、营销、管理等环环相扣的技术原理。

器的层面:了解支撑理论和方法落地的工具和应用,学会使用"器"来提高效率。

给自己定一个小目标先做到一年利润 50 万元

一年利润 50 万元,难吗?并不难。按茶馆的平均毛利率,只要一年的营业额做到 100 万 ~120 万元,年利润 50 万元就妥妥地实现了,摊到每个月,也就是不到 10 万元的营业额。

如果要年赚 500 万元,你一定需要一些运气和实力。但是年赚 50 万元,你只需要听话照做。如何做到每个月营业额稳定在 10 万元以上?如何从一开始就把经营成本牢牢控制住?如何一开业就吸引足够多的客户成为会员?如何落实每天的工作任务以保证稳定营收?如何不断去推进业务优化产生更多的利润?

魔鬼藏在细节里,利润也藏在细节里!想要尽快实现开一家稳定赚钱、年利润 50 万元以上的小茶馆,最靠谱的方式归根结底还是马上行动起来!

目 录

1
从 0 到 1：开店必备的商业能力

本章旨在为茶馆经营者解决三个底层认知问题：

（1）开茶馆是一件值得干和能干成的事情吗？

（2）新开茶馆的我们如何设定目标和有计划地开展工作？

（3）茶馆运转良好后我们的未来将是怎么样的？

开茶馆是一门生意，既然是生意，就要赚钱，就要养人，就要用商业化的手段去运营。

要想茶馆从一开业就能够正常运营，能够尽早地收回成本和产生利润，我们就必须认识并遵守一定的客观规律。商业在人类社会中存在了数千年，人们也已经总结了非常多的管理和营销的规律和常识，供我们借鉴和学习。

开茶馆这门生意本身并不存在脱离商业常识的独特性，所以在经营一家小茶馆之前，我们要先学习几个最重要的规律，建立起对茶馆经营的底层商业认知。

运营系统 ITRI 模型

所有商业的运营过程都可以拆解成 4 个步骤：引流—成交—复购—裂变（见图 1-1）。

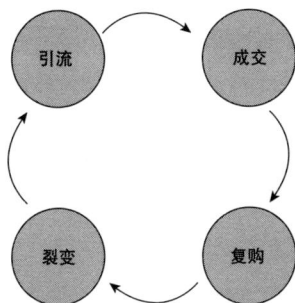

图 1-1　商业运营的 4 个步骤

引流（inflow），即引来流量，解决的是客户怎么来的问题；成交（transaction），即客户购买，解决的是客户买不买和花多少钱的问题；复购（revisit），即重复购买，解决的是客户留存和购买频次的问题；裂变（introduction），即客户转介绍，解决的是存量客户主动介绍增量客户的问题。这 4 个步骤共同组成了一个可循环的闭环流程，无数的闭环流程共同组成了一个运营系统，即 ITRI 模型。

这个运营系统实际上就是一遍又一遍地重复这个闭环流程，从而形成持续不断的现金流。

在认识到商业运营是一个闭环的同时，我们还要认识到它更是一个上大下小的漏斗模型（见图 1-2），不是所有的客户都会一直陪伴我们，实际上每往前走一步都会有一定比例的客户流失，这提醒我们要把每一步都做好，控制好流失率。

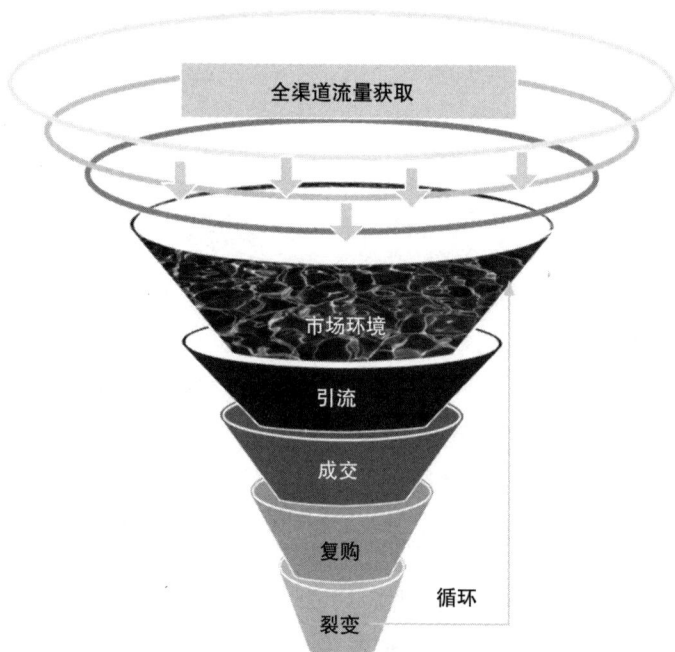

图 1-2　商业系统漏斗模型

茶馆经营者要高度熟悉 ITRI 模型，把它变成我们分析问题时条件反射般的工具。

我们所有的经营动作都是为了实现这 4 个步骤的闭环，我们经营当中所有的问题，也都是因为这 4 个步骤中的某一步的某一环节没有钻研透或者执行透而产生的。

ITRI 模型是我们开展工作最好用的思维工具。了解和掌握 ITRI 模型，对茶馆的经营管理有很强的理论指导作用。

应用方向一

ITRI 模型有助于我们认识企业经营的复杂性和单一性的辩证统一。

管好一家企业绝不简单，无论企业规模多大，都要涉及人、财、事等多方面的工作，都是一个系统工程。特别是小型和微型企业，没有形成人才梯队，全靠老板一个人承担全部责任，把老板忙得够呛。

大多数创业者在创业之初都没有充分认识到经营管理的复杂性，他们可能脑袋一发热，一时冲动就开始创业了，并不知道成功创业需要做什么准备，可能遇到哪些难题。打一场没有准备的仗，十有八九是要输的。

没有准备的创业者，可能连自己是怎么输的都不知道，也不会打破砂锅问到底地去研究商业世界的客观规律，不能逼自己去面对因为自己而导致的项目失败的真相，更不能忍痛一层一层地撕开"保护壳"以弄清问题究竟出在哪里。失败之后，一句轻飘飘的"运气不好，市场环境不好"就放过自己了，把责任也推卸掉了。正因为心智水平和认知能力都有问题，他们才会草率地做出创业的决定，我们要提醒自己不要成为这样的人。

复杂性和单一性的辩证统一是有前提条件的，对全局的复杂性有足够的理解，才能在执行层面抓住主要矛盾，实现动作的单一。ITRI 模型就是复杂性和单一性的辩证统一，它告诉我们，无论要实现什么样的目标，我们都可以按照"引流、成交、复购、裂变"的运营流程去设计和实施，然后围绕经营目标去动态调整资源投入。

基于 ITRI 模型，我们所有的经营计划和动作都要落到"引流、成交、复购、裂变"当中的某一个环节上面，它们既要满足自身所处环节的内在要求，又要和其他环节紧密关联。例如：

我们手里有 1000 盒单价 1 万元的高端茶叶要尽快销售出去，这就是我们的目标。能消费 1 万元一盒茶叶的客户一定是高端客户，首先我们要分析去哪里寻找有这个消费能力的高端客户：是在已有的高端客户里做一次推介，还是去找渠道帮忙导流？什么渠道能给我们导来高端客户？私人银行、信托公司、高尔夫球场？怎么能和渠道谈下合作？这就是根据目标设计引流方案。

按照 1 人买 1 盒计算，我们要找到 1000 个高端客户，客单价是 1 万元；按照 1 人买 100 盒计算，只需找到 10 个高端客户，客单价是 100 万元。同样是面对高端客户，成交 1 万元和成交 100 万元的思路显然是不一样的，前者可能是买了自己喝掉或者用来送礼，后者购买可能是为了投资等升值。卖给送礼的客户，我们肯定要把礼盒的包装做得高端大气上档次些，把产品的产地和工艺等故事讲得更好一点。而卖给希望投资升值的客户，我们就要讲清楚这么贵的茶为什么会有升值的空间，有多大的升值空间，怎么证明它一定可以升值。这就是根据目标设计不同的成交思路和成交方法。

客户购买之后，我们还能不能引导客户再一次购买，或者购买更多？对花了 1 万元买了 1 盒茶的客户，我们可以试着过段时间告诉他，一共只有 1000 盒限量版的茶，现在只剩不到 100 盒了，问他要不要再多存几盒。对投资 100 万元购买 100 盒的客户，我们可以主动向他展示这款茶的价格在不断上涨的证据，问他要不要再多买一些。这是引导客户复购。

平时我们主动多和客户聊天，邀约客户来喝茶，问客户有没有什么忧心的问题，想办法帮客户解决掉一些他自己解决不了的问题，在客户心目中树立我们的价值感，把客户处成真朋友，让客户也自发地想要帮助我们，主动给我们推荐客户。这就是裂变——客户转介绍。

上述 4 个步骤就是一个完整的 ITRI 模型全流程的简单描述，它是一环扣一环的，是相互联系的，而且每一步的工作拆分出来会很细，都是围绕着目标展开的。

相反，如果围绕这个目标来开展的工作和"引流、成交、复购、裂变"不直接相关，那我们就可以将之判断为浪费资源的无效动作并抛弃掉。比如，如果在第一步引流中，我们计划通过投广告获得流量来在拼 × × 上完成 1000 盒高端茶叶的销售，那这显然是一种极不匹配的引流策略，就不用浪费时间去测试了。

应用方向二

ITRI 模型有助于分析企业在哪一个环节上的工作做得不足，从而在相应环节上进行改进和优化，反之亦然。

在计划实施的过程中，我们总是要定期对数据和进度做总结和复盘的。复盘是重要的工作方法，经营管理者尤其要频繁地使用，每天自己复盘，每周团队复盘。

复盘最重要的作用，是找到引起现象或者问题的原因。很多时候，我们以为的某个问题的原因其实只是表面原因，不是深层的、真正的原因。干工作千万不要浅尝辄止，更不要掩耳盗铃，否则最大的代价最后都是自己背。

但是挖掘问题的本质又是非常难的，它不但要求我们具有思辨的头脑，还要求我们掌握方法和工具，而 ITRI 模型就是最好用的方法和工具。

以华饮小茶馆连锁为例，我们在北京国贸商务区某个商场 4 楼有一家 70 平方米的小店，共分为三个包间和一片不大的销售区，整体装修风格是简约新中式，店面小，租金不高，同时营收预期也不高，人员方面只需要配 1 名行茶师。

在开这家店之前，我们计算过周边企业的数量（因为我们的客户主要是企业客户），也查过美团给我们的区域热力图，由此判断这个区域的商务会谈需求会很旺盛，而且这家小店的房租不高，我们应该能够比较轻松地实现盈利。

我们在启动这家店之后，按照惯例连续投了三个月的点评广告，然后停掉广告看门店是否能够正常运转。

开业头三个月，数据还不错，营收每个月都有一些上升。停掉广告之后，数据有些回落，我们认为是正常的，接着又观察了一段时间。半年之后，这家店还没有稳定跨过盈亏线，这出乎了我们的预料，然后我们做了阶段总结，提出了一系列问题。

一是流量不稳定。究其原因，可能是广告没有投够，可能是楼层不够明显，可能是对本地商务需求总量的误判，也可能这几个因素都有，这些是引流的问题。

二是无法像其他门店一样做到较好的会员储值，平均客单价比其他门店都要低，做不高客单价。这可能是因为这家店偏小，装修不够高档；可能是店里配的产品不够多，陈列面不够吸引人；还可能是行茶师的服务能力和销售能力不足，这些是成交的问题。

三是来的几乎都是新客户，很少有再次消费的客户，客户开的发票大多也是外地的公司。为什么本区域内的公司很少来？为什么这家店不像其他门店那样有很大比例的复购客户？是因为这个商场的规模不够大？还是因为本区域的客户都去了附近其他茶馆？这些是复购的问题。

列举了这么多问题，到底哪些是真问题？哪些是关键问题？

010 教你开一家年赚 50 万的小茶馆

哪些是必须解决的问题？哪些是我们有能力处理的问题？

综合分析下来以后，我们认为早期对选址的判断出了问题，所以要让这家店盈利，就要改变它的基本定位，我们决定在我们常规的商务茶馆打法的基础上，加强这家店的销售属性，更多地通过卖茶，而不是卖空间来赚钱，使它更偏向于一家茶叶店。

所以第一步我们改变了引流策略，主动邀约附近的老板和高管到店聊天喝茶，或者举办活动，让他们知道我们店里能买茶。大众点评的引流照常做，但是不加大力度投广告，只把精力放在周边潜在客户的发掘上。第二步我们改变了会员卡的形式，降低了储值的门槛，增加了购买一定量的茶叶可以赠送包间免费使用的权益。这是在成交环节做文章。

如此调整之后，这家店的业绩逐渐有所好转并平稳增长，这个阶段的问题也就基本解决了。

请注意，我们必须认识到，一家店永远都不会没有问题，只要运转就一定会有一些问题，我们不要抱着彻底消灭问题的想法去开展工作，更不能有因为问题永远解决不完就放任不管的态度，要学会不断地发现问题、解决问题，并在这个过程中享受解决问题的快乐。

我们用 ITRI 模型是要分析哪些问题是真正存在的问题和不解决不行的大问题，也就是真问题和大问题，然后层层剖析，溯本求源，从问题到方案到动作，最后落地的是真正方便员工去执行的动作。

应用方向三

ITRI 模型的第三个应用方向，是有助于目标任务拆解和人力资源分配，从而对茶馆工作人员实施关键绩效管理（KPI）。

有了明确的流程框架，自然就好做目标任务拆解和人力资源分配了，尤其是对那些缺乏管理经验的创业者，他们还不了解怎样安排全局工作，对完成一项工作没有结构性认识，所以在刚开始开展工作时，必须借助一个脚手架。

有了 ITRI 模型后，我们只需要按照"引流、成交、复购、裂变"的流程往各个环节里填充内容就可以了。我们不必浪费时间考虑其他问题，只需把精力集中放在科学划分可执行的任务，以及考核人员绩效上面。

以华饮小茶馆连锁的人力资源服务为例，华饮小茶馆连锁有一项业务是帮同行业招聘茶艺师（服务员），每年大概安排 1000 人在北京地区的兄弟茶馆 / 茶店就业，这是一项中介业务，类似于家政公司和房屋中介，供需关系很简单，供给侧是想找工作的求职者，需求侧是需要招聘员工的用人单位，华饮小茶馆连锁是居中的信息平台，起到双边信用担保和撮合供需的作用，赚取的是信息服务费。

这项业务的正常运转需要有几名销售人员、行政人员和财务人员，其中行政人员和财务人员主要是拿底薪和奖金，销售人员主要是拿底薪和提成。因为业务本身比较简单，销售人员是同时对接求职者和用人单位的，也就是说销售人员可以全程参与撮合的工作。

这项业务的成本除员工薪酬和办公成本外，最大的一块是渠道成本，就是要向那些给我们推荐客户的渠道方支付佣金。收入减去这三项成本之后基本就是利润。

假设每一单完成之后的利润是 M，公司会留下 40% 作为运营成本支出准备金和年终分红准备金，10% 用于给行政人员和财务人员发奖金，剩下的 50% 就按各个步骤的权重给销售人员提成。在实际操作中，我们只针对"引流"和"成交"两个环节做拆解，另外我们假设 50%M=N，那么可拆分步骤和提成比例分别如表 1-1 所示。

表 1-1 "引流"和"成交"步骤和环节

步骤	环节	标准	比例
获得求职者信息	引流	通过拓展生源渠道，包括网上平台、职业中介、职业院校等，获得求职者的信息	20%N
联系面试和预录用	引流	联系求职者到店面试，保证预录用之前沟通畅通，加强求职者的入职意向	5%N
安顿求职者住宿和到岗	成交	送求职者到宿舍入住，送求职者到单位入职	5%N
稳定新入职员工心理	成交	关心新员工工作状态，保障新员工不离职，同时确保客户履行对新员工的承诺，包括薪资福利条件、员工关怀等	10%N
获得客户信息	引流	通过网上平台、陌生拜访、电话销售、建设转介绍中心等方法，与潜在客户取得联系，推介公司的业务	20%N

（续表）

步骤	环节	标准	比例
客户面谈确定意向	引流	到潜在客户公司面谈，或邀约潜在客户到公司面谈，详细介绍公司可提供的服务，打消客户疑虑	10%N
与客户签合同和收款	成交	与客户签订合同，并与财务确认客户首笔款项到位	20%N
收回客户尾款	成交	服务到期后尽快联系客户落实尾款，并与财务确认尾款到位	10%N

注意，只有完成最后一步收回尾款，所有提成比例才生效，如果收不到款，前面的服务就都前功尽弃。

仔细研读这个表格应该很容易理解，它是按照工作流程来拆解具体工作任务和制订绩效标准的，如实际情况需要，标准这一条还可以进一步拆分，这个工作方法就是基于 ITRI 模型的。

应用方向四

ITRI 模型是最简单的闭环模型，有助于提醒我们思维逻辑要形成闭环，生活、工作和人际交往也要形成闭环。

思考有闭环，是一个人具备思考能力的标志。思考如果不能形成闭环，说明这个人只拥有碎片化的知识或信息，还不能通过自己的思考去认知客观世界，更不具备带领他人取得成绩的能力。

思维逻辑要形成闭环，是要求我们不断完善思维模型，提升思维能力。好的闭环第一是要逻辑清晰，一环与一环之间的联系高度紧密，没有非相关信息；第二是能首尾相扣，形成循环，逻辑上完全自洽。小闭环之外有大闭环，低层次的闭环之上有高层次的闭环，思维能力强的人在建立新的闭环的同时，也会打破旧的闭环，不断地拆解重构。

生活和工作的闭环则是检验一个人是否靠谱的标志。具体表现在：被安排的工作是不是件件有交代，交代好的事是不是件件有汇报，每一步的工作是不是有成果，与他人相关的工作是不是有充分的沟通，开展工作是不是有清晰的流程和逻辑，工作结束后是不是有承上启下的处理等。

生活和工作有闭环的人，会赢得他人的信任，在单位就一定会被上级委以重任，地位越来越高，在市场上就一定会得到越来越多客户的认可，收入节节攀升。

如果深刻地理解了 ITRI 模型，我们就会自然而然地形成事事有闭环的习惯。举个简单的例子，假如公司刚刚入职一批不错的新员工，我们肯定希望这批新员工能够尽快适应公司的业务，并且能够长久地留在公司发展，作为新员工的领导，我们可以用 ITRI 模型来给自己做一个与新员工相处的计划（见表 1-2）。

表 1-2 （ITRI 模型）与新员工相处的计划

流程	内容
引流	社会公开招聘、新员工入职和认识每一位新员工
成交	给新员工做入职培训,植入公司的价值理念体系,使员工掌握基本工作方法
复购	日常言传身教,提高员工工作效率,同时与员工充分沟通交流,增进价值观一致
裂变	新员工成为价值观和工作能力都让人放心的老员工,又带出了更多优秀的新员工

可见，ITRI 模型对经营茶馆十分有用，熟练地理解和掌握 ITRI 模型，我们还能将它应用在更多意想不到的地方。

茶馆的商业模式

商业模式讨论的是怎么赚钱的问题，尤其重要的是怎么持续赚钱的问题。

每个行业都是由大大小小的各种商业模式支撑起来的，有的商业模式千百年来一直都在运行，有的商业模式随着时代的变化产生而后又消亡了，也有的商业模式被人们生造出来后又被社会需求验证并不合理。

找到一个能够成立的商业模式，对于普通创业者来说是最为重要的，因为成功的商业模式意味着我们可以获得稳定的现金流，我们可以生存下来了。中国有超过 200 万家茶空间，这就证明了茶馆商业模式是成立的。

知道自己能够通过什么方式去赚钱，不一定就能赚到钱，但是有一个持续发力的方向，或早或晚肯定能赚到钱。相反，有些人赚到钱了，但是不知道自己是怎么赚到钱的，这样就很容易守不住财，也很难让企业有进一步发展。有句话说得好，很多人凭运气赚来的钱，最后凭实力都亏出去了。

实际上这就是绝大部分经营者过去和现在正在经历的。很多老板在中国经济高速上行的阶段，搭着不规范经营的顺风车赚到了钱，但是始终没有完成企业化，始终是小作坊或夫妻店，进入经营越来越规范的现阶段，生意越来越做不好。

搞清楚自己的商业模式至少有两种好处。首先，明确地知道自己可以跟谁学，哪个公司是我们这个行业里做得最好的，他们做得好的地方在哪里，他们的欠缺又在哪里，哪些是我们能学得到的，哪些是我们学不到或者不必学的。我们能够借由他人来看到自己和别人的差距，也能够知道自己努力的方向。

其次，能了解自己的业务边界，知道什么可为，什么不可为，避免盲目地尝试拓展非相关的业务，提醒自己集中精力聚焦核心业务，同时及时放弃战略上不重要的业务。

此外，须知商业模式是动态发展的，不可用一成不变的视角去看待商业模式，因为每一个企业的商业模式都是受经营者的认知、资源和能力共同制约的。

华为公司在成立之初，只是代理销售香港公司的电信设备，是一家纯粹的商贸公司。后来市场逐步做大之后，不甘于只赚取销售利润，也不满于香港企业不投入研发资金对设备进行升级，于是在一次设备升级换代的时代机遇下，任正非赌上身家组建了华为自己的研发团队，从此华为转型成了一家科技公司。

华为公司的案例给我们两点启发，一是它的商业模式变迁是伴随着企业家的认知和决断而来的，二是它的商业模式升级是围绕通信市场的需求展开的，且从未脱离这条主线。

回过头来看茶馆行业，要长久地做好茶馆这门生意，经营者非常有必要搞清楚茶馆的商业模式。纵使茶馆的形态千千万万，它的收入来源始终是三个核心经营类目：空间、零售和文化。所有的茶馆，主业都是这三项中的某一项或者某几项。

空间

空间，就是售卖包间、包场和散座。有些茶馆会对空间直接定价，有些茶馆是把空间的价格转化为茶水的价格，例如北京的消费者就很愿意接受包间和茶水分开单独收取费用的消费方式，但是上海的消费者就不太愿意接受单独收取包间费的方式，他们更愿意为更昂贵的茶水买单。

包间费和茶水费无论是否分开收取，它们的本质都是为了满足客户对空间消费的需求，所以包间费、茶水费、茶点费都应该归类到售卖空间的收入。

售卖空间是绝大多数茶馆的主要收入来源，并且人们对于空间的需求是最具普遍性和稳定性的，是茶馆存在的社会刚需基础，这是客观事实，也应该是茶馆经营者们正确认知自我的起点。

决定空间收入的是地段、环境和服务。好的地段，决定了空间需求的密集程度，决定了茶馆的生存概率；而好的环境和好的服务，决定了消费者的付费意愿，决定了茶馆的客单价和复购率。

以售卖空间来获得收入的业态就太多了，上到房地产，下到摊位出租，我们日常生活中能接触到的大部分商业都源于人类在不同场景下的空间需求。对茶馆来说，最值得对标学习的是酒店行业，因为大多数茶馆以售卖包间为主营业务。

零售

什么是零售？通俗地解读，就是把产品一个一个地卖出去。零售是和批发相对的概念，批发则是把产品一批一批地卖出去。茶馆当然也可以有批发业务，但我们在本书中讨论茶馆商业模式的时候，把范围限定在茶馆的物理空间之内发生的产品销售，是由基层店员在日常工作中完成的销售。

茶馆的零售，狭义的理解是实物产品的零售，包括茶叶、茶器、茶点、茶衍生品等，广义上的零售还可以包括除了实物产品之外的虚拟产品、会员产品、课堂产品、旅游产品等。

产品销售也是茶馆的主要收入来源。一般来说，茶馆都会代理销售一些品牌茶叶或茶器，同时也会销售散茶和私房茶，更有实力的茶馆可能会定制一些自己品牌的茶叶和茶器。

空间满足的是社交需求，而产品满足的是客户自用和送礼的需求。很多茶馆经营者没有意识到，打通空间消费和产品销售是自己工作的核心命题。

茶馆卖茶不是一件很容易的事，因为茶馆通常空间成本较高，导致茶水的定价和茶产品的定价只能水涨船高，给消费者造成了茶馆的产品价格偏高的印象，所以如果不是熟客，消费者一般不会主动到茶馆购买茶和相关产品。茶馆经营者需要克服这个障碍，扩大产品销售在茶馆营业额中的占比。（茶馆的产品体系如何搭建，请阅读本书第 10 章。）

线下零售行业的标杆，是以沃尔玛、苏宁为代表的大型连锁超市和以果多美、酒便利为代表的单一品类连锁门店，它们是茶馆学习零售方法的榜样。

文化

茶馆的文化，通常是指与茶文化相关的活动，一般有两种形式：茶会和茶课。

一些文化属性较强的茶馆，会在日常经营当中强调茶文化的传播，会直接销售茶会和茶课，或者以茶会和茶课的形式来销售产品。

文化消费在茶馆的常规收入中一般占比不高，但我们仍把它单列为三个要素中的一个，因为也有一些茶馆是以文化消费为主要收入来源的，例如文艺演出非常出名且接待过许多外国政要的老舍茶馆和以茶馆为名但核心业务是茶艺培训的泰元坊。

近年来茶文化消费有明显上升的趋势，主要体现在：①以品鉴和学习为名的收费茶会活动逐渐增多，人们也有较高的付费意愿；②以"宋代点茶"为代表的茶艺体验活动盛行，展示茶文化的场景越来越多；③国潮兴起，新中式成为一种更为高级的审美和生活方式，茶是其中的重要元素。所以，茶馆经营者也需要有一定的文化经营能力。

上述三个板块，在不同的茶馆的重要性不一样。一般来说，大部分茶馆都以空间收入和零售收入为主，很少有文化收入，或者文化收入占比很低，并且一般茶馆的业务发展也是按照空间、零售、文化三者的先后顺序来推进的。文化收入有一定的滞后性，但是如果经营者能够坚持把文化内容做好，它的收入规模也能远超空间收入。

麻雀虽小，五脏俱全。综合来看，卖空间对标的是酒店，卖产品对标的是超市，卖文化对标的是学校，小小的一个茶馆，其实相当于一个酒店＋一个超市＋一个学校。因此，要开一家赚钱的小茶馆，经营者可谓任重道远了。

辩证思维看茶馆

开茶馆是一门好生意吗？很多茶馆都不怎么赚钱，所以很多人问我，茶馆生意究竟值不值得做？在开过十几家店之后，我可以很负责任地告诉大家，开茶馆是一门赚钱的好生意，前提是你得把它当成长期的事业来做。

独特性与普遍性

中文的造词是很有学问的，"茶馆"这个词本身就已经定义明确：馆，指场馆，也就是空间，例如博物馆是展示物品的空间，宾馆是客人住宿的空间；茶，是这个空间的定语，赋予了空间"茶"的属性，意味着"茶馆"是提供与"茶"相关的服务和产品的空间。

理解了"茶馆"的概念，就把茶馆和茶叶店、饮品店区别开了。搞清楚茶馆的本质，对我们分配资源和制订计划都非常必要，尤其是在创业之初。

以销售茶叶、茶器为主要目标的门店，我们通常会称为茶叶店或者茶庄。茶叶店未必会经营空间业务，在现实生活中，很多茶叶店里喝茶是不要钱的，有些只要在店里买茶就送一定的空间使用权限。这个思路和经营茶馆的逻辑是冲突的，开茶馆是一定要首先经营空间业务的，否则就没有必要承租一个相对较大的空间。从零售商的角度来看，茶馆空间的平效（每平方米产值）很难做高。我们做一家小茶馆，可能需要 150~200 平方米的空间，如果我们只做零售，可能只需要 50 平方米的空间，甚至如果只做线上的零售业务，我们根本就不需要租用实体空间。

再看茶饮店，过去是各类奶茶店，现在是很多同时供应面包、饮品、甜品的新式茶饮店，例如蜜雪冰城、CoCo 都可、喜茶等，这类门店以售卖杯装的饮品为目标，与茶馆也有本质区别。

茶饮店属于快消品行业，需要与"年轻""时尚"挂钩，品牌即流量，通常寿命不长，半年内如果没有火起来就意味着要倒闭，因此它们必须在 C 端（消费者）流量很大的地方开店，需要快速出品，营业面积越小越好。并且茶饮店缺乏产品的销售场景，是无法实现茶叶零售的，与茶馆的经营策略大相径庭。

综上，我们得出一个结论，貌似有关联的茶馆、茶叶店、茶饮店，实质是三种泾渭分明的业态。从一开始先搞清楚这一点，我们就不容易在定位问题上犯错误。

长期性与复利性

茶馆之所以是一门值得做的生意，其核心就在长期性和复利性。

什么是好的事业？不同的人对这个问题有不同的理解，但是对大部分人而言，答案是有共性的，因为我们都是普通人，终究得接受我们将要过平凡的一生的真相。在我看来，对一个普通人来说，好的事业有两个标准：其一是收入稳定且持续，其二是工作有一定专业性，能靠时间形成壁垒。同时符合这两点的，就是一份足以让我们安身立命的好工作、好事业。

开茶馆不仅能够同时满足这两点，而且这份工作我们甚至可以干一辈子，只要我们身体健康，还想工作，我们就一生都不需要考虑退休。从这个意义上讲，开一家投资不高、收入稳定且持续增长的小茶馆，能够成为我们一生的事业。

进入后现代社会，人们越来越乐意接受变化和多样性，越来越多的人成为自由职业者和自我雇佣者。开一家小而美的小店能够同时满足爱好和发展事业，是很多人的心愿。一家小茶馆只需要两三个人就能运营起来，操作简便，可行性强，还具有较高的复利，是个不错的选择。

（1）人脉的复利：茶馆与所在社区的联系紧密，茶馆经营管理者天然就是一个社区里重要的资源节点，会在经营过程中认识很多人，帮助很多人解决问题，于是会持续不断地积累大量的人脉资源。茶馆的客户以熟客为主，他们倾向于持续的复购，也会不断给茶馆转介绍其他客户，使茶馆的收益不断增长，体现出复利的特征。

（2）产品的复利：一些特定产区的茶叶不受保质期的约束，如普洱茶、黑茶、白茶、岩茶等都是越陈越值钱。这种产品的类金融特性使得茶馆的库存风险不大，在一定程度上能够抵抗通货膨胀。此外茶馆的装修风格一般都符合简约的中式审美，不容易被淘汰，而且家具的折损率不高，维护相对简便，装修的折旧摊销年份可以拉得很长。

（3）专业的复利：茶馆的工作涉及的学科很广，包括茶学、国学、管理学、市场营销学、心理学、传播学等，是一个综合学科背景的工作，要活到老学到老。我们无论从事服务还是销售，都要广泛地学习上述学科的知识和技能，随着时间的累积，我们

的专业能力会越来越强，越来越享受到社会对专业人士的尊重和
认可。

发展阶段与节奏控制

　　在了解了茶馆商业模式的三大要素之后，我们可以清楚地知
道，一家小茶馆的发展节奏是可以被规划和控制的。一般来说，
我们可以将茶馆的发展分为三个阶段。

　　第一个阶段是初创阶段。这个阶段我们的主要目标是做好空
间售卖，具体来讲是要让我们门店周边 2~3 千米内更多的潜在客
户知道我们的存在，并且邀约这些潜在客户到店体验，把他们转
化为我们真正的客户。这个阶段最重要的武器是会员制，工作重
点是理顺运营流程，形成 SOP[①]。

　　通常来讲，初创阶段的空间收入（包含茶水）占比会超过
80%，这一阶段成型的标志是空间收入比较稳定，每个月不会大
幅波动，要能够满足门店的成本支出，实现门店的基本盈利。

　　第二个阶段是稳定阶段。在稳定阶段，门店已经积累了一定
数量的会员客户，经营的重心转向产品销售，我们要打通空间消
费和产品消费，实现空间消费带动产品消费。大体做法是，一方
面从已有会员里去做销售的转化，另一方面大力开展线上和线下

---

① SOP，标准作业程序，指将某一事件的标准操作步骤和要求以统一的格式描述出来，用
于指导和规范日常的工作。

的产品推广，发展更多买茶或买茶器的客户，包括一些周边公司的采购客户。

稳定阶段最重要的手段是销售，工作重点是加强销售管理，通常来说产品销售收入占比达到 30% 以上，茶馆就进入了稳定阶段。茶叶和茶器的毛利率通常比较高，所以这一阶段的整体盈利能力良好。

第三个阶段是成熟阶段。这个阶段产品销售收入占比已经稳定地超过 50%，意味着门店的毛利率也基本不低于 50%，成熟阶段门店的平效达到一个很高的水平，经营体系也相当完善，经营者培养出了较可靠的接班人或合伙人，会有很多意向投资者来咨询投资或加盟。

2

打造品牌：名字 | 故事 | 形象

品牌建设的第一步是找到一个好名字。

一个好的名字，不仅能够快速解决公众对我们品牌的认知问题，而且还能快速提升团队对项目本身的理解和认同，是非常重要的基础工作。一个好的茶馆名字的最基础标准是：简单、直观、好记。

有了好名字，还要讲好品牌故事，我们要搞清楚我们究竟要向公众讲什么，怎么讲，用什么样的工具去讲，通过什么样的渠道去传播。

开店的人都想要做一个自己的品牌，这是人之常情，这也说明了人人都知道品牌的重要性。

品牌太有价值了，就以我们在本书第 1 章提出的 ITRI 模型来分析，品牌能够在所有环节带来直接好处：能给我们带来客流量（引流），能帮我们快速实现销售（成交），能让客户在需求再次发生时更倾向于选择我们（复购），也能够让客户更愿意向别人推荐我们（裂变）。

品牌最核心的价值是能够高效率地解决消费者信任问题，缩短交易链条。

塑造品牌是一个系统工程，涉及一系列的工作。大品牌最常见的塑造品牌的手段是打广告，这项工作一般由企业的营销部门、市场部门或者品牌部门来负责策划和执行，其中最核心的工作内容，是在广告预算范围内，生产用于品牌传播的广告内容和选择能触达目标客户的媒体投放广告。

小店做品牌，工作没有这么复杂，也不太可能专门雇一个团队来做，但底层逻辑是一样的，都是围绕两个问题做工作：①希望给消费者留下什么样的印象；②如何让消费者产生这种印象。

第一个问题延展开来，就涉及市场调研、竞品分析、市场定位、产品设计、价值理念等一系列子问题；第二个问题延展开来，就涉及选题策划、内容生产、渠道选择、投放策略、效果评估等又一系列子问题。

所以说，一家小茶馆的经营者既要一个人就像一个团队，又要将精力专注在自己能力范围之内，战略性放弃很多非重点目标，围绕核心目标去做工作。

茶馆做品牌的误区

茶馆经营者做品牌的第一大误区，是要做自己的茶叶品牌。首先要厘清概念，什么是"做自己的茶叶品牌"？买个包装盒装上茶叶，贴一个自己的品牌 logo，不算是做自己的茶叶品牌。以自己注册的品牌名称进行生产和销售具有合法经营许可的茶叶产品，并以推广该品牌产品为主要工作，才是做自己的茶叶品牌。

我不是说茶馆经营者不应该做自己的茶叶品牌，而是说茶馆经营者不应该把主要精力放在做自己的茶叶品牌上。

为什么这样说？其一，经营茶馆和经营茶叶品牌是两回事，前者的收入源于提供服务，后者的收入源于生产和销售，两者之间差异巨大，可以说是两个不同的行业。茶馆经营者如果要在茶叶生产和销售领域与那些大品牌的专业人士竞争，显然能力严重不足，生意自然也就做不大。

其二，投入产出比不高，甚至还会拖累利润。茶馆作为茶叶销售渠道，可以在产品销售这一环节赚到一些差价，这部分原本就是茶叶流通链条里利润最大的一块。如果茶馆经营者为了追求更多利润，要介入流通链条里的其他环节，势必要投入资金成本，往往一番折腾下来钱没赚着，反而还赔了本。

茶馆做品牌的第二个大的误区是过于追求高大上。的确，大众对于品牌的理解就是偏向高大上的，似乎离日常生活有些距离，这是因为大众理解的品牌是狭义的品牌，是所谓的大品牌，是通过大量的媒体广告建构起来的品牌。但茶馆做品牌应该追求的不是高大上，而是"识别度"。能让人很容易地想起来，就有了品牌。说到包子，第一个想到的品牌是"狗不理"；说到剪刀，第一个想到的品牌是"张小泉"。这些都是从底层走出来的品牌。国外也是如此，人们熟知的奢侈品品牌 LV、爱马仕，创始人也都是做箱包、做马具的工匠，因为产品质量过硬而形成了口碑，再经过创始人的不懈投入而慢慢形成了品牌。

茶馆经营者过于追求高大上，实际上就是越过了用产品打基础的过程，于是只能在"外在"上下功夫：一是在装修设计上投入重资，依靠硬件条件（好的环境）来吸引客户；二是选择代理一线的茶叶品牌，如大益、华祥苑等，借大品牌来吸引客户。

这种路径选择又会带来其他的问题，例如：过于注重装修会使得经营上要不断拔高服务定价来支撑运营成本，造成服务、销售和茶叶零售脱节，卖不动茶叶，发展不了零售业务；代理一线品牌虽能省心，但压货量和任务量都大，资金占用大，利润率不高，自主性很弱。（个别品牌实际是做资金盘赚钱，不是靠服务和零售赚钱的，不在此论。）

鉴于上述两大误区可能造成的负面影响，茶馆经营者要怎么去经营好自己的品牌呢？

茶馆做品牌的原则

茶馆做品牌，尤其是小店做品牌，我认为有两条重要的原则：第一，明确自己是做一个服务品牌，而不是产品品牌；第二，优先做创始人的个人品牌，而不是公众品牌。

展开来说，首先，茶馆经营者要始终清醒地认识到茶馆是依靠提供服务来获得稳定收入的，提供空间和茶水服务是茶馆的基础业务，相当于茶馆的第一产业。

客户到茶馆来消费，不是因为我们的产品有多好，而是因为我们恰好提供了客户会客需要的空间和价位合适的服务。既然客户是为服务而来，我们要争取的自然是有服务需求的客户，而我们对外宣传的自然也应该是我们所提供的服务的优点，如地点的便利、环境的优雅、空间的大小、价格的实惠、服务的品质等，而不是宣传我们的茶叶有多好。

其次，先服务品牌后产品品牌，是一个先后顺序问题，不是

032 教你开一家年赚 50 万的小茶馆

排他问题。

我们在品牌打造的过程中侧重强调服务特色或者服务属性，并不意味着我们要放弃推广我们的产品（茶叶／茶器等），而是说我们应该在服务上建立起品牌，让客户首先认同认可我们的服务，然后再把客户的信任引导向我们销售的产品，从而实现既能满足客户的服务需求，也能满足客户的零售需求的目标。

如果这个先后顺序倒过来，也不是说不能成立，但是周期会比较长，经营效率不高。而且如果开店之初目标是卖产品，而不是提供服务，那就没有必要开一家茶馆。

最后，一家小店最好的品牌是创始人的个人品牌，既最好操作，也最有价值。打造创始人的个人品牌，倒不是说小店的名字要用创始人的名字，而是要将小店的品牌工作和创始人做深度绑定。

记忆一个抽象的概念要比记忆一个生动具体的人难得多，所以品牌的推广往往需要找一个代言人。一家普普通通的小茶馆，必定没有比老板／创始人更适合做它的代言人的了。老板是怎么样的，一家店给人传递的感觉就是怎么样的。海底捞因为极致的服务而出名，是源于它的创始人张勇就是一个极致愿意为他人服务、关爱身边人的人；喜茶给人的印象是高品质的原料和不断创新的口感，是因为它的创始人聂云宸就是靠产品研发和品质原料起家的。

人格化的品牌，不但便于认知和记忆，而且富有人情味，给品牌以温度，和茶馆本身非常匹配。无论是高大上，还是大众化，人情味对于茶馆都是非常重要的。茶馆的员工数量本就不多，不适用过于机构化的管理体制，管理上要保持一定的弹性和灰度。如果缺乏人情味，员工就会缺乏归属感，流动性也会变大，就无法把服务的温度传递给客户，无法给茶馆积累人气。相反，品牌人格化带来的人情味能够留住客户的心，让客户开心地、持续地在店里消费。

进入到人人都是自媒体的时代，人们在传播的手段上已经实现了技术平权，打造个人品牌不再是难事，甚至都不需要额外的投入。如果一家小店的创始人 / 老板意识不到个人品牌的巨大价值，将会错失最根本的机会。

广告大师奥格威说过，人们花在广告上的钱有一半是浪费的，只是我们不知道是哪一半。他的观点是基于传统媒体时代而形成的，在今天这个自媒体时代，我认为他的观点可以修正为：企业主花在自己个人品牌上的钱，没有一分钱是浪费的。

给品牌起一个好名字

一个好的名字，究竟有多重要？人们对于一个品牌的记忆，是从名字开始的。一个好的品牌名虽然不是企业成功与失败的关键，但一个好的名字会有助于成功，这是毋庸置疑的。

为什么说好的名字很重要呢？我们总结了两点：①好记，当人们需要再次购买的时候能够很容易想起；②能很好地传递品牌的调性，帮助人们理解品牌的价值观。

从这两点看，好的名字是品类和调性的统一：既能够清晰地描述自己所属的品类，又能够充分地彰显品牌想要表达的主张。好的名字，能够帮助我们降低品牌的传播成本，节约市场的教育成本。相反，一个不太好的名字，会使得传播成本、教育成本、营销成本都相应增加。

起名字的标准和方法

基于上述对好名字重要性的阐述，我们进一步细化出几个好的品牌名字的标准和命名方法。

第一，名字带有品类的关键词 / 字，使人一看就知道是做什么的。例如：小罐茶、喜茶、老舍茶馆，在名字里就直接带了"茶"字，虽然简单直接却是最好的。不要为了附庸风雅起一些不知所云的名字，比如江南水乡、皖南风情，如果你的招牌再做得隐晦一点，就更没人知道你是一家餐饮店，还是一家服装店或一家茶馆了，这样做产生的结果是人们可能不会主动走进你的店。

有些规模很大的品牌，本身直接代表了一个品类，比如麦当劳、可口可乐，它们的确是不需要自己再去画蛇添足增加品类词。但是我们毕竟还没有形成强大的品牌影响力，因此我们的名字里必须带有彰显属性的品类词。

作为小店，我们学习的对象不应该是大品牌，而是身边其他成功的小店。过分追求向大品牌学习，就像用培养博士生的方法来指导小学生学习，这是完全不符合人的学习规律的，结果一定是耽误了小学生的学习，他的成绩一定不会好。

大品牌为了塑造高品格，品牌名称往往是某个大牌设计师的名字或者某个代表了某种意境的抽象词，并且商标在产品表现的设计上若隐若现，让不懂的人一时半会儿也猜不出是什么牌子。但是小品牌的风格需要完全相反，小品牌的外观设计可能更普通一些，规格稍微低一些，但是招牌的字一定要足够大，名称一定要足够好念、好记。

第二，名字尽量短，控制在 2~3 个字以内，加上品类词也不超过 5~6 个字，便于记忆。符合人的记忆规律的名字，要么是字数很短的，要么是人们已经熟知的。同样是运动品牌，李宁就比鸿星尔克要好记得多，李宁只有两个字，又是家喻户晓的运动员，基本上是一听就不会忘记的名字。

再以茶行业为例，中茶、大益、小罐茶、竹叶青这些头部品牌名字都没有超过 3 个字，念起来很顺口。一旦超过 5 个字，并且是不相关联的 5 个字，那就没法儿记忆了，如果一款茶的名字叫"茶槚蔎茗荈"，那我们大概背 10 遍也记不下来。

名称短，再加上借助社会上有普遍认知的名字，客户就能毫不费力地记住我们。

第三，注重意象美和音律美，名字要能让人产生美好的想象。

茶馆毕竟是文化气息浓厚的场所，有一个带有文艺范儿的名字自然是锦上添花的。能够给人们带来文艺的感觉的，一般是一些美好的自然景象和抽象词汇：景象类的如花草、月色、名山、大川、寺院、鸟啼、虫鸣、焚香等；意境类的如虚、空、境、玄、妙、隐、真、善、明、惠、慧、悟等。

景象是实在的、具体的，可以从眼、耳、鼻、舌、身、意（六根）去寻找；意境是相对抽象的，可以从色、声、香、味、触、法（六尘）去体会。

我举几个较有特色的名字，如月溪香林、器生茶时、朝物夕拾。这类名字通常用于人流量很大的景区附近的茶馆，以及适合游客打卡的网红地标。当第三条和第一条相互冲突时，以第一条为准。

第四，科技圈爱用的起名法不一定适合茶馆。近些年科技圈的产品命名，喜欢套用一个公式：一个大众熟知的事物＋品类名称。例如：小米手机、蚂蚁金服、天猫、飞猪旅行、瓜子二手车。

采用这种起名字的方法有几个原因：首先还是为了好记、好传播；其次是为了给冰冷的科技产品带来温度；最后是为了方便商标注册。

那我们用这种方式给小店起名字合不合适呢？我的答案是不一定，还是要读出来体会体会。例如，小米茶馆、蚂蚁茶馆、呆猴茶馆，似乎就不太合适。

茶馆本身就是一个有温度、有调性的场所，名字应该是加强它的温度和调性，而不是去削弱和冲撞它的调性。

第五，你的小店名字要彰显你的品位，传递你的理念。每一家小店都必然会深深地打上店主的印迹：我们的审美趣味会体现在小店的装修风格上；我们与人的相处之道会体现在小店的服务细节里；我们的经营理念会体现在产品的选择和定价等方面。

我们是什么样的人，做的就是什么样的店。反过来说，人们能够从一家店的方方面面，看出这家店的店主有着什么样的品位和理念，而名字恰好就是第一印象。

品牌是有人设的，不是说名字一定要特别，而是店主要把自己的意识通过名字表达出来。

叫赵州茶馆，了解禅宗的人就会知道店主一定是个佛教徒；叫雁栖茶舍，我们大致能推断店主是一个追求文雅和生活品质的女性；叫大明福茶楼，我们会倾向于判断店主是一个豪爽且讲义气的中年大叔。这些名字，其实都是好名字，符合好记又表达个性的原则。

最不可取的，是直接山寨知名品牌的名字，比如星芭客（星巴克）、小泡茶（小罐茶）。这种做法非常偷懒，表面上看似占了知名品牌的便宜，蹭了流量，实际从长远看是没有为自己的品牌做积累，消耗了自己的未来。

第六，最好去注册品牌商标。如果你给自己的小店起了一个独一无二的名字，那么最好去注册一个商标。

注册商标的成本非常低，一个类目只需要不到1000元，通常我们注册 2~3 个类目就可以了。注册商标有两大好处：①未来假如你做得还不错，开始有人要来加盟你的店，你就可以向加盟商收取你所持有的品牌商标的使用费用；②作为一种品牌保护方式，防止别人在你之前把该品牌商标注册了，在你成功之后向你勒索。

如果你起的是一个无法注册商标的大众化的名字，而且你也没有心思把一家小店做到成百上千家，例如你的小店名字就叫小茶馆，那么不注册商标也不影响你好好做生意。

logo、主色和 slogan

logo、主色和 slogan 是现代企业做品牌传播必需的几个要素，放在茶馆企业其实也不那么必要，我的建议是茶馆经营者如果有能力、有条件，就花一些心思在上面。如果力不从心，就慢慢来，不需要抱有必须一步到位的想法，品牌其实是可以慢慢升级换代的。一个版本如果不满意，效果不好，可以在经营过程当中更换一个新的版本。

logo 设计的方法

有了一个好的名字，logo 相应地也就容易做出来了。设计 logo 是专业活儿，必须交给专业的人做。

一般来说，做 logo 有两种方式：便宜的方法是在图片库网站买一个可以商用的，直接拿来用；贵一点儿的方法，是找一个专业的设计师，明确地告知你的想法，由设计师来完成设计。

现在大家认为好的 logo，一般来说是抽象、简单且富有寓意的。纵观 logo 的演变，我们可以看到 logo 设计风格的趋势和要点。

第一，现在流行的 logo 设计风格是扁平化的。这种设计风格有以下几个特点：①识别度高，即使距离很远也可以让人比较容易分辨出；②屏显美观，适合在屏幕上显示，既是 logo 也是按键；③便于复制，这种风格的 logo 可以做成实体形象或印制在 T 恤等宣传物料上。

第二，logo 的用色也是品牌区分度的主要特征，现代流行的设计风格是单一色或者一种主色配一些点缀色。例如美团的黄颜色和饿了么的蓝颜色，在视觉上都有很高的区分度。

通常来说，表现健康和自然多用绿色；表现科技和时尚多用灰色和银色；表现热卖爆品多用橙色和粉色。

对茶馆来说，颜色的选择其实没有那么多，过于鲜艳夺目的颜色经不起时间的洗礼，所以多数情况下，茶馆的装修主色倾向于选择原木色，或者中国传统色里偏青、蓝、灰这一系列的中性色。

以华饮小茶馆连锁 logo 的配色为例，它的底色是中度灰，字体颜色则是中度金，两种颜色的搭配有效地制造出了一种高级感，同时也十分耐看。

第三，简单的 logo 设计能够引发人们做多种层面的解读，越是抽象的，反而越有阐释的空间。

以苹果为例，被咬了一口的苹果究竟代表什么，可以有无数的解读：可以代表伊甸园里被释放的人性，可以代表一种不完美中的完美，还可以是新鲜美味值得品尝的寓意。通过一个简单的 logo 让品牌的故事性在无数人的共同解读当中被塑造起来，可谓段位极高的营销手段。

简单的 logo 设计虽然好，但是难度也相当大，如果你的茶馆恰好有设计师高手帮忙操刀，那么祝贺你的好运气。

不是所有的茶馆都能设计出简单又好看的 logo，所以对于茶馆来说，直接用书法手写体来做 logo 是最简单、最常见也最值得推荐的做法，尤其是能请到一位德高望重的名人来书写就更好了。书法体 logo 既符合中国人的传统做法，也完全规避了注册商标的问题。

slogan 设计的方法

slogan 就是口号，是简短的，所有人一听就懂的。口号最主要的作用是对内统一思想，对外展现品牌价值观，设计口号要达到这两个目的。

举例来说，华饮小茶馆连锁从 2018 年起一直在用一个很简单的口号："小茶馆，茶好喝。"通过这个口号，我们希望对外传递出来的信息很简单，就是我们的茶很好喝，任选一款茶都是好喝的，是值得信任的。消费者没有那么多的时间去理解和揣摩我们口号的意思，我们必须让他们一听就能理解并记住，在消费的过程中慢慢感受到我们的茶确实好喝。

这个口号对内传递的信息也是很丰富的，它提醒我们全体同事，要做到茶好喝，要做好大量的工作。首先，我们必须能够选到好茶，并且保证我们连锁店体系的供应能力是稳定的。其次，我们的行茶师必须能够把茶泡好，我们必须保证行茶师的能力和状态是稳定的。最后，我们还必须保证门店的服务是有温度的，否则再好的茶泡出来，客人也不会感觉到好喝，我们必须为客人创造出能好好喝茶的氛围。

讲好你的品牌故事

故事最容易打动人。大品牌的创始人都是讲故事的高手，他们都用讲故事这种方法为自己的品牌赢得了大量的粉丝、客户和投资者。讲好自己的品牌故事，是争取支持者最有效的方法。

其实每位普普通通的茶馆创始人都有自己的创业故事，只是我们往往不敢讲也不会讲我们的创业故事。我们担心自己的故事太普通，别人没有兴趣听；我们也担心自己没有掌握讲故事的技巧，讲出来露了怯，得不到预想的效果。我们预设了很多限制条件，于是就不想再做了。

品牌故事要讲什么

要讲好自己的故事，就要先扔掉这些预设的限制条件。

想一想，当一个几岁的小孩子给我们讲他的故事，我们会介意他讲得好不好吗？其实是不会的，只要他肯讲，我们就愿意听。

事实上我们向公众讲我们的品牌故事，也是如此。我们首先要做的，是主动开口去讲。即使我们讲得再烂，总会有些人愿意听，这些人往往就是最支持我们的人。即便认真听讲的人很少，但是只要我们持续讲，还是会有很多人或多或少地接收到一定量的信息，会在有意无意间对我们产生印象。我们做品牌工作的目的，不就是给别人留下印象吗？

其次，讲故事的技巧是会在一次一次讲的练习当中，不断打磨提升的。正如我们的新员工一开始可能什么都不会，但只要在店里待过几个月，她们的泡茶动作都会变得行云流水，熟练程度超过很多老茶客。没有别的原因，就是每天连续高强度地给客人泡茶，再笨的手也练熟了。

最后，品牌故事并不需要跌宕起伏，没有必要为了追求戏剧性而去编造或者夸张情节，造假对信誉的伤害是毁灭性的，品牌故事贵在真实，最好的故事是既让人感到出乎意料，细想又在情理之中，即使平平无奇，也要符合常识。

那么茶馆的品牌故事要讲些什么呢？我认为其实就是人们常说的人生终极三问：我是谁？我从哪里来？我到哪里去？转化为

更具体的问题，就是创始人要回答：第一，你是谁？你的身份是什么？你是如何成为现在的你的？你和别人有什么不一样？第二，你为什么要创业？你创业的初心是什么？什么事情激发了你的初心？你为什么而奋斗？第三，你想要做一家什么样的公司？一个什么样的品牌？为了实现目标你做了什么？经历过什么样的成功和挫折？把这些问题的答案连在一起，就是你的品牌故事了。

品牌故事案例

以华饮小茶馆连锁的品牌故事为例，华饮小茶馆是源自清华的连锁品牌，是一个因爱而生的品牌。它的创始人是清华大学的一对博士师兄妹夫妻。

师妹是清华大学茶文化协会的会长，热爱茶，用心研究茶，希望中国茶能涌现像星巴克一样的龙头企业，引领产业的发展。师兄早毕业几年，后自主创业，打下了一些事业基础。为了支持师妹探索中国茶的星巴克模式，两人在2016年一起创建了第一家名为"澄碧轩"的小茶馆。此为因爱而生的第一重含义：对爱人的爱。

到2017年年底，因北京市政策变化，导致店面不能续租，三名店员面临失业被迫离京的困境。师兄不愿看到已经从事茶工作一年多，对茶已产生热爱，对以茶为生已经开始产生信心的几名店员遭遇职业中断，毅然决定新开一家店，使小茶馆的事业得以延续。此为因爱而生的第二重含义：对伙伴的爱。

有了第二家店，在进入 2018 年后，积累了两年经验的小茶馆团队开始了快速复制扩张之路，并把品牌名称统一为"小茶馆"，到 2020 年，陆续开开关关了 10 家店，逐步摸清了商务型小茶馆的商业模式。由于那两年的扩张过于快速、激进，在 2020 年新冠疫情之后，企业遭遇现金流中断小半年，不得不断臂求生，大幅缩减规模。其间多次集中面对供应商催还货款、会员退费、股东撤资、员工索赔、房东退租、银行贷款逾期等被动事件，两人没有逃避，勇敢面对，同心协力坚持熬了过来，到 2021 年，小茶馆重新回到正轨。此为因爱而生的第三重含义：对事业的爱。

所以，我们后来归纳华饮小茶馆的品牌精神时，认为这是一种"成人达己，永不放弃"的文化精神。小茶馆之所以能够取得发展，能够在每次危难的时候坚持下来，本质都是因为我们坚持了这种文化精神。

在面临重要抉择的时候，我们判断是非的标准就是我们的做法究竟是不是在成就他人，是不是成就了我们的同事和客户，我们是不是坚持做出了内心认为正确的选择，这句话也因此成了企业的底层价值观。

"源自清华""因爱而生"成了小茶馆故事性的来源，也构成了小茶馆区别于其他茶馆的重要特征。我们在经营当中，不断地向公众解读和强化这两个特征，于是"小茶馆"这个品牌就和它的创始人的个人品牌发生了紧密的关联，这对打开品牌知名度起到了很大的作用。最直观的效果，就是作为一家普通的小公司，小茶馆连锁得到过多家媒体的报道，新华社也对华饮小茶馆的创始人做过专题报道。

打造品牌的方法与技巧

除了以上谈到的常规动作，打造一个茶馆品牌还有以下方法和技巧。

代理大品牌的专柜

代理大品牌主要有两方面的好处：一是能给代理商带来一些流量，产品也更容易销售出去；二是大品牌有更完善的销售和管理培训支持系统，能让代理商更规范地开展工作，更像一个品牌。

但是大品牌也没有太多可以选择，一些大品牌并不提供专柜代理的方式，它们只接受专卖店形式的代理，并且代理的门槛很高，需要压 50 万 ~100 万元的货，每年还有基础的销售任务量。所以我们要找到既在我们经营的区域有一定的品牌影响力，又能开放以专柜形式来代理销售的品牌。例如小罐茶就可以接受专柜代理，它的压货量要求也不高，只是它给到代理商的利润空间不大。

代理一个大品牌，门店就可以在外部装修上和内部陈列上用上大品牌的宣传图片和视频等素材，也可以在自媒体上（例如朋友圈）发布推广宣传的图片或视频。借助大品牌的影响力，把自己的形象也树立起来了。

华饮小茶馆连锁在创业早期通过代理小罐茶，借助小罐茶在央视大量投放广告所带来的名气，获得了很多客户的关注，吸引了一定数量的自然流量进店，这帮助小茶馆更顺利地度过了创业早期的艰难时段。

加入行业组织 / 取得资格认证

通过交费的方式可以成为行业协会的会员单位，最好是官方的协会组织。例如申请商务部茶馆办公室的星级茶馆认证，就可以加入全国四五百家五星级 / 四星级茶馆联盟的社群。

加入官方组织有几大好处：一是认识你所在城市顶尖的同行，有了对话的伙伴，也就有了在本地行业内的话语权；二是官方组织的认证是一种信任背书，本身就是一种品牌力，用好了这种认证可以起到四两拨千斤的宣传效果；三是官方组织的认证标准会倒逼你去完善自己的管理体系、产品体系、服务体系等，自然也会帮助你更好地树立品牌形象。

华饮小茶馆连锁是国家权威机构商业饮食服务业发展中心茶馆办公室认证的四星级茶馆，该认证可用于小茶馆对外的广告宣传，也可对内用于培养员工的自豪感和认同感。

举办能发动群众的活动

通过举办大会、比赛等活动，发动大量群众参与和关注，也是打造品牌非常有效的方法。比如你本身在本地的某个行业有一定的资源和影响力，就可以组织本地该行业同行的年度雅集、研讨会、行业峰会等活动。你作为组织者，自然是人们关注的焦点，你要讲话，要和来来往往的人交流、吃饭、喝酒，能交上很多朋友。只要一年举办一次，坚持每年都办，就会有意想不到的效果。

华饮小茶馆连锁在三周年庆典的时候，邀请了中国茶文化界的 12 位名人轮流到场演讲，吸引了很多人报名到现场学习，还有更多人观看了现场直播，那一年一下就把华饮小茶馆连锁在整个茶圈的知名度打响了。

参加行业大赛 / 峰会等公众活动

就算我们没有能力举办公众活动，我们也可以积极参加大赛 /行业峰会 / 茶博会等公众活动，争取在这些公众活动上拿到奖项，或者获得当众演讲的机会。

这些公众活动本身就有很多人关注，还会有专业的媒体报道，有非常强的背书效果。你在大赛上获奖或在大会上发言的情况会被照片和视频记录下来，能够被很多人看到，这些都会累积形成你的个人品牌。不断积累这些素材，包括证书和奖杯等，未来在你需要做宣传的时候，就可以直接使用。

多结交有影响力的朋友

这里的影响力，是品牌方面的影响力，主要指能给我们创造发声机会和能帮我们获得宣传推广机会的人。

前一种主要是掌握行业话语权，有丰富行业资源的人，比如行业协会的主要负责人。后一种主要是官办媒体的领导、记者、编辑和自媒体大号。

结交有影响力的人，会打开你的眼界，带你看到你意想不到的机会。有影响力的人一定是在社会占据较高资源站位的人，茶馆经营者同样需要不断提高自身修养，为对方创造价值，才能与之形成良性的循环互动。

还有一种是社会名人，例如影视明星、行业领袖、奥运冠军等在社会上有广泛知名度的人，能和他们进行交流、合影等，也是很好的品牌宣传材料。

充分使用网络自媒体

网络自媒体很多，包括但不限于微博、微信公众号、朋友圈、视频号、抖音、快手、小红书等。

网络自媒体的发展飞快，今年流行的很可能明年就没有什么

2 打造品牌：名字 | 故事 | 形象 | 049

人用了，但是传播的本质是不会变的。我们是经营自己的品牌，不是经营自己的媒体，所以重点要关注内容和内容的表现形式，然后用好社会当下最流行的平台就好了。

最流行的平台的价值是有现成的流量，有最大数量的用户，而我们希望通过在平台上发声来找到自己的粉丝，平台给了我们最大的粉丝基数。我们找粉丝，粉丝找我们，这是一种双向的互动。

对普通经营者来说，充分利用平台，最大的技巧就是要学会蹭平台的流量。

用好自媒体对经营者来说，已经不是一门选修课，而是一门必修课。每一个茶馆经营者，都要通过一个以上的网络自媒体来持续不断地表达和宣传自己。

3
文化理念：为茶馆注入灵魂

机制管心，文化管魂，企业的文化理念体系就是企业的灵魂。

有灵魂的企业在市场环境好的时候比其他企业更赚钱，在市场环境差的时候活下来的概率更大，因为对企业文化理念的认同带来了凝聚力和战斗力。

打造企业文化理念体系是一把手工程，没有其他人可以代替。一把手只有从自身出发，深度思考自己的性格优势和特点，才能提炼出有感染力的企业文化理念体系。

再小的企业也是法人，它拥有自己的灵魂。正如《亮剑》中李云龙最后总结的亮剑精神："英雄，或是优秀军人的出现，往往是以集体的形式出现，而不是以个体的形式出现。理由很简单，他们受到同样传统的影响，养成了同样的性格与气质。任何一支部队都有它自己的传统。传统是什么？传统是一种性格，是一种气质！这种传统与性格，是由这支部队组建时首任军事首长的性格与气质决定的。他给这支部队注入了灵魂。"

我们的小店，同样被我们注入了灵魂。茶馆只是一个很小的企业，为什么要有灵魂？

一个有灵魂的茶馆和一个没有灵魂的茶馆是完全不一样的，有灵魂的茶馆具有以下特点：①企业主或经营者明确知道自己为什么要开茶馆，并且知道自己未来想做到什么程度，不会轻易迷茫；②员工知道自己是在参与一份事业，而不仅仅是应付一份工作，把工作当事业做会更有目标感、责任感、满足感；③公众更愿意相信一家有梦想、有追求、有底线的企业，甚至会主动为这样的企业做宣传和推荐客户。

所以在这一章，我们来讲讲茶馆应该有什么样的灵魂，我们如何为茶馆注入灵魂。灵魂是一个比较虚的概念，更具体地说其实是精神、文化、气质，而承载精神、文化、气质的，是企业的文化理念体系：使命、愿景、价值观。

文化理念体系为何存在

广义的文化理念体系是一个很大的范畴，它可以包括整体组织所拥有的所有硬件和软件综合传递出来的精神面貌。文化是一个大筐，所有的组织话题都可以往里装，所有的组织问题也都可以在文化里找到原因。在本书中我们无意讨论范畴过大的广义的文化理念体系，我们集中精力要讨论的是其中最重要的组成部分：使命、愿景、价值观。

每个企业都会对外呈现出它的文化特征，但只有少数企业有能力打造出自己想要呈现的文化特征。管理企业文化是一项困难的工作，它的困难在于，文化看不见也摸不着，人们只能通过头脑去感受它和认知它，还要在抽象中建立一种集体的共识。

文化说起来非常虚，感受起来却又非常实，当它被建立起来之后，与它相关的人都能切切实实地感受到它，在思想上、行为上都受到它的影响。例如，当生活在中国的我们说到中国传统文化时，我们的脑海中都会浮现出种种共同的形象，我们的感受也大体是一致的。这些都是实实在在的文化影响力。

在此我们主要从对外和对内两个角度来谈茶馆企业的文化理念存在的意义。

面向组织外部，企业文化是一种企业整体呈现出来的人格化的精神面貌和性格气质。人们喜不喜欢一家企业，其实就和喜不喜欢一个人是一样的，都是由主观印象所决定的。当人们谈论一家企业的企业文化时，往往倾向于用简单化的标签进行概括，而能被标签化的就是这家企业最突出的文化特质。

例如，谈到一家销售主导的公司，我们可能会觉得这家公司非常"狼性"，它的销售团队可能整体都传递出一种不达目的不罢休的状态，给潜在客户一种无形的压迫感；而谈到一家技术研发主导的公司，我们可能会说这家公司就像一个"工程师"，和他们打交道要相当严谨，他们会非常强调流程和进度管理。

当我们了解外部认知的企业文化就是企业形象之后，我们就会有意识地去思考如何通过塑造企业文化来管理企业形象。这也是本章后面要展开讨论的。

另外，企业文化对于企业内部的作用和意义更为重要。良好的企业文化能够提升员工的认同感、归属感、成就感和凝聚力，它让企业员工从根本上理解自己究竟在从事一项什么样的工作，自己究竟是在为什么而工作，自己的工作究竟有什么意义。这是从根上解决企业全体员工的思想问题，在根的层面把思想问题解决了，就不容易出现员工人心混乱的局面。

没有企业文化的公司一般是初创公司，它的业务模式还没跑通，人员也还没有达到一定规模。大多数的初创公司不是没有企业文化，而是没有建立相对清晰的企业文化，他们有的只是混沌无序的企业文化，是糊里糊涂的企业文化，更差的是阻碍企业发展甚至拖垮企业的恶的文化。

当然，很明显，每一位老板/创始人都不愿意接受自己的企业文化不好的现实。对茶馆这样的服务型小微企业，判断企业文化到底好不好，其实很简单，看两点就够了：一看员工眼里有没有活儿，会不会主动干活儿；二看员工相处的氛围融洽不融洽，开心不开心。如果这两点都做不到，那么你作为老板/创始人就应该认识到，你可能是这世界上最后一个知道自己企业文化不好的人了，因为其他人早就知道了，你自己也不是不知道，只是不愿意承认而已。

因此我们提出两个阶段性的小结论：①企业文化建设必须虚事实做；②企业文化落地一定是一把手工程。接下来我们来看一看，茶馆需要什么样的企业文化。

茶德与茶人精神

既然我们开的是茶馆，我们所从事的事业就和"茶"密不可分。茶在中国人的语境里，有丰富的精神层面的内涵，人们认为茶本身是有德行的。陆羽在《茶经》里写道："茶之为用，味至寒，为饮最宜精行俭德之人。"他提出的"精、行、俭、德"，是世界历史上最早的茶德。其后又有很多茶文化研究者陆续提出"和、静、廉、洁、清、敬、怡、真、雅、圆、美、礼、健、中、正、寂"等关键词。为了便于大家记忆和操作，我们选取了 2013 年中国国际茶文化研究会概括提炼的核心理念：清、美、和、敬。

清

"清"的特征，首先源于茶的自然品质。"清"是与茶叶、茶饮、茶道相关的清气、清和、清雅的清纯品性。茶生长在山水草木之间、云雾缭绕之境、生态良好之地，聚天地之精华，集山水之灵气，形成了清心、清静、清平的品格。

人们用一杯茶品味人生沉浮，持平常心观大千世界，领悟从容平淡之心，用清平的生活态度观人察事，自然是一种高尚的境界、积极的人生。

茶道中把"清""静"作为达到物我两忘境界的必由之路，喝茶就是修炼清静的心境，营造幽雅清静的环境和空灵静寂的氛围，在世事纷扰中，让人们心宁神静、自省自察、去除烦躁、化解心结，于清思静观中看庭前花开花落，望天上云卷云舒，历练出平常心。

美

"美"是茶文化追求的最高境界，中国人界定的美是天人合一、中正平和而又气韵生动的，所以茶符合中国人的审美追求。

茶之美是全方位的，这片神奇的东方树叶，从它自然生长的茶园到被采摘下来，经过炒、烘、揉、搓、捻、压、发酵等制作工艺，再到与器和水的交融，绽放出迷人的汤色、香气和滋味，它的一生都是美的，而这种美又是历经磨难而迸发出来的悲壮之美，正所谓：一片茶叶的一生，如同一位有故事的人的一生。

和

"和"是中华传统文化的特色之一，中国人讲究"以和为贵""和而不同"，讲究天、地、人三者之间的和谐，"和"是一种海纳百川、博大包容的胸襟和气度。

"和"是我们需要穷尽一生去追寻的状态，当一个人开始懂得与自己和解、与他人和解、与万物和解，我们往往就说这个人领悟了、开悟了。"和"是自我心灵的宁静和谐，是社会和谐运行的内在乐章。

中国人讲五行，煮茶就是金木水火土之间的不同之和。"酸甜苦涩调太和，掌握迟速量适中"，是泡茶时的中庸之美；"奉茶为礼尊长者，备茶浓意表浓情"，是待客时的明伦之礼；"饮罢佳茗

方知深，赞叹此乃草中英"，是饮茶时的谦和之态；"朴实古雅去
虚华，宁静致远隐沉毅"，是品茗环境的俭行之德。

敬

"敬"是敬畏、敬爱的意思，"经营之神"稻盛和夫常说"敬
天爱人"，这正是对"敬"的一种最贴合现实的表达。

客来敬茶，是中华传统礼法、礼俗中最为普遍和常见的礼仪
之道。"和"与"敬"，谈的都是人与人之间的关系，"和"为客
观，强调人与人之间和谐的状态，而"敬"为主观，强调人与人
之间的相互尊重，有了主观的能动性，才能有客观的效果，所以
"敬"是"和"的前提。

上述四项茶德，建议茶馆经营者牢记在心，时常用来检视自
己和团队是否符合。

茶馆的文化理念体系

如果说茶德相对务虚，那么文化理念体系就相对务实；茶德
是东方的企业价值观的表述，而文化理念体系是西方的企业价值
观的表述。

制度管身、机制管心、文化管魂，完善的企业管理体系中这
三者一个也不能少。要把员工内心的动力激发出来，我们需要设

计一套能够激励人心的使命、愿景和价值观——也就是企业的文化理念体系，如华润那样（见图 3-1）。

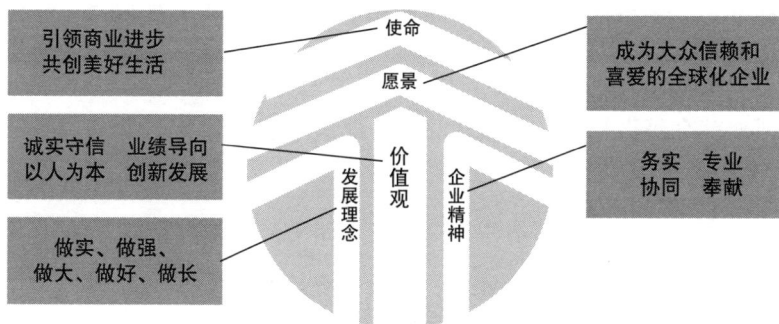

图 3-1 华润的文化理念体系

使命

企业的使命是指企业在社会经济发展中所期望担当的角色和责任，是企业对自己性质的定位，是企业存在的理由，为企业目标的确立与战略的制订提供依据。可以说，使命就是我们希望自己可以主动去肩负的一份责任，使命让我们的工作变得更加有意义和价值，是调动我们主观能动性的源泉。

使命是企业家或店主发自内心的呼唤，它可以很崇高，也可以很平凡，关键在于必须是真情实感的表达。

例如，同样是开茶馆，有人会以"振兴中国茶业"为自己的使命，有人会以"提升所在社区生活品质"为使命。这两个使命，其实没有高下之分，如果喊着前一个使命的企业主整天睡懒觉、想着怎么占客户便宜、克扣员工工资，那么这个使命就没有任何意义；如果提出后一个使命的企业主每天都在切切实实地琢磨怎么提高服务水准，怎么提高附近 1 千米内客户的满意度和复购率，那他就会越做越好，越做越起劲，那这个使命就真正变成了企业的使命。

要做一个伟大的企业，自然需要伟大的使命和愿景，但开一家赚钱的小店更需要的其实只是本分和稳健。使命不在高下，不分大小，贵在真实，发自内心。

你的使命，可以很宏大，大到和国家的宏观经济相关联；也可以很微小，小到只关乎个人和家庭的温饱。但是它必须能够打动你、激励你，驱使你全力以赴地去工作。

因此我建议你，好好去思考，你究竟为什么要开一家自己的小店？是为了过一种自由且自给自足的生活，还是为了逃避复杂的社会只想自己过得简单一点？是对茶或者咖啡有深度的热爱，要把自己的手艺打磨得更好，还是有要开 100 家甚至 1000 家店的雄心，目前从第一家店开始？

把你的初心找出来，不断地问自己，如果开店需要长久的磨炼，你能够在 3 年之后甚至 5 年之后还被自己的初心打动吗？你还会努力坚持吗？是什么让你在努力坚持？

这就是你的使命，你把它表述出来，就成为你的企业使命。

愿景

愿景是在使命的驱动下，组织成员共同认可的一个长期的方向和目标，它既是企业发展的一项任务，也是一个里程碑。愿景和梦想相似，它们都描述了企业期望自己在未来的特定阶段能够达到的一种状态，有些企业把愿景等同于梦想，也有些企业会把愿景和梦想分开来表述。

愿景是清晰和具体的，所以在愿景之下，企业就可以拆分出战略和阶段目标，然后按步骤去奋斗。

以大家都熟悉的阿里巴巴为例，它的使命是"让天下没有难做的生意"，它的愿景是"成为一家活 102 年的好公司；到 2036 年，服务 20 亿消费者，创造 1 亿就业机会，帮助 1000 万家中小企业盈利"，从中我们可以知道它的使命是创始人的初心，是企业存在的理由和价值——天下永远都有难做的生意，而阿里巴巴的使命就是要让难做的生意变得不难。所以阿里巴巴每一个重要的产品和部门，都在解决生意难做的问题。淘宝网解决了中小商家和个人买家连接的问题，支付宝解决了交易信用的问题，菜鸟网络解决了物流运输的问题。

它的愿景非常具体，有两个层面，一个是时间层面，是要活102 年，阿里巴巴创立于 1999 年，意味着创始人期望公司能够跨越三个世纪；另一个是数量层面，是它要在特定阶段，在三大指标上达成的具体目标。

对于计划开一家小店的你来说，制订愿景也同样重要。我们不要给自己制订虚无缥缈的宏大愿景，我们可以把 10 年的目标或 20 年的目标作为愿景，例如：

"成为 ×× 市最受欢迎的小茶馆。"

"到 2036 年，服务 100000 名客户，拥有 10000 名会员。"

"建成具有区域影响力的产业集团。"

…………

现在，你知道怎么写自己小店的使命和愿景了吗？

价值观

文化理念体系里，最重要的是价值观，因为它是日常中指导全员价值评判的基本标准。使命是初心，让大家明白为什么而奋斗。愿景是理想，让大家明白经过共同奋斗未来会怎么样。价值观是标准，决定了在奋斗的过程中，我们怎么选择伙伴，怎么判断自己干得对不对。

价值观是组织内部共同的是非观念，是组织日常经营与管理行为的内在依据。使命和愿景一头一尾，价值观贯穿其中。

有了价值观，我们就知道哪些行为在组织内部被认为是对的，哪些行为是错的，组织就有了判断是非的标准，所以价值观是制订组织行为规范的基础。

例如股东利益、员工利益、客户利益，哪一个更重要？当三者发生冲突的时候，优先考虑谁的利益？面对这类问题，不同组织会有不同的答案，而决定组织给出什么答案的，就是组织的价值观了。

我们来看几家成功企业的价值观，体会一下它们是否言行一致。

阿里巴巴的价值观：客户第一，员工第二，股东第三；因为信任，所以简单；唯一不变的是变化；今天最好的表现是明天最低的要求；此时此刻，非我莫属；认真生活，快乐工作。

华为的价值观：以客户为中心，以奋斗者为本，长期艰苦奋斗，坚持自我批判。

腾讯的价值观：正直、进取、协作、创造。

海底捞的价值观：一个中心，双手改变命运；两个基本点，以顾客为中心，以"勤奋者"为本。

企业价值观本质是创始人自身价值观的延伸，优秀的企业创始人身上具有能够做大做好事业的品质（性格特点），在企业发展过程中，经过与市场的不断碰撞，这些品质慢慢为组织所共同认可和追求，当其被一定数量的人清晰地认识到并表达出来，又得到了更多人的认可和追求，就成了这个企业的价值观。

建立文化理念体系的要点

不忘初心，牢记使命

企业文化归根结底来源于创始人，是不可能无中生有的，企业文化必须从创始人的性格和初心里去寻找。

身为服务业企业的创始人，你不必拥有多大的雄心壮志，但是一定要有利他心、平等心、服务心和甘于坚持做小事的耐心。这是服务行业的服务属性决定的，是做好服务行业的基本要求。创始人一定要想清楚自己有没有这样的性格和初心，如果没有，就不要骗自己，否则会让自己活得很难受。即使没有利他心、平等心、服务心和耐心，不适合做一个服务业企业的创始人，也会有很多更好的事业选择。

与时俱进，及时调整

企业会在发展壮大的过程中遇到困境，市场环境也会上下波动，一切都是在动态调整的，企业成员对企业文化理念的认知也会发生变化，所以企业的文化理念体系是可以修改的。一旦企业内部成员意识到企业的文化理念体系已经不利于企业更长远地发展，就要启动文化理念体系的调整。

阿里巴巴已成立 20 多年，先后迭代了三个版本的企业文化理

念体系，最新的一版是 2019 年 9 月推出的。既然阿里巴巴的理念
体系都可在发展中不断迭代，我们的理念体系当然更应该保持与
时俱进。

必须真实，不要作假

既然企业文化源于创始人，它就注定不能自己骗自己。如果
你要做的是一个非常高端的奢侈品店，那你可能不是一个非常平
易近人的人，反之亦然。

企业的文化理念体系必然要和自身的业务逻辑相匹配，必然
要和创始人的性格和作风相一致。不真实的企业文化理念体系，
不可能落地执行，如此一来，不但文化理念本身失去了意义，更
要命的是会让自己最终一败涂地。

长期坚持，不懈塑造

一旦企业的文化理念体系提炼出来了，企业领导者就要在各
种场合不断重复表述和实践，以身示范，将它们内化进员工的骨
子里。

我们要对树立企业文化的长期性和曲折性有充分的认识，企
业文化不是我们说有就有的，尽管你作为创始人有强烈的建立企
业文化的意识，但是企业的其他人通常都不会有。打造企业文化，

是比推进业务更难的事，是创始人必须亲力亲为的事。

你要做的只能是一方面不断挑选和你的企业文化匹配的人加入你的团队，一方面不断向企业内部全员宣传你的文化理念，并以此作为企业行为规范的标准，做好坚持 5~10 年才会有一点效果的准备。

如果上述方方面面的工作，你都做到位了，那你的企业管理就有了灵魂。

文化理念体系案例：华饮小茶馆连锁

我们仍以华饮小茶馆连锁和它的母公司华饮科技为例，来解读如何打造企业的文化理念体系。

小茶馆与母公司不同的文化理念

小茶馆连锁最早是一家只有 50 平方米的小店，后来慢慢发展成了有十几家店的茶馆连锁公司，它是一家典型的服务型企业，它的员工构成主要是在一线服务的行茶师（服务员）和店长。而华饮科技是小茶馆连锁化之后成立的一家控股公司，用来运营小茶馆的品牌和为小茶馆提供人力资源、供应链、信息化等服务，同时也将这些服务外部化，单独承接业务。华饮科技的员工构成主要是专业人员、管理人员和销售人员。

　　两家公司表面上是从属关系，但是业务属性和人员属性都有很大差异，最直观的体现是两家公司员工的学历水平相差很大。华饮科技的员工大多是本科及以上学历，或者有一定年限的工作经验，而小茶馆连锁的员工大多是高中或中专毕业，几乎都是20岁左右到北京打工的孩子。

　　一开始我们以华饮科技的文化理念体系来统领集团里的所有公司，后来我们发现很不合适。华饮科技的文化理念体系表面上看很高大上，但是小茶馆连锁的同事们听不懂、不理解，也不认同，哪怕让大家背诵，时间长了一检查都忘记了，显然这些话没有说进大家的心里去，当然就成不了团队的价值观。

　　于是2020年我们断臂求生之后，重新梳理了小茶馆连锁独立的文化理念体系，形成了如表3-1所示的两套企业文化理念体系。

表 3-1　华饮科技与小茶馆连锁不同的企业文化理念体系

文化理念体系	企业名称	
	华饮科技	小茶馆连锁
使命	振兴中国茶业，弘扬中华文化	给客户以温暖，给伙伴以尊严
愿景	建成具有世界影响力的华饮集团	一个大中国，万家小茶馆
价值观	成人达己，永不放弃	勤劳、主动、协作、担当

小茶馆文化理念的变迁过程

　　小茶馆的文化理念体系并不是成立之初就有的，它是我们创业两年后才开始有意识去梳理的，它的第一版就是现在华饮科技正在使用的理念体系（2018 年）。

在 2018 年 7 月之后，小茶馆有了三家店，遇到了连锁经营必然出现的一些问题，于是我们成立了一家控股公司也就是华饮科技来解决总部管理和品牌管理的一系列问题。华饮科技成立后，就有了如何统一全员思想的问题。当时社会上最流行的企业培训是向马云和阿里巴巴学管理，于是我们的管理层也集中花了很多时间来学习和讨论阿里巴巴的经验如何应用到我们的实践中来，首要任务就是梳理出我们自己的文化理念体系，然后通过培训来贯彻落实。

那么如何梳理我们的文化理念体系呢？自然是去寻找创始人的创业初心，去总结他的性格特征，去梳理华饮小茶馆一路走来发生了哪些重要的阶段性事件，然后从中找出一条脉络来，并通过这条脉络去支撑未来的发展（参见本书第 2 章品牌故事案例）。

如前所述，小茶馆有两个非常重要的特点，分别是"因爱而生"和"源自清华"。

"因爱而生"指创始人为了支持爱人实现梦想而创立了第一家店，为了让员工能体面地留在北京工作生活而在第一家店到期不续约的情况下开设了第二家店，又为了回到初心真正走上了连锁化的道路，这一路都是创始人心怀善良、成就他人的表现。创业几年的过程说起来简单，实际上遇到了数不清的困难，有很多次被迫在坚持与放弃之间挣扎，最终都是选择了坚持，慢慢就形成了我们表达出来的"成人达己，永不放弃"的价值观。

"源自清华"意味着必须有担当，必须追求卓越，清华人创业必须对国家和社会有责任感，必须解决一些平常人所不能解决的问题。作为得到国家和社会大力培养的清华人，创始人在创业之初和坚持下来的过程中，不断赋予自己使命感，于是就有了华饮科技的使命和愿景。

华饮科技的第一版文化理念体系目前仍在使用，它支持着整个企业从 3 家店一直发展到十几家店，包括品牌公司、供应链公司、培训公司等一些横向发展出来的关联公司。在这个过程当中，特别是 2020 年之后，我们对文化理念体系又有了新的认识。我们发现华饮科技的文化理念体系高度抽象，对普通的一线基层工作者起不到统一思想和激励督促的作用，通俗地说就是不走心。

如果仍然使用华饮科技的文化理念体系来对小茶馆连锁的员工们进行培训，只能越来越形式主义，越来越浮于表面，这当然不是我们想要看到的。于是我们又重新思考和讨论，对于想要有一份稳定的工作，能够在城市里好好地打一份工，能存点钱，把日子过得越来越好的普通员工来说，什么才是能够激励和约束他们的？

显然，不是可望而不可即的梦想，不是空洞无力的口号，也不是复杂的绩效，更不是严苛的纪律，这些都不是一个普普通通的打工人想要的。我们希望小茶馆的发展与每一个普普通通的基层员工相关，每一个把自己的青春和汗水浇灌在小茶馆土壤上的人都应该分享到公司发展的果实，那就是都多赚点钱，都多长点本事。

所以我们一次又一次地考问自己的初心，我们究竟为了什么而创业，我们如何能找到和我们有相似初心的伙伴，又如何让伙伴像我们一样不忘自己的初心，坚持做从长久来看更正确的事，我们如何才能把话说到大家心里去。

小茶馆文化理念体系解读

我们通过回答一个个问题来重新定义小茶馆的文化理念体系。

（1）使命——小茶馆为什么而存在？我们能为社会解决什么问题？

小茶馆只不过是千千万万的街边小店之一，普通得不能再普通。我们既不能给国家纳很多税，也不能帮国家解决重大的科技、民生、社会难题，我们之所以能够存在，只不过是因为社会大众对我们的服务有一定的需求，而我们恰好在需求比较密集的区域有一块空间能提供这种服务，如此而已。这就是我们能够存在的前提。

明白这个前提，我们就会更明白，不是社会需要我们，而是我们需要社会。我们应该感恩国家提供了稳定的社会，才有了社会对我们的需要。

我们很幸运能够活下来，还能够有所发展，这样我们开始能为社会回馈一些价值，就是我们为自己的团队提供了一份工作，同时我们服务了一些客户，得到了客户真金白银的支持和认可。所以我们越来越明白，有两类人对我们来说是最重要的，一类是我们的客户，一类是我们的同事，我们就是为这两类人而存在的。

那么客户需要什么，同事又需要什么？他们的需要里面，有什么是我们能做到的？

客户到茶馆，主要是谈事/工作的，他们真正需要的是一种愉快的心情。

茶馆是一个充满希望的地方，几乎所有的客户都是带着共同解决某个问题，或者说共同创造一个更美好的未来的愿望来这里消费的。我们自然没法帮他们解决问题，也没法帮他们创造未来，但是我们可以给他们营造更好地解决问题的环境和氛围，帮助他们更好地达成心愿。

客户如果能在茶馆把问题解决了，他们离开的时候会很开心，他们把这种开心带回家，使一家人一整天都是开心的，我们觉得这就是我们给客户创造了价值。

对于我们的同事，他们想要的是付出一分劳动得到一收获，第一能多赚点钱，第二能得到多一些的认可。他们从事服务性工作，是不怎么被人注意到的人群，他们中的大多数并不能看到自己的未来，尽管他们对未来抱有很大的希望，并且有为了实现美好未来而努力奋斗的决心。

如果我们作为经营者都看不到他们的价值，那他们会连自己的价值都看不清楚，也不会明白工作的意义是什么，就只是浑浑噩噩、得过且过地打一份工。

我们如果看得更清楚，就要明确地、不断地告诉他们，他们工作的价值和意义是什么。或是大声疾呼，或是苦口婆心，让他们知道自己在创造什么样的价值，相信自己能拥有什么样的未来。

于是我们定义了华饮小茶馆连锁新一版的使命：给客户以温暖，给伙伴以尊严。

（2）愿景——小茶馆的未来会怎样？我们能做成什么样子？

中国有超过 200 万家大大小小的茶馆，可见茶馆是非常有生命力的，中国不缺茶馆，也未必需要更多的茶馆。在行业的数量增量上描绘远景，不能让人感到振奋。但是当前茶馆行业的总体发展水平较低，以夫妻店、个体户居多，这是显而易见的。在存量上做升级和优化，让更多的小茶馆提升经营效率，从而提升行业整体发展水平，为国家增加税收和解决更多人口就业问题，则有更大的意义。

而对提升行业发展水平起最重要作用的是一些龙头企业的崛起，没有规模化的龙头企业，就没有集中力量办大事的能力，更没有行业人才梯队的形成与培养。我们当然希望自己能够努力奋斗成为龙头企业。

愿景的设立要高远，要能激励人心。愿景不是用来实现的，而是用来照亮前方的道路的。由此我们提出了小茶馆连锁的愿景：一个大中国，万家小茶馆。

我们为自己描绘了这样的未来，我们的门店将遍布全国各地，将比星巴克更多，让中国茶文化真正走进大众的生活。随着公司的发展，我们的员工也有了更清晰的职业发展道路和更广阔的成长空间，他们从基层行茶师做起，可以有多条发展路径：一是往茶叶专家的方向努力，可以成为专业的茶学和茶艺老师，为集团和社会培养更多的茶馆专业技术人才；二是往管理经营的方向努力，可以成为店长，再成为区域经理，大区总监，走上职业经理人的道路；三是往销售专家的方向努力，既可以开拓更多的客户，赚更多的钱，也可以做销售培训，培养人才；四是往自主创业的方向努力，在公司成为店长之后，有了经营管理能力，又有了一定的收入和积蓄，就可以购买公司某个单店的股份，成为某个店真正的老板，这样不但不需要承担什么风险，而且还能在团队的帮扶下，一步一步实现自己的创业梦想。

（3）价值观——小茶馆想要与什么样的人同行？

价值观的作用很大，它是我们心中一套关于是非的标准，可以帮助我们衡量人和事。

日常工作中有很多事说不清楚对错，比如当客户利益和老板利益发生矛盾时，员工站在哪一边是对的？这就是很让员工为难的事，这样的事靠什么来评判？靠的就是价值观。

我们让员工一起来提出他们认为对工作最重要的品质并说出理由。最后我们按照重要程度做了一个排序，选出了小茶馆连锁的价值观：勤劳、主动、协作、担当。

第一，勤劳。作为服务性工作，勤劳被大家公认为最重要的品质，是一切的起点。没有勤劳，其他方面再好，也是不太可能被大家认可的。其实，如果一个人不勤劳，就不可能拥有在服务行业里往下走的其他机会。

第二，主动。主动是对企业内部和外部的双向要求。对客户要主动服务，主动发现客户的需求，抢在客户前面做工作。对同事和领导也要主动沟通，凡是可能存在问题的地方，都要提前考虑到，规避掉可能产生的误会，也给他人带来方便。

第三，协作。单枪匹马不是团队，协作是要有团队精神，意味着要主动去补位、去分担、去共享，还要在协作中不断提高工作效率。

第四，担当。有担当的人具备当领导的潜质，要成领导必须有担当，越能担当越能成大器，担大责。

我们提出的这四条价值观标准，前三条要求所有普通员工都做到，第四条作为选修，能被人评价为有担当的，就是未来选拔干部的好苗子。

新的文化理念体系提出后，最明显的效果是：每个人都能轻松地背诵下来了，每个人也都能够用这套价值观来评价自己和别人的工作了。

4

市场定位：定义客户眼中的你

市场定位的本质不是创新，而是选择，是在已经被证明可行的市场模式中选择一个适合自己的定位。

茶馆的市场定位侧重于业务定位、品牌定位和装修设计定位。本章为读者梳理了9种常见的茶馆类型，并且总结了茶馆市场定位最关键的4个要素：业务、选址、资源、意愿。

定位就是定义别人眼中的你。定位是一种普遍的商业实践，从古至今，只要有竞争的存在，商人们就会根据市场去调整自己的营销策略，这就是在做商业定位了。

但是，"定位理论"被人们清晰地认识和明确地提出成为一种有指导意义的方法论只有 50 余年。特劳特于 1969 年在美国《工业营销》发表论文《定位：同质化时代的竞争之道》（*Positioning is a game people play in today's me-too market place*），首次提出商业中的"定位"观念，开创了定位理论，并在 50 多年的实战中致力于定位理论的不断开创与完善。

在今天的营销界，定位的重要性已经不必多言，无论大小企业都在研究自己的定位。大公司的定位会兼顾战略定位、品牌定位、产品定位，小公司的定位则侧重于业务定位。

本书第 2 章我们重点讨论了品牌，做品牌是定位理念在品牌方面的应用，这一章我们重点讨论的是定位理念在市场方面的应用。

品牌和市场有什么区别和联系呢？

　　一般意义上，品牌工作可以视为市场工作的一个子集，也就是市场工作的一部分。品牌定位的角度是找到和强化自己与他人的差异化，市场定位的角度是在市场竞争中找到自己的立足之地。在部门相对齐全的企业，品牌部负责做广告，市场部负责做活动。

　　茶馆的规模一般不大，公司一般没有专门的市场部门去持续地策划、组织和落地市场营销活动。我们讲茶馆的市场定位，主要是从所经营的业务范围和装修设计的风格两个方面去考量。

　　首先是业务定位，就是我们的主营业务是什么，主体客群是谁，我们都会经营哪些业务，哪些业务适合我们干，哪些可能不适合我们干（主要是早期）。其次是装修定位，就是我们采用什么样的装修视觉风格和体验风格，是采用偏大众的风格还是偏个性的风格，有没有什么特点。业务定位是内在要求，装修定位是外在呈现。

　　定位是高级别的经营管理能力，通常第一次开店的店主可能做不好定位，因为真正能够成功落地的定位必须建立在真实经验的基础之上。但是定位的意识和理念应该在开店之前就建立起来并形成思考习惯，贯穿经营全过程。

　　定位是做减法，定位的本质是一种取舍，前提是对行业有一个全面的认知。人只有对行业有全方位的认知，才能知道什么是自己不想要的，什么是更适合自己的，才会主动做出取舍。定位不追求创新，甚至定位本身是反创新的。

　　定位是选择，不是创造。有些人认为自己在创新，其实是一种自以为是的误解，是一种缺乏对行业全方位了解的表现。如果把创业比作画画，定位更像是从一个完整的由千万种颜色构成的色谱中挑选出一种自己最喜欢的并且还没有被别人使用的颜色，而不是靠自己的想象去用各种颜色调配出一种全新的颜色。

业务类型

研究茶馆的市场定位，我们首先要对所有茶馆的业态进行分类和归纳，找出其中的规律。

业务定位包括但不限于以下要素：消费人群、客均单价、主营产品、业务特点、选址（流量）要求、可复制性等。

从一般的市场规律来看，客均单价越高，覆盖的消费人群越高端，企业毛利也就随之升高，但是获客成本同时也会更高，商业模式的可复制性越弱，反之亦然。

在介绍茶馆的业务类型之前，提醒一下，以下 9 个类型只是一种分类思路。每个类型彼此间并非截然不同，实际上不同类型之间都存在相互交叉重叠的部分，一家茶馆可能同时属于好几种类型。理清思路，确定业务类型，才能进一步做出市场定位。

棋牌娱乐型茶馆

棋牌娱乐型茶馆一般也叫棋牌室、麻将馆，以提供麻将、棋牌等休闲娱乐的场所为主营产品，同时提供茶水及简单的餐饮和零售服务，平均客单价在 50~150 元，覆盖从低端到中高端的消费，选址一般在社区周边或者大型企事业单位附近。

棋牌娱乐型茶馆是最有群众基础、最有生命力的茶馆形式，它的优点是客源较稳定，消费门槛低，但是后端消费的增长空间大，棋牌娱乐的社会需求广泛而密集，所以棋牌娱乐型茶馆比较容易实现快速正常运转，从大都市到乡镇都能找到棋牌娱乐型茶馆。

棋牌娱乐型茶馆通常装修成本和人工成本不高，如果房租成本控制较好，能较快实现盈利。这种业务模式简单，需求又很旺盛，也比较容易复制，能够形成连锁。这种类型茶馆的代表有北京的逐鹿茶楼、成都的御府茶缘等品牌，在西南地区几乎每个小区、每条街都有棋牌茶馆，棋牌娱乐型茶馆是老百姓重要的社交场所。

棋牌娱乐型茶馆的缺点是有一定的政策监管风险，需要做好消防安全措施。此外这类茶馆一般晚上会比较热闹，需要安排员工值夜班，人工成本会比开其他类型的茶馆略高。

轻茶饮型茶馆

轻茶饮型茶馆等同于奶茶店、咖啡馆，近年随着国潮兴起，人们更多地强调中国茶的属性，也称这类茶馆为新茶饮，涌现出了一些较为知名的品牌，如蜜雪冰城、喜茶、奈雪的茶等。

轻茶饮型茶馆以调制茶饮为主营产品，有的也提供面包、蛋糕等简餐，业态上直接对标星巴克，选址多在商圈、学校门口等年轻人流量聚集之处，客单价在 20~30 元，属于中低端消费。

轻茶饮型茶馆注重装修的时尚化、产品的标准化、营销的网络化，有较好的客户复购率，同时也具备较强的复制性，倾向于快速发展加盟或者借助资本扩大规模，是近年来人们投资开店关注的热点。

轻茶饮型茶馆有两个显著的经营难点：一是非常依赖自然流量，选址必须在人流量足够大的地方；二是必须持续创新，要伴随消费者的口味变化不断推出新品。所以轻茶饮型茶馆品牌的生命周期往往较短，可能很快火起来又很快冷下去，但更多的品牌是一直都不火，店主只好持续不断地更换品牌。

网红打卡型茶馆

网红打卡型茶馆是随着社交网络的兴起而诞生的一种现象型茶馆，风格更接近于咖啡馆或者奶茶店，这类茶馆一般都有很高的颜值，以个性化的装修风格、有卖点的茶饮产品或者有 IP 属性的店老板为特点，在社交网络上成为热点，吸引了一定量的粉丝到店打卡。

网红打卡型茶馆的主营产品也是调制茶饮，有的也提供面包、蛋糕等简餐，客单价多在 30~50 元，和轻茶饮型茶馆消费区间接近，属于中低端消费。

网红打卡型茶馆对门店选址或者经营者的个人 IP 有极强的依赖性，顾客大多数是从外地慕名而来打卡，很少会复购，因此这类茶馆的可复制性不高。

商务会谈型茶馆

商务会谈型茶馆本质是售卖空间，以包间为主，提供会谈、会议相关服务，对空间单独收费，或者将空间的成本折算进茶饮服务的费用中。客单价在 100~300 元，选址多在写字楼、商务区，属于中高端消费。

商务会谈型茶馆对选址、装修、服务和产品的要求较高，因此开店成本较高，可复制性较弱且多为店主自营，与轻茶饮型茶馆恰好相反，是生命周期较长的业态。商务会谈型茶馆的优点是客户黏性高，后端可拓展的产品体系丰富。

高端会所型茶馆

高端会所型茶馆面向高端人群提供个性化服务，包括茶礼定制、文化鉴赏、高端餐饮、个性化接待等。客单价通常在几百元以上，上不封顶，有较高的利润空间，同时对选址、装修、产品和服务都有很高的要求。

高端会所型茶馆不追求人流量大，反而追求较高的私密性，以及交通方便和停车方便。会所型茶馆通常并不面向社会对外经营，往往是以会员制或者俱乐部的形式，面向特定人群提供服务，因此不具备可复制性。

大众旅游型茶馆

大众旅游型茶馆往往是一些景区的地标性茶馆，例如北京的老舍茶馆、成都的鹤鸣茶社、杭州的湖畔居茶楼、上海的湖心亭茶楼。它们凭借独有的历史文化渊源，成为所在城市的一张历史文化名片，自然也得到了当地文化旅游资源的支持。

既然是服务大众，大众旅游型茶馆的消费通常不高，客单价在 10~100 元，覆盖从低端到中端的消费，这类茶馆的主营产品通常是餐饮和表演，然后是文创产品，在互联网新零售时代，具有强烈文化 IP 属性的大众旅游型茶馆都在大力借助自身的品牌做大文创产品的销售，而不是在实体空间上去探索茶馆品牌在异地的招商加盟。

茶餐结合型茶馆

茶餐结合型茶馆本质是个餐馆，营业收入以餐饮为主，但是以茶馆或茶楼命名，同时提供茶水服务和茶叶零售。客单价弹性较大，这类茶馆往往是务实而接地气的，经营成功的概率较高。但是餐饮的管理链条较长，模式的可复制性较弱，如果餐与茶两条线都要经营好，需要投入的人力物力都很大，较难实现连锁化和规模化。

这类茶馆中较为知名的品牌有北京的王府茶楼、上海的秋萍茶宴、郑州的城墙根茶馆等。

茶叶售卖型茶馆

茶叶售卖型茶馆一般是从茶叶店转型升级成了茶馆的门店，这类茶馆原来是卖茶叶的，后来因为客人有谈业务的需求，慢慢增加了服务的空间，变成了茶馆。这类茶馆的数量也非常庞大，大型的茶叶企业发展的经销商、代理商往往都会采用这种门店的形式来开展经营：既有门店展示自己的产品，也有空间服务自己的客户。

茶叶售卖型茶馆和商务会谈型茶馆在形态上比较接近，只是两者的起点不一样。茶叶售卖型茶馆的发展往往一开始就伴随着茶叶品牌的招商或者品牌直营，是茶叶新零售的一种主力形式。知名的品牌有大益茶、八马茶业、天福茗茶、华祥苑茶业、品品香白茶等。

文化主题型茶馆

文化主题型茶馆通常有一个鲜明的主题，同时提供茶水或者茶餐等服务，例如佛教主题、香文化主题、古琴主题等。茶馆既是实质的主体，也是给主体做配套服务的载体。这类茶馆因为文化属性太强、特点太鲜明，复制性较弱，一般是以打造文化地标为其发展思路，做成功会形成品牌，有长久的生命力和很好的盈利能力。

这类茶馆中较为知名的品牌有北京的露雨轩茶楼、河北的赵州茶馆、瓦库连锁茶馆等。

上述 9 种类型茶馆的几个重点特征汇总见表 4-1。

表 4-1　9 种茶馆特征汇总

类型	定位	客单价	利润率	流量依赖性
棋牌娱乐型	低端—中高端	100 元左右	较高	较低
轻茶饮型	中低端	20~30 元	低	高
网红打卡型	中低端	30~50 元	低	高
商务会谈型	中高端	100~300 元	较高	较高
高端会所型	高端	差异大	高	低
大众旅游型	中低端	10~100 元	低	高
茶餐结合型	中端－中高端	100 元左右	中	中
茶叶售卖型	中端－中高端	差异大	较高	中
文化主题型	中高端	150 元左右	较高	较高

市场定位

实体店经营者创业一般有两条启动路径：第一条路径是手里有个项目，拿着项目去找合适的店铺；第二条路径是手里有个店铺，找合适的项目装进去。

无论是找店铺还是找项目，这个寻找的过程就是市场定位的过程。

市场定位方法

在计划开一家茶馆之初，我们要么脑子里有一个想要开的茶馆的样子（就是我们有个项目了），然后带着这个想法去找一个地段合适、大小合适的商铺或者空间；要么正好有一个我们认为地段合适、大小合适的空间，并想好开一家什么样的茶馆，装修成什么样子，主要做哪一块业务。

其实市场定位就是这么简单，把这些问题逐一想清楚，就完成了我们初步的市场定位。

梳理出来，就是我们要综合考虑 4 个要素：业务、选址、资源、意愿（见图 4-1）。

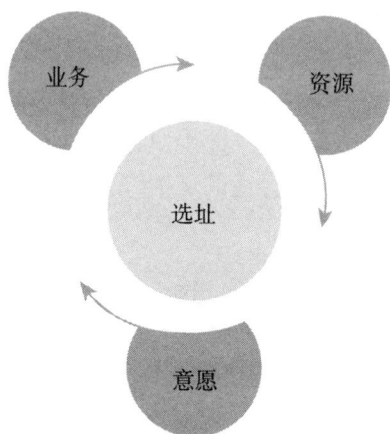

图4-1 茶馆4大市场定位要素

业务，就是我们的主营业务是什么，我们靠卖什么来获得主要收入。

选址，就是店铺的位置、面积、户型和其他硬件条件。

资源，就是我们拥有哪些能支持我们生意的资源，比如资金、熟人、技术、潜在客户等。

意愿，就是我们有多想做这门生意，我们是非做不可还是可做可不做，我们对成功的渴望有多强烈。

好的市场定位，就是这4个要素的相互匹配；而差的市场定位，一定是某个要素存在严重缺陷。

我们应该充分了解一个事实，在真实的商业环境里，大部分的市场定位属于平庸的市场定位，所以生意也很平庸，但未必不能生存和发展，只是不算是好的市场定位。并且真实的市场永远处于变动之中，过去好的市场定位，有可能现在变差了，所以我们需要保持随时调整的心态。

这4个要素的影响权重是不一样的，实际上相差很大。其中选址是最核心的要素，能决定超过50%的成功率，业务和选址则是最基本的一对主要矛盾。

好的选址通常除了贵没有别的缺点，放上哪种业务类型都能运转起来，这时候就可以更多地考虑我们所拥有的有利于我们开茶馆的资源，以及我们对选择什么业务类型的意愿。普通的选址就要好好考虑怎么匹配业务类型了，例如小区门口一定更适合开棋牌娱乐型和茶叶售卖型茶馆，商场楼上就一定更适合开轻茶饮型或者茶餐结合型茶馆。

华饮小茶馆连锁在这方面是有很多教训的，比如我们曾经在北京CBD区域的一个商场的4层开过一家格局紧凑的小茶馆，70多平方米的空间我们隔出了3个包间，这家店运营了一年后，惨淡关闭，是一个市场定位失败的案例。

首先是这个选址在商场4层，虽然周边的写字楼不少，但是由于我们前期对周边流量的调研不够，过分乐观地预估了本地流量，后期实际的结果是商务需求的流量很难往2楼以上的非主要商圈楼层引。

其次是这个选址的面积太小，装修达不到一定的水准。尽管采光还不错，但是包间之外的走道空间被挤压得厉害，整个空间没有高级感，留不住复购客户。

最后是由于这个选址面积小，我们整个公司投入的资源和派出的团队都欠佳，没有足够强的能动性去把它扶持起来。最终得到的就是很差的结果。

试想一下，如果这家店的市场定位是一家以茶艺培训为主，茶叶零售为辅的茶馆，把它当成一家学校来经营，是不是可能结果会更好呢？虽然不一定，但是常规来说，对于硬件条件上无法吸引客户留存的选址，加强软件的投入，加强服务的体验，把一次消费转变成一期消费，对提高营业收入肯定会有效果的。

按照先有选址再考虑业务的顺序，我们通过回答以下一系列问题去思考我们的市场定位。

（1）这个店铺的面积和格局适合植入什么样的业务类型？

（2）每天有多少人（自然流量）会直接从店铺门口经过？

（3）自然流量每天基本稳定吗，还是每天的波动很大，有规律吗？

（4）每天的自然流量都是什么样的人？年龄特征、职业特征、收入特征是什么？

（5）每天的自然流量是同一群人吗，还是每天都不同？（如火车站附近就每天都不同）

（6）这些自然流量和哪些业务类型比较匹配，和哪些业务类型不匹配？

（7）光靠自然流量能把主营业务养起来吗？如果能，需要多久才能达到盈亏平衡？

（8）除了直接从店铺门口经过的自然流量，半径 500 米内有多少常住人口，其中又有多少是潜在消费人群？

（9）潜在消费人群有几种分类？每一种分类对我们的商业价值和获客难度的影响有什么差别？

（10）我们用什么方法能把这些潜在消费人群吸引到店？哪些方法效率高，哪些方法花钱多？我们有足够的资金去使用这些方法吗？

（11）除了从店铺周边引流，还有哪些目标人群是我们的资源和能力可以触达的？

（12）在开店之初，我们需要借助资源来获得营收以支撑早期经营吗？如果需要，我们有相应的真正可以动用的资源吗？还是只是假象？

（13）半径 500 米或 1000 米内有几家茶馆？它们活得怎么样？和它们的老板聊过吗？

（14）我们想做的茶馆和附近已有的茶馆业务类型一样吗？会不会有竞争关系？还是可以共同做大蛋糕？

（15）如果和已有的茶馆做不一样的业务，我们有依据能做好吗？还是完全靠尝试？

以上暂时列了 15 个问题，沿着一个一个问题的思路问下去，我们其实还会有更多新的问题，这里只是展示了一种思考的方法。

这种方法不光适用于开店之前，无论处于哪个阶段，都可以不断重新问自己上述问题，来推动调整和验证自己的市场定位。

市场定位案例

第一家店的市场定位

小茶馆连锁的第一家店澄碧轩是一家大众旅游型茶馆，我们开第一家店的时候对怎么经营茶馆是一窍不通，没有一点经验，也没有长辈的指点，上文提出的 15 个问题，我们当时一个也没有问过自己。

澄碧轩坐落在北京市中心紫竹院公园湖边，是一幢独立的仿古建筑，依山傍水，风景秀丽，是人们喜欢天然会的地方。

在公园湖边的天然优势是来来往往的人特别多，有很好的自然流量。它的劣势是不容易被发现，我们是在往后一年的经营中才慢慢认识到的，其中有两个特别要命的缺点。

一是公园的流量极不稳定。春夏秋天气好的时候人流量虽然大，但是我们能抓住的流量不多，因为我们的营业面积太小了；北京有漫长的冬季，入冬后人流量骤降，会有三四个月几乎没有什么人经过，经营被强制断档。

二是逛公园的人消费意愿非常低，客单价非常低。逛公园的大部分是周边社区的老人，他们只是每天锻炼身体路过我们门口而已。偶有进店消费的，也只愿意喝十块八块的茶，一杯二十元以上的就很难卖得动了。

在认识到这些缺点之后，我们开始调整市场定位，做了两个决定性的动作。

一是调整了主营业务，从卖茶水转变为卖场地和卖课程。澄碧轩周边高校林立，各类文化培训行业密集而发达，它本身是一个 50 平方米的开放空间，足够大，用来做教室是很合适的，能容纳三四十人一起上课，不上课的时候就恢复成茶桌散座，上课的时候就摆放整齐变成教室。

作为教室，它有两个很明显的优势：一个是它就在湖边，窗外的景色特别美，能让人心情愉悦；另一个是它交通便利，无论是坐地铁还是停车都能在几百米之内到。

我让员工骑着电动车到周边的写字楼一幢一幢去扫楼，只要看到有文化和艺术类的培训机构就进去找负责人聊合作，合作模式有两种：一种是来租用我们的场地，当自己的教室不够用的时候，或者需要一个更适合做活动的地方的时候，建议考虑到我们这里来。另一种是利用我们门口很大的人流量来共同招生，招到的学生就在我们店里上课，学费约定分成比例。而且为了提高员工的积极性，我们给出了很大比例的提成。

二是改卖产品为卖会员，从卖单杯茶水转变为卖套餐和卖月卡。原来二三十元一杯的茶水 / 咖啡，我们增加了一份枣糕，使得性价比一下子就高起来了。这样就有一些没有计划喝茶的人愿意坐下来喝茶了，就当把早餐和中餐解决掉了。然后在此基础上我们又推出了月卡，当月内可使用 ×× 次。

这两个动作下来，我们的业绩很快就有了明显的改善，就开始赚钱了，而且提前把未来的收入锁定了。

连锁化后的市场定位

第一家店澄碧轩后来虽然赚钱了，但随着我们对茶馆行业的认识逐渐加深，我很清楚那里不是一个好的选址，没有复制性，也没有复制的意义。

2018 年 1 月我们在中关村的写字楼底商开了第二家店，并在开业当月就实现了盈利，这使得我对茶馆的商业模式的一些假设得到了验证，加强了我的信心。于是在 2018 年 7 月，我们又开了第三家店，算是开始了连锁经营。

实现连锁经营最核心的是找到商业模式，而商业模式最重要的是持续性、稳定性、增长性。在空间、零售、文化这三个茶馆最基本的市场里，只有空间能够满足理想商业模式的条件。

卖空间，实际上就是给商务人群提供一个会谈的空间，它本身是一个比较成熟的市场，参与竞争的主体非常多，各种各样满足空间需求的经营主体如茶馆、咖啡馆、茶饮店等，全国就有超过 200 万家。

如果把它视为一个能够单独统计的行业，它是介于餐饮行业、酒店行业和茶行业三者之间的交叉部分，它的整体市场是超万亿级的体量。

照理说这么大体量的一个行业，它的竞争应该很激烈，同时它的竞争水平应该很高，但是以我们在茶馆行业的亲身感受来说，我们并没有感觉到这个行业是高度竞争的状态。这说明整个行业处于大而不强的阶段，竞争的分布还很不均匀，我们认为在整个市场的中高端可能存在很大的机会。

如图 4-2 所示，从上到下分别表示了三个层次的商务会谈需求：5% 的高端、15% 的中高端、80% 的中端和低端。

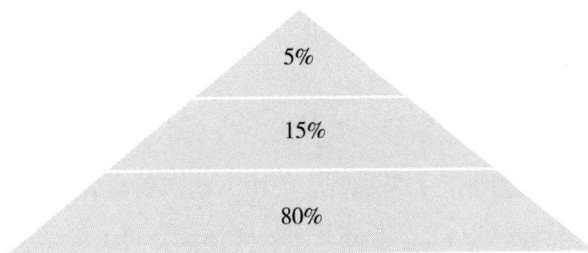

图 4-2　商务会谈需求层次

这三个层次最直接的反映就是客单价，不同层次间有 2~3 倍的客单价差异：低端客单价在 10~30 元，中低端客单价在 30~50 元，中端客单价在 50~100 元，中高端客单价在 100~300 元，高端价格上不封顶。同样，毛利率也呈现出从高到低的趋势（见表4-2）。

表 4-2　不同层次商务会谈的情况对比

层次	客单价	毛利率	竞争情况	典型场景
5%	不封顶	高	缺乏竞争，不成规模	私人会所、五星级酒店会所、富人宅邸等
15%	100~300 元	较高	竞争不充分，没有行业巨头	茶馆、西餐厅(如上岛咖啡)、下午茶餐厅等
80%	10~50 元	较低	竞争充分，有行业巨头	咖啡馆(如星巴克)、茶馆、饮品店(如喜茶)、大众餐馆等

现阶段商务会谈市场的竞争，主要集中在 80% 以下的部分，而实际上中高端以上的 20% 部分是竞争很不充分的。

造成这种现状的原因我们认为也很简单，一是过去能经常接受中高端以上消费的人群数量很分散，想把他们集中起来，形成一个大的商业模式比较难。二是产业还没有发展到能够大规模满足中高端以上需求的阶段，曾经有一些企业也发展连锁化到一定程度，如迪欧咖啡、上岛咖啡，但由于消费者喜好变化（如中国传统文化强势崛起）、企业经营不善等原因，没有保持领先优势，实现转型升级。这就给中高端市场留下了一片蓝海。

我们熟知的二八定律告诉我们，整个行业 80% 的利润，可能恰恰集中在中高端以上的 20% 的空间里。

底层 80% 的市场，已经是一片竞争的红海，并且最可怕的是，定价权掌握在已经形成的星巴克等巨头的手里。任何一家在 80% 的中端以下市场创业的公司，都不可避免地遭遇星巴克等巨头的定价封杀，客单价被锁死在 30 元以下，从而只能竭尽全力去获取流量，提高单日客户数和翻台率。但是，再怎么努力也跑不赢高企的房租和人力成本。

事实上，这种现象在酒店行业已经发生过，我们现在所熟知的一些连锁酒店品牌，例如汉庭、如家、7 天等，都是在国内酒店行业重新洗牌的十几二十年里，通过品牌化、资本化和信息化，在酒店行业的中端和中高端以上市场里抓住整合机遇而实现了快速攻城略地的，现在它们都成了所在行业的巨头。

带着这样的认识，我们提出了小茶馆的市场定位，它的选址一般是在城市商务区的临街商铺，它的价格和服务都是中端以上，它没有高级茶馆那么多的装饰和昂贵的茶品，但是有商务会谈所需要的硬件条件和热情到位的人员服务，能够满足商务人士最核心的需求。它的面积不会太大，但是它会追求门店数量足够多，以便会员服务能够更快地延伸到城市的各个商务区。

基于这种市场定位，目前我们已经在北京地区开设和参与管理了超过 20 家门店，除了疫情防控期间受不可抗力影响而关闭的一些店，其中 60%~70% 都能良好运转，它的可行性得到了验证。

设计定位

茶馆是自古以来就存在的一种商业形态，在公众的认知里是符合传统中式审美的，所以绝大多数茶馆的装修设计采用中式风格。这种装修风格最明显的好处是既耐看又耐用，很多年都不需要翻新装修。

作为一个有较高审美要求的经营场所，茶馆的装修设计要遵循两个标准：风格一致性和分区合理性。

设计定位的两个标准

风格一致性

一间茶馆应该只采用一种设计风格，使之呈现出风格的一致性。这就要求包括门头、室内装潢、家具的样式、用色等都属于同一风格。

风格的一致性能使茶馆的环境和谐、自然、美观，从而让顾客感觉舒适，充满愉悦感，增强茶馆服务的价值。反之，一个与整体风格不搭的元素，会破坏茶馆的调性，影响经营意图的实现。

风格的一致性还体现在设计风格和目标人群喜好的一致性，这是市场策略的内在要求。人们的收入水平和年龄层次、审美偏好基本上是相对应的。例如目标客户是高端人群，装修风格就要沉稳大气、讲究品质、内敛中富有奢华，能够满足客户需要的身份感、体验感等；目标客户如果偏年轻人群，装修风格就应当更简约时尚，使人感觉消费门槛不高，不会被第一印象挡在门外。

风格的一致性要求经营者要对目标市场做精准的定位，越是精准，越能吸引同一类客户，生意就会越做越顺；越是不精准，越留不住常客，只能不断拉新，生意始终做不上规模。

分区合理性

茶馆的功能分区要充分贴近自身的业务属性。首先是要有比较充足的产品销售区域，门店的前厅要塑造出销售氛围；其次是大包间和小包间的数量与该店客户的普遍需求尽量匹配；最后是库房、操作间、卫生间等辅助分区不要太大，要充分利用好层高，提升空间使用效率。

有些茶馆只重视空间业务，没有留足产品陈列的展柜，甚至有些茶馆为了追求空间设计的高规格，没有在前厅设置销售区，只有迎宾的吧台或者茶台，这些都是缺乏销售意识导致分区不合理的表现。

有些茶馆有很大的会议室，但是很久都不能出租一次，出现长期闲置的情况；有些茶馆经常会有客户要用大会议室，但他们把茶馆的空间全部隔成了小包间，出现有稳定需求但不能满足的情况。这些也都是分区不合理的表现。

好的设计，追求的是功能与审美的平衡，两者要相得益彰。

常见的装修风格

传统中式

传统中式的特点是追求大气、富贵，多使用红木、根雕等家具，也多用假山、喷泉等人工造景，优点是家具经久耐用，保养得当还可以增值，缺点是这类装修风格颜色偏深、装饰较重，空间浪费较多。

传统中式继承的是清代崇尚富丽堂皇的审美风格,与宋明两代更为典雅简约的审美风格形成了鲜明的对比。传统中式风格在2000—2010 年较为流行,到 2020 年以后已经不太普遍。

民俗中式

民俗中式是将一些有鲜明视觉特点的少数民族风格、特定区域民俗风格作为主题的中式风格。民俗中式设计风格常常使用图腾和自然物(或其复制品)作为装饰图案,色彩运用也较为大胆,偏向艳丽夺目。

民俗中式茶馆的主营产品往往是特定类型的茶叶,同时也更侧重特定类型茶叶的销售。中国有丰富多彩的民族文化和民俗文化,这为我们设计适合自己的风格提供了取之不尽的素材。

新中式(强调简约)

新中式是近年来非常受欢迎的风格,强调中式视觉符号的简约自然呈现,特征是在复原宋式和明式家具风格的基础上,将中国传统形制抽象应用,用色偏向木、瓦、石、天空等自然事物的颜色,并且综合运用皮、布等更舒适的材质,从而形成具有明显中式审美而又现代简约的独特风格。

除了形制与色调的明显特征之外,新中式设计风格还有几个好处:一是空间使用效率高,没有太多材料和空间的浪费;二是易于机器生产，制造成本相对低廉，大众容易接受；三是比传统中式更符合人体工学的设计，舒适度更高，能让人久坐。

现代式

现代式多走极简和科技风，受苹果公司的审美影响，现代式也成为茶饮店装饰中的一个主流风格，通常以一个主色调、图案扁平化、装饰富有科技感、巧用光影的层次感为特征。

现代式更适合运用在快节奏、年轻时尚的新式茶饮店。一些现代元素也可以融入新中式，创造出多变的氛围。

日式

典型的日式风格有两大非常明显的特征：一是原木色的窗格和推拉门，二是榻榻米地板。此外，如果空间允许，还会做枯山水、罗汉松等景观。

日式风格曾经很是流行，但它与中国主流消费人群的习惯并不能很好地匹配，现在逐渐式微。

一是日式装修对卫生的要求较高，店家需要每天清洁多次，并且客人可能因为脚臭、不喜欢盘腿坐等原因而感到不舒服；二是日式风格过于简洁，时间长了就不耐看，正如日本茶道没有品类丰富的茶类转而追求仪式上的美，初看非常讲究，看得多了就慢慢觉得索然无味，尤其是与中国丰富多彩的茶叶品类和博大精深的茶学体系一对比，就显得小家子气了。

欧式

我们所指的欧式风格，其实是欧洲中部和南部主流的宫廷风格，如法式、意式，偏向奢华、注重花式的设计风格，而不是北欧简约的宜家式风格。

欧式风格典雅、大气，也曾经流行较长时间，被广泛地运用在咖啡馆、酒店、餐厅等商务场所。

欧式风格的优点是有较强的舒适性，其座椅通常是沙发和有坐垫、靠背的椅子，人坐下去会很舒服，甚至可以半坐半躺，利于人们长期待在一个空间。欧式风格的缺点是对装修材质的要求较高，如果选用普通的材质，容易产生浓厚的山寨感。另外，欧式的座椅不耐脏，于是更换和维护的成本就相应地增加了。

主题式

主题式茶馆的范围很宽，可以是某一个文化主题，例如怀旧主题、电影主题、曲艺主题等，也可以是某一种茶的品类主题，例如白茶馆、黑茶馆、普洱茶馆等。

文化主题式茶馆不多见，往往是商家将自身爱好与经营相结合的产物。所以主题式茶馆更适合有充沛的资金支持、可以不考虑商业变现的茶馆经营者。在没有盈利压力的情况下，主题式茶馆更容易做出差异化、做出特色，利用好网络传播，或将成为某个特定人群的社交聚点，或者成为一个旅游打卡式的地标。

茶类主题式茶馆就比较多，有些茶叶品牌会以开茶馆的形式来打造体验店，也有些茶馆店主专注于销售某个茶类。品牌或者品类专注的优点是能够沉淀一些复购率较高的忠实客户，缺点是早期获取客户有一定难度。

5

项目融资：解决创业启动资金

    企业启动前期的预算管理要做到面面俱到，把所有可能花钱的方面都考虑进来，资金准备充足，项目启动之后就避免了很多先天不足的问题。

    如果需要面向社会进行融资，我们首先推荐的是股权融资，最好的方式是按照一个合理的估值来吸收几个投资者，通过释放一些股权比例来获得启动资金，这样有利于企业主放手去干。其次我们推荐使用利率越低越好的债权进行融资，因为企业如果能正常经营，大概率是能跑赢利率的，而企业主能赚取的就是跑赢的这部分。

　　我们理想的小茶馆的规模虽然不大，但是"麻雀虽小，五脏俱全"。茶馆本质上仍是企业，各个岗位职能都必不可少。在运营团队到位之前，在做经营规划的时候，创始人或经营者已经开始考虑诸多方面的问题，其中最为重要的是资金问题。

　　茶馆筹备阶段不仅要做好预算，更重要的是保证预算能到位。也就是说，预算是好做的，只要把方方面面都考虑到，就一定能计算得差不离。但是要保障预算到位就比较困难，尤其是对创业型公司来说，筹措启动资金是创业的第一大事。很多有创业想法的准创业者就一直卡在了没有创业需要的第一桶金，迟迟不能启动。而优秀的创业者之所以优秀，很重要的一点就是能在创业之初就得到投资者的支持。

　　所以这一章我们就来讲一讲怎么做茶馆的启动资金预算和怎么来筹措这笔资金。

投资预算管理的必要性

预算不到位，资金准备不足，企业可能会遇到一系列问题，例如实际装修支出往往大于预算，预算不够就只能偷工减料或者延误工期；不能雇用更高水平的店长或店员，服务和销售难以达标，产能上不去；无法做奖金激励，难以提振士气，团队对未来缺乏信心，看不到希望；被迫追求短期利益，忽视客户长期经营，为未来进一步发展留下隐患；库存备货不足，客户不知道能买到哪些货，或者想提货但是店内没货；老板终日忙于偿还债务或者主动销售，没有精力兼顾全面的经营管理工作等。

一旦投资预算没做好，资金准备不足，就很容易陷入资金稀缺的恶性循环，如此一来，企业往往发展不起来，甚至越做越小，最终倒闭。80%以上的企业都会因为前期启动资金准备不足，导致长期发展乏力。正所谓"兵马未动，粮草先行"，我们需要分析清楚启动一家茶馆需要准备多少资金，以及如何筹措这笔资金。

很多人误解了茶馆或茶饮店的盈利能力，认为茶叶本身成本不高，但是茶水消费的费用偏高，于是茶馆或茶饮店的利润很高，这是典型的选择性忽视，只计算物料成本，不计算综合成本。消费者这么看倒也不需要辩驳，但是如果你准备成为一个经营者，那这笔账你一定要算过来。

开茶馆是实体空间投资＋服务性行业，是典型的重资产、重运营型项目，具有所需资金量大、回报周期长、经营风险大、人均产能低的特点。茶馆的资产主要是有形的、固定的资产，以较大的资金投入，获得较少的利润回报，利润率不高是客观事实。

想要开茶馆的朋友，通常不是纯粹的财务投资，更多的是基于爱好和情怀，希望能有一个属于自己的地方，既能招待来来往往的朋友，也能正常经营赚点钱，而茶馆也的确是满足这种愿望的最佳选择。所以，科学的、务实的茶馆投资预算管理非常重要和必要。

茶馆投资预算项目

茶馆投资预算涉及以下三大项目：经营空间支出、人力资源相关支出和物料储备支出。

经营空间支出

涉及经营空间的支出项目有：房屋中介费、转让费、租金 + 押金、装修费。如果是通过中介找的商铺，房屋中介费通常为 1 个月的房租。如果拿的是别人转让的铺面，可能会产生转让费，这笔费用实际是给上一家店的装修补偿和占位费。

一般来说，旺铺转让会有转让费，不是旺铺就没有必要交转让费了。转让费的浮动范围很大，少则几万元，多则百万元。对于小本经营的小茶馆，我们建议不要找有转让费的店面，或者将转让费控制在 20 万元以内。

　　房屋租金通常是一家小茶馆日常经营最大的支出，控制租金成本应该是始终萦绕在经营者心头的问题，租金控制得好，利润一下子就会凸显。常见的租金支付方式是押一付三，但是争取谈到押一付一。此外，装修期间通常可以谈一个免租期，尽量为自己争取 3 个月以上的免租期。

　　理想的小茶馆面积不要超过 200 平方米，尤其是你的第一家茶馆，这样硬装的成本可以控制在 20 万 ~30 万元，主要费用包括：拆原装修、安装隔断、电路水路、地板、卫生间、厨房、吊顶、消防、暖气、布景等。

　　从实际经营成本来看，以目前国内的消费水平，200 平方米以内的茶馆，即使使用价格较高的品牌材料，硬装的成本我们也建议尽量控制在 30 万元以内。如果装修预算超出 50 万元，要么最好房屋是自己的，要么房租既便宜租期又签得长，如 5 年以上。

人力资源相关支出

　　涉及人力资源相关的支出项目有招聘费用、人员工资和福利、培训费用和其他费用。

　　人员招聘一般是通过招聘平台来进行，例如 58 同城、BOSS 直聘等，也可利用亲朋好友的资源或在朋友圈进行招人。我们在招聘的过程中，要给平台交一些中介费用，动用了人脉资源往往也需要送礼，我们还需要投入大量时间去做前期沟通、简历筛选、进行面试等工作，这些都可以折算成货币支出。

另外，还有一些垂直领域的行业性招聘公司，例如华饮科技股份有限公司在北京范围内就可以为茶馆 / 茶店 / 茶企招聘基层服务岗和销售岗人员，专职和兼职都可以。

按照经验，每一个能够录用的工作人员的招聘成本平均为1000~2000 元。

人员工资、福利成本和房租成本，是一家小茶馆日常经营最大的成本，因此合理地控制人员成本和房租成本，是企业战略级的需求和任务。

人员成本一般包括基本工资、岗位工资、绩效工资、业绩提成、奖金、补助、津贴、分红、社保、公积金、补充医疗保险等。以一线城市为例，一个月工资收入为 5000~6000 元的普通员工，公司的实际支出成本约在 8000 元 / 月。

培训费用是企业对员工职业能力提升的投入成本，有些经营者不太重视为员工成长投入资金和精力，但培训费用是一项必要的支出，为员工提供培训实际上是在帮企业赚钱和省钱。

培训分为外训和内训，外训是外聘讲师或者购买课程，内训是企业内部自行组织培训。外训成本的体现是资金支出和正常工作时间的占用，内训成本的体现是正常工作时间的占用。一般服务型企业为每个员工实际支出的培训成本不低于 500 元 / 月，科技型企业支出的成本会远远超出这个数字。

其他费用包括一些非定期性的支出和容易被忽视的支出，例如：①团建费用；②营销费用，如广告宣传制作；③员工试用不通过的培养成本；④因用人不当导致客户流失的收入损失；⑤客户退费引起的前期营销成本流失；⑥设备损坏产生的维修费用。这些成本未必都能够计算入账，但是经营者要预先认识到经营过程中会有很多非货币化的成本产生。

物料储备支出

物料储备支出包括设备费、家具费及其他物料费用。

一家茶馆需要采购的设备有水槽、净水器、饮水机、开水机、安监系统（摄像头）、煮茶机、咖啡机（选购）、微波炉、电磁炉、电冰箱、消毒柜、收银台、电视、电脑、投影仪、移动黑板、发票打印机、普通打印机、照相机、手机、音响、电话、无线路由器、空调、风扇、新风系统、装饰灯具、预热封口机、吹风机等。这些几乎都是必备的，所有设备费用相加，在 10 万 ~15 万元。

一家茶馆需要配置的家具有货柜、货架、置物架、茶台、茶椅、花架、茶几、装饰摆件等。以一家典型的小茶馆为例，4 个包间和 1 个前厅销售区，如果采购普通量产的新中式木制家具，成本比较容易控制在 5 万元以内。

其他物料主要包括：①日常使用的茶具，如盖碗、茶壶、公道杯、品茗杯、闻香杯、盖置、壶承、茶道六君子、飘逸杯等；

②用于零售的茶叶、茶器、茶点等产品的库存，一般按照货柜陈列的 3~5 倍（我们称之为安全库存）来准备；③用于茶水服务正常消耗的茶叶、茶点的库存，一般茶点以 1 周或 2 周的消耗量来储备，茶叶以 1 个月的消耗量来储备，个别高价格茶叶如果消耗频次低，可只储备 50 克；④餐巾纸、垃圾袋、分类垃圾桶、洗洁精、洁厕剂、消毒液、酒精等日常消耗品。

物料费要占去前期资金的一大块，它的弹性很大，经验丰富的经营者可以控制在 10 万 ~20 万元，但是经验不足的经营者可能花 50 万元都打不住。

物料成本中最大的一块是用于零售的茶叶库存，这是开茶馆前期物料准备中最大的痛点和风险点。物料储备的核心问题是流通，目标是要在经营的过程中尽快地把库存消化掉，销售出去，快速地形成货品流通。

如果选择加盟某一个较知名的茶叶品牌，通常保证金 + 起订量不低于 20 万元。如果自己单独去采购，那么既需要花很多时间去对比（关键是缺乏经验的话，对比之后也无法判断未来是否好卖），利润空间也不会很大，实在是不划算。

目前国内还没有形成一定规模的连锁茶馆品牌，所以如果想要通过加盟某个品牌来学习如何进入茶馆行业，建议在本地物色有一定区域影响力的品牌加盟或者合作。加盟一个茶馆品牌的优势是，可以一站式获得多个茶叶品牌的代理商价格，还不需要每个品牌单独压货，彻底解决了供应链的问题，一下子可以省出二三十万元的库存费用。

启动资金合计

房租成本和人力成本，不同级别的城市差异较大。普通的
200 平方米的临街商铺在北上广深租金可能要每月 5 万 ~10 万元，
在四、五线城市可能只需要每月 5000~10000 元；北上广深的人均
工资成本可能要 10000 元 / 月，在四、五线城市可能只需要 2000
元 / 月。

一般而言，我们在做新开茶馆的预算时，至少要计算半年的
房租成本和人力成本，能计算 1 年最好。假设我们在城市中较好
的商圈开一家 200 平方米左右的茶馆门店，按照半年的房租和人
工成本（3 个人）来准备，加上其他的固定支出，我们得到表 5-1
供大家参考。

表 5-1 在不同城市新开茶馆费用预算

单位：万元

成本	类别	一线及新一线城市费用	二、三线城市费用	四、五线城市费用
房屋成本	中介费 / 转让费	不计	不计	不计
	租金 / 押金	35	21	14
	装修	30	25	20

（续表）

成本	类别	一线及新一线城市费用	二、三线城市费用	四、五线城市费用
人员成本	招聘费	1	0.7	0.5
	工资和福利	18	14.4	9
	培训费	不计	不计	不计
物资成本	设备费	15	15	15
	家具费	5	5	5
	物料费	20	20	20
合计		124	101.1	83.5

这个表格是基于真实的经营实践总结出来的，有非常高的参考价值。表格给出的几乎是最低预算标准，如果你的资金没有达到最低标准，千万不要盲目开店。毕竟，这里边还没有计算你的学习成本，而学习成本可能远远超出你的预测。

可以看出，无论是在哪种类型的城市，真正需要控制的成本是房租成本和人工成本，所以经营者在创业之初，最需要花费时间的事情就是找到最合适的选址，同时雇最少的人，逼自己熟悉业务。

启动资金筹措

如果你已经下定决心创业，但是你的手头资金不足，这时候你需要做的事情就是融资。开一家小店是相对传统的行业，没有科技含量或者科技属性极低，想要在专业的投资机构拿到一笔融资显然是不可能的，初次创业的茶馆经营者要找到行之有效的融资方法。

融资原则

从启动第一家小店开始，我们就成了一个创业者，创业成功的标志之一，就是我们的身份逐渐从一个创业者过渡到一个企业家。

企业家要带领企业在激烈的市场竞争环境中生存，包括管理、销售、运营等各种能力样样都要精通，其中融资（俗称找钱）就是企业家必备的一项基本能力。融资方式可分为股权融资、债权融资两大类。

如果需要社会融资，最推荐的是股权融资，而且是利率越低越好的债权融资，方式是吸收几个投资者或合伙人。

股权融资关注的是利益的绑定和合理分配，偏重于长期利益。债权融资关注的是年化利率和抵押物，偏重于短期利益。

股权融资要遵循的原则有：①对公司有共同认可的估值，可以是公司的实际投入和注册资本总和，也可以是该总和的2~5倍，核心是持股股东对估值的共同认可。②参与经营的股东，一定要有资金投入。没有资金投入但参与经营的，只能持身股，享有分红权，但没有股权和决策权。③最大的股东持股比例不可低于 67%，要有对企业的绝对掌控，并且要担任法人代表，保证企业始终有人负责，确保权责利对等。④不参与经营的财务型股东（财务投资人），持股比例不可超过 30%，不可以是最大股东，并要与大股东签订一致行动人协议。

对于小规模企业而言，生存和发展是核心问题，企业经营者要为企业争取尽可能多的现金储备。债权融资要遵循的融资原则有：①年化利率在 5% 以内，可以认为是低息贷款，可以多拿；②年化利率在 5%~10%，稍加谨慎地拿，如果预算已经充足，可以不考虑多拿；③年化利率在 10%~15%，如无必要，可以不拿，但如果资金储备不足预算，按照预算额度大胆拿；④年化利率在 15% 以上，如果不是资金链极为紧张，原则上不拿。

另外，按照法律规定，民间借贷利率最高保护上限为 LPR 的 4 倍，超过该利率即为高利贷，不受法律保护。

债权融资方法

靠父母资助或靠亲友借贷

这是最传统也是最靠谱的融资方法之一，尤其是当你第一次创业。

创业本身的失败率是极高的，这种融资方式的安全性很高，主要有三个原因：其一，创业要尽最大限度去调动你已有的资源。对于一个初出茅庐的创业者来说，你最大的资源就是你的家庭和你的朋友或同学。某种意义上，如果你连调动你家庭和朋友资源的能力都没有，你的创业也一定不会成功，因为你还不具备用好资源的能力。其二，用亲朋好友的资金来创业，即使创业失败，因为互相知根知底，债权人比较容易接受，你的个人信用还在，你还有东山再起的机会。相比银行借贷可能产生的征信受损，这种方式相对安全。其三，亲朋好友借贷的利息通常不会太高，只要比银行利率稍高，加上大家对你个人的信任，就比较容易融到资，还款的方式和时限也可以有一定的弹性，你的还款压力不会很大。

房产或汽车的抵押贷款

用房子和车子做抵押的贷款也是融资非常常用的方法。有抵押物，贷款利率通常就不会太高，基本在 10% 以下，是可以去拿的钱。如果能从银行做房产的抵押贷款，有时甚至可以谈到 5% 以下的利率。但是要注意，千万不要卖房去创业，尤其是卖自己唯一的一套房产。我们要经常提醒自己，创业的初衷是为了更好地生活，不要为了创业而本末倒置。

信用贷款

信用贷款一般分为信用卡和金融机构的信用贷款产品。信用卡很简单，既能用来消费，也能刷卡提现，只要及时还款就行。所以可以同时在多家银行办理多张信用卡，来回倒腾，这样也能够实现现金流转。信用卡的优势有二：一是有一定的免息期，二是消费有积分，所以信用卡是推荐使用的。

典型的信用贷款产品有各大银行的信贷业务，各大互联网金融平台的小额贷款等。信用贷款不需要抵押物，所以审核的门槛会略高，一般要有稳定收入的证明，同时利率也比较高，综合利率会达到 20% 多。如果不是急需资金，不建议使用信用贷款产品。

保单贷款 / 公积金贷款

如果你有一些储蓄类或者分红类的保单，例如年金保险、终身寿险、两全险、分红险等保险产品，那么这些保单的现金价值的 80% 是可以轻松地从保险公司借出来的，通常一年期的利息也与银行的普通贷款差不多，在 3%~5%，属于利率较低的贷款产品。

而且原本这些钱也是你自己早期存进去的，就算还不了，也可以做减保或者退保处理。虽然减保或者退保可能会让人可惜，未来你想再买进去的时候就损失了保险公司的复利机会，但是保单贷款还是给我们提供了一种灵活的资金融通手段，在急需用钱的时候，不要忘记它。

公积金贷款和保单贷款的原理是一样的，公积金符合条件可以直接提取，还可用于购房贷款，也是一个腾挪资金的机会。

调整供应商账期

如果你的茶馆位置比较好，人流量比较大，就意味着销售量会比较大，那么有一些茶叶或茶器等商品的供应商是会愿意压货和你合作的。这时候，你只需要和供应商谈好一个账期，例如1个月或1个季度结一次账，那么你的压货资金压力就会得到一些缓解，相当于你用供应商的钱进了货，卖出去再把钱还给供应商。

能够压货的供应商，一般来说品牌较弱，没有品牌背书，前期会比较难卖。但是从本质上来看，和供应商谈账期合作，是互惠共赢的好方法。

类金融产品

适用于手里有可增值的茶叶或者有茶园茶山用地的创业者。类金融产品的本质是赚利差，前提是要有质押的标的物，如茶叶或者茶园，要求是赚钱能力能跑赢承诺利率。操作的方法是，将你手里的一批茶"销售"给债权人，声称这批茶一定会升值，每一年都会比前一年贵，并承诺可以回购这批茶，为债权人做风险兜底。

这种做法在普洱茶和白茶里十分常见，民间有大量的资金在进行这两类茶的类金融产品炒作，使得一些茶叶每年都有保底的增值，吸引了更大的资本不断进入。

股权融资方法

股权融资最重要的基础是对企业或者项目进行估值。只要是投资者和经营者共同认可的，就是合理的估值。

估值方法

估值的方法通常是在公司实际价值的基础上，按照一定比例做溢价。不同类型的公司评估自身的估值，溢价比例差异会非常大，例如科技公司和从事实体经营的公司的估值可能相差上百倍、上千倍。科技公司甚至什么硬件设施都还没有，只有几个创始人和一个好项目，就可以做到天使轮估值几千万；而实体公司可能固定资产一千万，对外估值却不到一千万，出现估值倒挂的现象。

茶馆是实体经营公司，所以估值通常不会很高，我们也不建议把一家茶馆的估值放得太高。如果经营者本身并没有计划做股权融资，那么也就不需要估值。

关于茶馆的估值，我们有几点建议。

第一，假设基础估值标准为 N，N= 装修投入 + 设备投入 + 首年租金 + 首年人工。真正对外的估值是在 N 的基础上的溢价，如 1.5N，2N 等。

第二，所有的投入都要能够换算成货币金额来计入投资，如果不能准确换算成货币金额，就不能视为投资款来取得公司股权。例如人们常说的技术入股、资源入股，严格来说都是不合理的。

第三，个人的货品、日常消耗品、装饰品、艺术品这些最好不要作为投资款项计入公司估值，否则时间长了会发生公私混同，账算不清楚，影响投资者的投资意愿，还可能伤害投资者利益。

个人如果有一些货品需要公司代销，那么个人可以把这笔货品压在公司，待货品售出之后，把成本还给经营者，利润留存公司；日常消耗品就按实际成本价直接由公司采购，产权转移至公司；装饰品、艺术品这些就是放在公司仍然当装饰摆放，如果艺术品本身在市场上也能通过租借获得一些利润，那同样也可以要求公司向个人支付租借费用。

把个人资产与企业资产清晰隔离会有很多好处，一来投资人会更容易认可公司的估值，二来即使未来公司倒闭，属于个人的资产仍然可以自己拿回去，否则就要进入破产清算程序，被拿去变卖或者抵债。

找合伙人

合伙人是和创始人一起干事业的人。创始人对事业投入了资金和精力，合伙人必须是对等的，所以合伙人是要带着钱加入事业的。

找到志同道合的合伙人，是做大事业的基础，也是创业过程中成功概率最低的事。茶馆本身规模小，一个老板带着两三个员工就可以很好地运转起来，所以如果轻轻松松开一家能赚钱的小茶馆是你的目标，那我建议不要花时间在找合伙人上面，完全没有必要。

对于一家小茶馆而言，真正的合伙人，可能就是你的伴侣。一个夫妻店，没有什么不好的。如果夫妻俩就能把一家小茶馆轻松经营起来，每年能有 50 万 ~100 万元的利润，难道不比在公司当一个高级白领强得多吗？

真正的合伙人是既共同投入资金，又共同投入劳动的。所以真正的合伙人之间不需要估值，只需要按照双方各自的资本投入在公司总投入所占比例去核定股权比例就可以了。如果几个合伙人之间的工作能力、社会资源和时间投入相差太明显，那我们不建议以股权的形式合作，否则未来一定会出现问题。和婚姻相似，真正合适的合伙人是能力相当又互补，在共同经营当中能共同进步的，这样才能实现公司发展和个人发展的平衡。

找投资人

我们说的投资人一般是指财务投资者。一家茶馆不可能像科技公司一样，实现数十甚至上百倍的增长，投资人作为一个纯粹的财务投资者，所追求的无非两点：一是相对靠谱和稳定的分红；二是用门店的资源做自己的接待。只要能够承诺这两条，经营者在自己的社交圈子里招募几个财务投资人是比较可行且难度不大的。当有了融资的想法，我们要做的就是确立一个估值，做出项目介绍，然后找到那些可能对投资我们感兴趣的潜在投资者，去向他们讲解我们的项目。

　　同时我再进一步提两点建议：首先，茶馆的估值不宜过高，在实际投入成本的基础上溢价不要超过 1 倍就行了。例如，实际首年需要总投入 100 万元，估值可以在 100 万 ~200 万元，综合考虑投资人和你的关系、投资人的客户资源等条件后，在这个区间找一个互相都认可的估值就可以了，否则项目早期资金进不来，后期回购股权又很昂贵。

　　其次，财务投资人控股不能超过 30%，早期接受纯财务投资是为了启动项目，项目一旦正常运转起来，就不要再以股权形式接受财务投资了。（当然，利率不超过 10% 的债权财务投资多多益善。）

　　股权众筹

　　股权众筹的本质也是寻找财务投资人，只是股权众筹由几个财务投资人变成了几十个甚至上百个财务投资人，每个人所占的股份相应也减少了很多。

　　股权众筹的优势是进入门槛彻底放低了，让很多有兴趣参与一个商业项目的人能很轻松地进来。同时股权众筹的缺点也很明显，因为权责利过于分散，公司运营很容易陷入群龙无首的危机。

　　股权众筹的投资者由于所持股份很少，茶馆的营业和利润毕竟不会很大，他们获得的财务回报可能也很少，所以对认购众筹股权的投资者来说，他们可能更关注参与众筹可以获得的一些权益，例如作为股东的免费使用或者极低折扣，这对经营者来说是要充分考虑的。

股权众筹的项目能够在未来长期成功运转的核心，一是股权架构的设计，二是所有权和经营权的分离，即经营管理团队和股东团队的权责利机制的设计。

简单地说，经营管理团队（或者个人）要占到34%或者51%以上的股份，剩余的66%或者49%的股份才能拿出来开放众筹。此外，参与众筹的小微股东，一定要和大股东签订一致行动人协议，只享受盈利分红和门店消费优惠的权利。

股权融资方法相对债权融资方法要更复杂一些，因为前者是和人打交道，后者是和机构打交道。但是股权融资用得好，融资成本会显著下降。并且由于股权融资能有效地进行社会资源的整合，所以能让企业更快地进入发展正轨。

项目融资实操

刚刚开始创业或者第一次因为企业发展而计划融资，因为缺乏融资经验，真正的融资过程一定是眉毛胡子一把抓，怎么快怎么来。我们客观地看，缺乏经验有好有坏。正因为没有经验，有时候凭着一股盲目的热忱反而更容易获得信任，更容易把事做成。同时也正因为没有经验，有时候就容易被人利用，掉到坑里一时半会儿起不来。当真正走向创业融资，我们都需要有一颗强大的心。

　　本小节项目融资实操只围绕实体门店的股权融资来展开讲。一来从企业主分散风险和获得支持的角度来说，股权融资比债权融资更合适；二来债权融资如果把握不好可能会演变成非法集资；三来本书不研究中小型以上规模企业的融资，只针对小微创业者提供服务。

　　实体门店的项目股权融资按照以下顺序进行：①做项目融资计划，一般是撰写项目融资计划书，也可以是视频或 PPT 形式；②公布融资计划，找到潜在投资者讲解计划，也就是路演，敲定投资意向；③签订投资协议 / 合作协议，向投资者开放财务信息，履行协议约定义务。

项目融资计划

　　要得到别人的投资，有两个先决条件：一是讲一个让别人感到非常有价值并且想要参与的故事；二是说服别人相信你就是有能力让这个故事发生的人。

　　现在你要开一家新的茶馆，那么你要告诉别人的故事就是，你选的这个位置算好各项成本和收益之后一定能赚钱，而你确实有方法和能力来确保你的预估收益能实现。你用来讲故事的工具就是项目融资计划书。

　　标准的项目融资计划书包括不少内容：市场环境分析、经营策略、投资条件、财务测算、退出机制、风险分析、治理结构等。

茶馆其实没有那么复杂，毕竟只是一门小生意，也不需要融来多少资金，足够运转起来就好了。根据小茶馆连锁的融资经验，我们认为茶馆的融资最有效的方法包括以下几个。

（1）展示茶馆选址的多张真实的照片或者视频（屋内和屋外）以及户型结构图，并且最好能在融资之前把装修设计效果图做出来。

图片或视频能给有兴趣的潜在投资者最直接的印象，他们马上就会知道现在这个地方怎么样，未来这个地方又会怎么样，清清楚楚，好下判断。这么做有两个重要的原因：一是通过充分的信息展示来让人相信你所说的项目的真实性；二是给潜在投资者一个明确的预期，有助于他们尽快做决定。

（2）把账给投资者算明白，讲清楚。

成本算明白很容易，收入算明白稍微有一点难。成本几乎是一清二楚的，房租、人力、物料储备、装修和设备等，加起来差不多就是整个成本，均摊下来再除以毛利率，就把每个月最低的收入目标给算出来了。那怎么去实现比收入目标更高的目标，让投资者看到投资有较高回报率的希望呢？茶馆创业者就要用自己的经验和针对这家新店所做的计划，来让投资者相信你就是能做得到。

（3）管理好估值，也就是管理好自己和投资者双方对项目的预期。

估值低，投资者就容易进来，但时间长了创业者可能不服气，然后撂挑子或者另立门户，虽然不道德但是很常见。估值高，又没有投资者肯进来，就算再高也只是创业者的独角戏。我们认为以全年总成本 N 为基础来估值就比较合适，不必自己把调子拔得太高了。如果投资者是懂行业又有资源的，那么估值为 N 就好了；如果投资者没有那么懂，未来也不参与经营管理，那么估值适当上调到 1.5N 就好了。

（4）设计好退出机制和股东权益。

这两方面都是用来保护投资者的。退出机制至关重要，它是对投资者最重要的保护，是创业者是否靠谱的关键指标。退出机制要明确地约定在哪些情况下投资者可以退出或者优先退出，以什么样的条件退出。它会告诉投资者他们的本金有没有可能亏损，在什么前提下可能会承担什么样的风险，让投资者能够事先评估自己是否愿意承担这些风险。

股东权益除了分红权和管理权之外，一般都是一些锦上添花的条件，例如华饮小茶馆连锁，不同门店的股东都可以在连锁体系的任何一家门店的闲暇时段免费使用包间，同时公司的所有产品他们都能以成本价拿货。这两项权益对于有接待和办公需求的商务人士来说非常划算，他们通过入股某个门店，不但节约了大量原来就在支出的接待成本，而且还享有分红权，所以华饮小茶馆连锁每次新店招股，都会很快招满。股东权益运用得好不好，很有可能成为别人是否投资的关键。

融资信用管理

信誉比黄金更珍贵。创业者一旦引入了融资，就要爱惜自己的羽毛，约束自己的行为，像珍视生命一样珍视自己的信誉。

做好融资信用管理，我认为以下几点非常重要。

（1）严管采购和财务公示。使用公款采购的时候，尽量避免采购一些与业务无关的产品，同时所有的采购产品都不能比公开渠道的产品信息价格更高。如果属于个人使用的产品，尽量用私人账户来采购，特别昂贵的可以个人购买之后用出租的方式租给公司使用，公司支付租金作为成本，而个人又能获得一笔长期收入。

财务数据尽可能透明化，我们每天的收入和每个人的薪酬，理论上都是可以彻底公开的，最好能做到每天及时公开，这样就能避免大量可能产生的误会。

（2）把握好人情和规章之间的灰度。有些人成为股东之后，可能会滥用自己的权力，比如不光自己经常免费用包间，还安排其他人以自己的名义来用，弄得店里的同事有很大意见，因为光服务了却赚不到钱。这种情况我们应该怎么处理？通常来说，我们也不能强硬地把股东弄下去，以后不再让他用了。一般就是用私下沟通的方式，争取相互之间的理解。

再比如有些股东要中途退股，我们是拒不接受，还是违反合同原则把钱退给他们？虽然合同上写着不能中途退出，但常规情况肯定还是要以符合老百姓朴素是非观念的标准来操作。有时候比如注资时间不长，还没有享受过太多股东权益和分红，那么我们一般能退的也就退了。有些股东退出了一家店，没多久又再投另一家店，这些都是信任足够的表现。还有的股东已经享受了很长时间的股东权益和分红，但可能在公司遇到一些困难的时候要退出，这属于只想占便宜不想担责任的表现，我们就要严格按合同约定不予退出，或者要求该股东自己找人来接手他的股份。各种情形不胜枚举，都会存在人情与契约的博弈。

（3）按时支付到期的利息和分红。比如欠了银行信用卡的钱，到期还款的时候尽量能清的清。比如按照投资协议，本年底总结做完后公司账面上还有一些利润，原计划就是要按股权比例分配给各级股东的，那么该分红的时候就应该及时通知股东，及早履行分配义务。这种行为是守信行为，做得越多，就越能收获好名声，达到一定量之后，量变引发质变，我们就会收获大量意想不到的社会信任。

建立信用就像建造城堡，建起来是一个艰难而漫长的过程，少则几年，多则几十年，我们要用长远的眼光去理解它。有了这种意识，就不容易犯为短期利益牺牲长期利益的错误。

6

信息系统：钱和货的数据管理

　　财务管理和库存管理是茶馆的后台工作，为前台的运营和销售提供了基本保障。

　　优秀的财务管理和库存管理要依托优秀的管理信息系统，业务流程的数字化是每一位茶馆经营者必须重视的。

财务管理和库存管理是茶馆数据管理最重要的两个部分，一个管钱，一个管货。

财务与库存管理这两个板块工作难度不大，但因为偏向于后台，一般没有得到茶馆经营管理者足够的重视。如果把服务和销售形容成一台电脑的显示器、键盘和鼠标，是人们看得见也花费最多时间的部分，那么财务和库存管理就像是这台电脑主机里的主板、CPU 和显卡，是那些人们看不到但是非常重要的零件。

这两项工作的重点指标是准确性和稳定性，不要求出彩，只要求不出错。信息化管理是准确性和稳定性的保障，茶馆的信息化管理系统一般涉及这几个板块：收银管理系统、财务管理系统、库存管理系统、员工管理系统、会员管理系统、培训学习系统。

信息系统

大部分门店的数据管理用得最多的是 Excel 表格，还有一些年纪大的经营者使用纸质的表格，它们普遍的缺点是数据与数据之间相对割裂，不易于检索、调取和分析。系统和系统之间更是存在相互之间数据不通的问题，比如很多门店收银系统用的是美团公司的，库存管理用的是金蝶公司的，两个公司的数据互不相通，操作方式也大相径庭，还需要我们做大量的整理工作，也就是人力与时间成本大大增加了，出错的概率也提高了。

数据孤岛的问题很严重，而且经营时间越长我们就会累积下越多的数据，因为数据安全很重要，数据迁移很麻烦，我们就越来越不敢更换系统。但是茶馆现有的主流系统并不好用，茶馆行业是个垂直细分行业，大的软件公司不会专门投入资金来为茶馆开发专业的信息系统，市面上的茶馆普遍使用的系统一般是餐饮管理系统或者酒店管理系统，它们的业务逻辑和茶馆仍然有很大差异，并不能很好地兼容茶馆的业务场景。

例如，茶馆的包间通常按小时来计价，一般的餐饮管理系统就无法自动累积计算费用，需要收银员手工去计算客户消费额；茶馆的包间服务有些是给员工一定比例提成的，如果系统实现了自动给员工记录提成，就给财务节约了工作时间，甚至给公司节约出了一个财务岗位。

工欲善其事必先利其器，一个功能完善、易于使用的信息系统是茶馆信息数据管理最有力的工具。我认为一个好用的茶馆信息系统软件应该具备以下功能，且满足的条件越多越好。

（1）收银系统支持包间按小时自动计费。

（2）根据客户不同身份自动享受不同优惠。

（3）库存管理与收银管理打通，销售自动减库。

（4）老板可在移动端实时查看店内数据和报表。

（5）店员可在移动端查看个人业绩、管理会员等。

（6）会员可在移动端预订包间、查看订单记录、查询余额等。

（7）设置储值权限，如只允许店长以上级别操作，或员工提交后须上级确认。

（8）支持连锁品牌的多店架构模式，储值可设置为多店通用或者单店自用。

（9）收银后自动计算提成，如有阶梯提成或奖金，月底自动核算一致。

（10）支持用户实时查看包间的预订状态，可以在线预订并支付。

我们当然希望一个系统能够满足所有想要的功能，大家可以在对比使用后选择适合自己的信息系统软件。

财务管理

财务管理是对财力资源（与人力资源相对的概念）的综合管理。

财力资源作为企业资源的重要组成部分，参与其他资源的形成和提升，决定了企业的核心竞争力，而且财务资源配置管理是提高企业核心竞争力的关键。财务管理是茶馆经营管理的核心内容，凡涉及茶馆资金和物资流向的环节，如采购、加工、销售、服务、收入、支出、资金回笼、物资流向等一系列生产经营活动，都离不开财力资源的管理。

茶馆的财力资源主要有两个方面：一方面是茶馆所拥有的现实的财力，即企业的固定资产和企业账户上存在的资金；另一方面是茶馆拥有的获得现实财力的能力，即潜在的财力。

现实的财力决定了茶馆的经营规模和发展能力，你有多少钱就决定了你能开多大的店，以及能维持多久的正常经营。潜在的财力是茶馆从外部融资的能力，潜在财力还没有成为现实财力，但在企业需要发展提升的时候有可能转化为现实财力。

成本管理

根据需要，科学合理地设置成本核算科目，总目标是降低成本、增加盈利、平衡收支，实现经营目标。

成本管理要在经营成本的形成过程中，通过经常性的监督核算，及时控制不合理的偏差，使得各种成本费用控制在计划和预期范围内，并对不合理的成本控制进行及时的调整。

按照成本和经营业务量的关系来划分，茶馆的经营成本可以分为固定成本、变动成本和混合成本。

固定成本是成本总额不随业务量的增减而变动的成本，也就是即使业务量为零也必须支付的成本，一般包括房屋租金、固定资产折旧、员工工资等；变动成本是成本总额随着业务量的变化而变化的成本，一般包括销售的茶叶、茶器、茶点等物料消耗的费用；混合成本是成本总额中既有固定成本也有变动成本的成本，一般包括电话或宽带费用、汽车费用、临时工的费用等。

对于茶馆经营者来说，茶馆的成本管理尤其需要注意以下几个环节。

（1）采购。要有采购标准和采购制度，使采购工作受到预算和流程的约束，避免成本开支的随意性、盲目性，提高资金使用效率和经济效益。采购需要考虑的有：①供应商是否能够提供高品质和低价格的产品；②采购的时间点是否恰好匹配商品的流转速度；③采购的数量是不是安全库存前提下的最小量；④公司的现金储备是否能够在账期节点前支付。

（2）入库。入库业务分为到达货物接收和货物的验收入库两个主要环节：货物入库管理按货物的交接方式分为提货入库和货主自己送货入库；验收完成后按时入库，或者直接发放到所需部门。

（3）发料。发料涉及储存和使用两个环节：储存是对入库后暂时不使用的物料的保存，要注意避光、避湿、避串味，注意要在保质期前完成使用或者销售，对超出保质期的产品及时清理、报废。发料浪费最易发生在散茶发放的过程中，有条件的茶馆最好能够对散茶做预包装处理，杜绝发料和冲泡过程中可能产生的浪费，并且合理安排仓储空间，减少包装破损造成的物料损失。

（4）人工。人工成本是茶馆向员工支付的劳动报酬，人工成本的控制方法是合理地压缩员工数量，通过良好的协同机制和科学的薪酬体系来充分发挥员工的积极性和工作效率，提高整体绩效。

（5）能耗。能耗成本包括水电、燃气等费用，这些费用看起来不起眼，但是如果控制不善，就会造成极大的浪费。

（6）耗损。耗损包括器物和设备的破损、丢失、维修、保养等费用，其中品茗杯破边、破碎最为常见，另外椅子的扶手脱落、椅腿断裂等也十分常见。

（7）接待。接待主要是日常迎来送往的接待费用，接待的支出可以单列，也可以计入营销成本。由于茶馆老板通常需要经常接待客户，这部分支出有可能非常大。

收入管理

正确处理企业和各方面的财务往来关系，合理分配和平衡茶馆收入，包括但不限于：①依据国家法律法规进行正确的利润核算；②及时完成税法规定的各种税金的上缴；③及时归还到期的贷款、欠款，支付货款；④按规定提取各种专用基金；⑤向员工支付劳动报酬；⑥预留发展和采购的资金。

利润管理

利润是茶馆经营的财务成果，是衡量茶馆经营管理的重要综合指标。

按照国家规定缴纳税金、支付员工劳动报酬、结算供应商货款等之后的净利润，才是可分配的利润。分配顺序一般如下：①支付被没收的财物损失和税金滞纳金、罚款；②弥补以前的年度亏损；③提取法定盈余公积金；④提取公益金；⑤提取任意盈余公积金；⑥向投资者分配利润。

资产管理

资产管理是茶馆经营管理中普遍存在的薄弱环节，大部分茶馆都有较严重的资产流失、损毁率高、保管不当、管理不到位、责任不明确等问题。

小茶馆的资产管理，我们侧重从流动资产和固定资产两个角度来理解。

（1）流动资产。流动资产是指可以在一年内或者在一个营业周期内变现的资产，主要包括现金、存款、应收账款、预付款、存货等。流动资产管理的目的就是加速资金的流转效率，过程中涉及采购、存货、销售、服务等经营环节。

做好流动资产管理，要求我们正确预测流动资产的需要量，合理配置、及时供应，尽量控制流动资产的占用量，保持最优的资产结构。可通过流动资产周转率来反映流动资产的利用效率，流动资产周转率（次）＝主营业务收入净额／平均流动资产总额。

（2）固定资产。固定资产是指使用期限超过一年，单位价值在规定标准（一般为 2000 元）以上，并且在使用过程中保持原有物质形态的劳动资料，如场馆、设备、器具、工具等。

固定资产管理的要求是明确固定资产的价值，加强固定资产的实物管理，实现固定资产的保值和增值。

在茶馆的经营实践中，固定资产管理的主要内容是固定资产折旧管理和固定资产登记管理。

财务监督

建立健全财务管理制度，维护茶馆财务自身的运行规律，加强内部财务管理控制。茶馆的日常财务监督主要做三件事。

第一，防止店员走私单，所谓走私单就是茶馆提供了服务但是员工没有在收银台录单子，自己把钱收了。因为茶馆的人少，有可能只有一个人值班，走私单很容易。即使有两个人值班，相互串通一起走私单也很容易。

第二，防止客户跑单、店员忘记收银、店员不按会员政策打折和不按规定报销和提取备用金，即店员该收的钱没有收上来，花出去的钱和经营不相关，以及当天的账和款不对应。

第三，防止当日账没有当日记，造成日后的账目混乱。

数据分析

分析茶馆固定资金的利用效果，流动资金的利用情况，茶馆的成本控制、盈利及其分配情况，财务计划及执行效果等。

数据分析是为了从中找出企业没有达到发展预期的原因，分析影响因素和存在问题，归纳总结经验，提出改进措施和办法，从而提升茶馆的经营水平和发展能力，促进茶馆实现可持续发展。同时可通过分析茶馆的财力资源情况，根据发展实际需要，制订新的近期及远期发展目标。

财务岗位设置

从企业经营的角度来说，财务是一个必不可少的独立部门；从小茶馆实际人员需求来说，财务的各项职能通常都集中在经营者或店长等 1~2 个人身上，这就要求茶馆的财务岗位实际上是一人多岗。

一般来说，财务部门可细分为 4 个职能部门：总账会计岗、账户资金管理岗、成本控制岗和采购岗。

在实操中，如果茶馆经营者非专业会计出身，建议把总账会计（或记账会计）职能外包给一般财务外包公司。

总账会计负责账务处理、预算制订、财务报告、审计、税务等工作。其主要职能包括：保证企业正常经营的同时，为企业管理层提供准确可靠的财务数据，为企业管理者决策管理提供保障和依据；及时核算与监督茶馆的财务状况、经营活动、经营成果和利润，为总经理和董事会提供准确可靠的会计信息；监控茶馆的运营方针，加强财务分析，考核各项指标执行情况，总结经验、发现问题、促进管理。

账户资金管理人员主要负责企业账户资金的管理，包括与营业款收入相关的收银、出纳活动；与日常运营相关的资金支出活动，企业的融资及投资活动也可以归入账户资金管理人员的工作范畴。

成本控制人员主要负责各项经营成本的核算和控制，负责库存商品和物资的管理，包括进货成本的核算、成本预算完成情况的监督、制订成本节约的措施、库存商品结构的优化等。

采购人员要保证茶馆所需物资及时采买，开拓优势货源供应，降低采购成本，保障采购质量。

计算回本周期与设定经营目标

茶馆的财务管理既有普遍性也有特殊性。普遍性指的是茶馆同样是实体门店，投资茶馆和投资其他实体生意没有本质区别，如果不遵循投资和经营的客观规律，必然得不到好的结果。

特殊性指的是开茶馆的人通常又不纯粹是为了盈利而开,更多的是为了满足自己的兴趣爱好和接待需求,或者是在打发时间的同时还希望能挣些钱,至于能不能挣到钱倒也不是那么重要。正因为很多茶馆店主抱着这样的心态,所以大部分的茶馆都不怎么赚钱。

回本周期和经营目标的相互推算

鉴于茶馆经营者的这种特点和茶馆经营的长期性特征,我们认为,根据装修和设备成本,给茶馆制订 2~3 年的回本周期是比较合理的,这样我们就可以制订我们每天的经营目标。

假设现在有一家小茶馆,它的装修和设备成本为 20 万元,房租为 36 万元 / 年,人工为 24 万元 / 年,物料成本为 10 万元 / 年,目标是 2 年内回本,我们用最简单的成本倒推法来计算,它一年的成本是 45 万元,均摊到每个月是 3.75 万元,平均每天是 1250 元。

也就是说,如果要在 2 年内回本,每一天的营业额至少要做到 1250 元,这就是盈亏线。我们每天的基本经营目标,就是要超过盈亏线。实际上,真正的成本核算还要复杂一些。

茶馆的收入主要分为两大块:一块是空间收入,空间的成本就是房租成本,所以空间收入可以不另计成本,全部计入收入;另一块是零售收入,零售的物料是有成本的,毛利率通常在

30%~70%。

假设每月的收入为 Z，空间收入为 X，零售收入为 Y，零售毛利率为 N%，则有：X+Y × N%=Z

通过这个公式，就可以计算出每个月空间收入和零售收入之和能否覆盖当月成本，同样也可以按天来计算。

假设我们一开业营业额就能轻松超越盈亏线，那么我们就要重新估算回本周期。

还是以上面的数字来计算，均摊到每个月的成本是 3.75 万元，接下来计算出每个月的纯利润，累积 M 个月达到 20 万元装修成本，公式表达为：M=20/（X+Y × N%−3.75）。

经营不善如何判断是否退出

紧接着，我们会遇到下一个问题：如果我们一直无法做到目标营业额，我们应该放弃还是坚持？考量的标准是什么？我认为如果经营不良，要判断坚持还是放弃主要看四点。

（1）看时间节点。通常是开业后 6 个月或者 12 个月，如果到了时间节点每天的营业额仍然不能稳定超过盈亏线，说明选址可能出了问题，不能支撑茶馆这一商业模式，这个时候就可以考虑放弃。

（2）看亏损金额和成本的比例。如果连续几个月，亏损金额和成本的比例均超过了 50%，则可以果断放弃，在 30% 左右可以考虑放弃。

（3）看增长趋势。如果营业收入不达标，但是在连续几个月中每个月都有 20% 以上的同比增长，这有可能说明房租成本或者装修摊销成本太高，或者前期的营销能力跟不上，但是进步仍然比较明显，这时候值得再考虑考虑。在增长的前提下，如果再持续 3 个月仍然不能稳定跨越盈亏线，则建议放弃。

（4）看经营目标。如果经营目标不是店面赚钱，而是作为接待的场所，或者自己办公也可以使用茶空间，也就是说茶空间可以另作他用，或者说茶空间的真实成本被其他项目摊销掉了，那么这种情况下，就灵活地考虑是坚持还是放弃。

库存管理

库存管理的对象是库存项目，为了不和固定资产发生概念混淆，茶馆的库存项目主要指销售和经营消耗所用的货品与物料，包括茶叶、茶器、衍生品、茶点小食等，与"产品"大致重叠。从物理空间上划分，库存管理的对象不只是放在仓库里的货品，还包括在货柜上陈列待售的货品和在物流状态中还未入库的货品。

库存管理的主要功能是在供需之间建立缓冲区，以缓和用户需求与企业垫资能力之间的矛盾。

库存管理的作用主要是：在保证企业生产、经营需求的前提下，使库存量经常保持在合理水平；掌握库存量动态，适时和适量提出订货，避免超储或缺货；减少库存空间占用，降低库存总费用；控制库存资金占用，加速资金周转。

理论上讲，企业都在追求零库存，因为这样占用的资金最少，资金利用率最高。但是实际上无论库存量过大还是过小，都可能产生问题。

库存量过大会增加仓库面积和库存保管费用，从而提高了产品成本；占用大量的流动资金，造成资金呆滞，既加重了贷款利息等负担，又会影响资金的时间价值和机会收益；造成产品和原材料的有形损耗和无形损耗；造成企业资源的大量闲置，影响其合理配置和优化；掩盖了企业生产、经营全过程的各种矛盾和问题，不利于企业提高管理水平。

库存量过小可能造成服务水平的下降，因为供应能力跟不上而无法满足顾客的紧急需求，影响销售利润和企业信誉；造成生产系统原材料或其他物料供应不足，影响生产过程的正常进行；使订货间隔期缩短，订货次数增加，购买产品和物料的成本相应提高；还会导致员工对公司供应链能力缺乏信心和对销售产品缺少动力。

库存优化方法

库存管理有两个方面的内容，一个是 1.5 倍原则，另一个是存货周转。

1.5 倍原则

1.5 倍原则是经过很多公司的销售实践总结出来的安全存货原则，具体数据就是上期销量的 1.5 倍。

1.5 倍原则备货是经营管理者的常识，也有一定的科学依据，但是必须灵活掌握和应用，避免生搬硬套。比如，如果遇到特殊情况应适当变化，如农历八月十五是茶馆的销售旺季，安全库存就要做到 3 倍以上备货，否则会影响生意。

1.5 倍原则用好了以后，可以保证有充足的存货，减少断货、脱销的可能性，保证客户随时都能买到所需产品，不漏掉每次成交的机会。也可以帮助经营者有效利用空间和资金，不致带来货物积压和资金、空间无效占用等损失。

存货周转

存货周转是进行库存管理的一项主要内容，销售的商品不是一下子就可以卖完的，必定会持续一段时间，对于食品来说还存在一个保质期的问题。由此可见，科学有效地管理存货相当重要。

存货包括两种类型：前线存货和后备存货。前线存货是指陈列在货架上或者展示在电商上的商品；后备存货指的是存放在仓库内的用于补货的货物。

什么是存货周转呢？所谓存货周转，就是对暂时未卖出的货架上的产品依据先进先出的原则进行循环。存货周转的内容包括前线存货和后备存货的周转。

经营者一方面要及时向货架上补充货物，保证货架上的产品陈列符合生动化标准；另一方面应遵循先进先出的原则进行存货周转，目的是保证提供给消费者的产品永远是新鲜的。

经营者必须明白，存货周转可以有效而且直接地刺激销售。显然，如果陈列在货架上的货物卖完了没有及时补货，就会失去许多销售机会，而且存放在仓库里的产品也无法卖出去，失去的销售机会将不会再来。

没有存货就没有利润。货架上没有的产品是无法卖出去的，合理的产品存货是保证有货可卖的最简单的方法。

陈列与销售

茶空间是审美的生意，货品陈列是茶空间审美中极为重要的一部分。

茶馆毕竟是经营场所，陈列的目的不光是审美，更重要的是要促进产品的销售。对于经营性的茶空间，好的审美要能帮助门店提升整体业绩，不能为了好看而牺牲产品应有的展示空间。在陈列的艺术性和实用性之间，天平应该始终向实用性倾斜。

陈列之美虽然不一定能直接带来销售，但是美的陈列一定能吸引消费者的注意力，给消费者留下品质不错和值得信任的印象，这将有助于未来客户产生需求时第一个就想到我们。

陈列无定式但有些普遍规律，正如审美是有大众基础的，人们对于美的事物往往会有相对一致的感受。我们以小罐茶的货柜陈列为对象，来分析和学习陈列的一些规律。

（1）经典耐看的货柜形式。最经典的货柜就是分为上、中、下三部分的货柜。最上面一部分是灯箱，用来展示商家的品牌或者茶叶的品牌，灯箱里面还有一定的储物空间可以放很多东西。中间部分是展示柜，一般有 3~4 层，是产品展示的主要区域。下面的部分也是储物的柜子，用来做上方展示的产品的备货空间。

货柜必须有灯，上方的灯箱和中部的展示柜都要有灯，买货柜或者定制货柜时千万要注意。

（2）包装盒之间疏密有致，色调尽量一致。无论是在货柜上展示，还是做堆头展示，注意包装盒摆放或者堆放时既要整齐又要错落有致，比如三盒茶如何摆放，条状的可以两盒放下边，一盒放上边，构成一个品字形；方形的可以前后叠放，逐个露出一部分。

包装盒的色调要保持一致，不要撞色，同一色调或者接近的色调集中在一起，视觉上能够形成规模，堆头就有气势，就会吸引消费者的注意力，有人过来看店员才有机会去做销售。

（3）前厅预留足够空间用于陈列产品。很多茶空间为了追求艺术氛围，前厅没有用来做销售区，我们认为这很不合理。前厅如果没有营造足够的销售氛围，会使茶馆失去很多销售机会，既然我们希望客户能从我们这里买茶，使我们能有更多收入，可我们又不展示出我们有茶可以卖，客户怎么会想到从我们这里买茶呢？这是非常基本的常识，但是现实生活中确实有很多茶馆在做违背常识的事。

前厅陈列产品还有一个很重要的作用，就是告诉客户我们茶品的大概价位。我们是不是把价格定得虚高，让人一看就觉得只能用这家店的服务，不要买这家店的产品？还是我们的定价很亲民，在我们店里买茶和在线上买差不多？这都很影响客户对我们店的信任。

前厅的陈列区域要尽可能地大，前厅所有能用来做产品陈列的地方都要用起来。货要足够多，陈列面要足够大，才能营造出产品销售的氛围，才能用好氛围来影响用户的决策心理。

7

人力资源：搭班子与建团队

业绩增长要依赖团队建设，茶馆的两个特殊性限制了其总体营收：一是茶叶销售的季节波动性大，波动大则销售收入不稳定；二是茶馆的人员数量通常较少，人员少则难以通过团队协作和竞争来拉升销售。

我们应该建立什么样的人才标准？如何招到符合人才标准的员工？如何让员工在平台上持续地获得职业上的成长？这些都是人力资源工作最应该关心的问题。

茶馆的人力资源管理比较简单，因为业务相对简单，人员数量要求也少。一家 4~6 个包间的小茶馆，如果不需要轮班的话，甚至一个人就能很好地应付过来。所以茶馆的人力资源管理，正符合"一个人要像一个团队，一个团队要像一个人"的要求。

茶馆的人力资源管理虽然简单，但是这并不意味着我们可以投入很少的精力，实际上"人"可能是我们在经营中投入最多精力的地方，经营者必须给予足够的重视，毕竟人是所有事业最核心的要素。

能力模型

茶馆从业人员的核心能力有三项：服务能力、销售能力、专业能力。这三项能力都是可以被量化和考核的，茶馆人力资源管理的核心工作，就是去甄别、筛选、培养、考核具备这三项能力的员工。

服务能力

把服务能力放在第一条，是茶馆人力资源管理的重要原则。服务能力其实更多的是一种态度、一种意识。

服务能力是掌握业务全流程的能力，包括但不限于接待、冲泡茶叶、卫生清洁、收银记账、盘点库存等。

服务能力的核心是服务精神、服务礼仪和服务流程。服务精神是心法，服务礼仪是包装，服务流程是内容。

服务能力是最基础的，是没有门槛的，是每个具有独立行动能力的自然人都可以快速掌握的能力，它唯一的前提是有主动为客户服务的精神。有了服务精神，服务能力会越来越娴熟；相反，没有服务精神，服务能力就成了表演，没有持续性和延展性。不具备服务精神的人最好不要从事服务行业，否则对企业和对自己都是耽误。

服务礼仪能够提升服务流程的美感、仪式感、价值感，茶馆服务强调"尊重他人、庄严自己"，对服务礼仪的重视是茶馆区别于一般服务性经营场所的特征。

销售能力

销售能力比专业能力更为重要。太多的茶馆经营者在招聘和培训员工方面都搞错了重点，他们花了很多时间去鉴定和培养员工的茶叶知识、茶艺水平等专业能力，却忽视了企业的唯一核心目的是创造利润。

造成这种现象的根本原因是太多经营者是茶艺师出身，重专业轻商业，以自己为标准来招聘和培养员工，结果带出来的人往往都染上了相似的毛病：①懒惰，只想做泡茶等轻松的工作，不想做打扫卫生、盘点记账等枯燥且劳累的工作；②能力低下，除了应付日常性的接待工作之外，不主动甚至逃避为企业创造价值；③没担当，缺乏责任心，没有事业心，遇到困难第一反应是躲开而不是克服。

经营者必须明确，茶馆需要的是掌握茶艺的销售员，而不是略懂销售的茶艺师。经营者自己也必须成为掌握茶艺的销售员，而不是略懂销售的茶艺师，否则就不要从事茶馆经营，不要投资创业，也不要担任店长的角色。

在招聘茶馆员工时，找到有销售意识和服务意识的苗子是最重要的。没有主动销售和主动服务意识的候选人，再懂茶也不必考虑录用。

专业能力

专业能力是与茶相关的知识和技能，包括但不限于茶叶知识、茶器知识、茶艺技能、茶文化知识等。

专业能力不应作为茶馆招聘员工的必要条件，但是员工被录用之后必须花费最多的时间去学习和掌握专业能力。与茶相关的知识体系是博大而精深的，这就决定了专业能力的提升是永无止境的，茶馆从业者的发挥空间是很大的。

专业能力是销售能力和服务能力的基本功，决定了员工的销售能力和服务能力能否持续不断地突破瓶颈、自我提升，这三项能力又共同决定了茶馆从业人员的职业道路能走多远。

岗位设置

人力成本是小茶馆的优势，一家小茶馆实际只需要设置两个岗位：店长、店员（行茶师）。

稍大的茶馆会根据业务需要设置其他岗位，例如销售、市场策划、活动运营、培训师等，这类岗位原则上走合作制为好。

岗位管理经常用到两个重要的工具：岗位设置表和工作分析表。

岗位设置表用来确定岗位工作的范围和内容，使公司和员工双方对工作内容达成一致、没有歧义。当员工没有做好某项工作的时候，老板有依据责罚员工；相反，当岗位设置表中没有某项工作的时候，员工就无须承担相应责任。工作分析表是对岗位设置表的补充说明，将工作内容进一步地细分和量化。

店长

店长有时就是老板本人，要身兼数职，什么都要干，开店就要"十八般武艺，样样都要精通"。

具体来说，业务、财务、人事这三大方面店长都要管。业务包括服务、销售、策划、推广、采购、盘库、合作洽谈等。财务包括记账、报税、制表、开发票、出纳等。人事包括招聘、培训、管理、激励、解雇等。

小茶馆连锁店长岗位设置情况和工作分析见表 7-1、表 7-2。

表 7-1　小茶馆连锁店长岗位设置情况

部门名称	营运部			
岗位名称	店长	工作性质	□兼职　　□专职	
上级岗位名称	区域总监	下级岗位名称	店员(行茶师和服务员)	
岗位任职资格	年龄	25~35 岁	性别	不限
	学历	大专以上		
	岗位经验	餐饮服务类门店管理经验		

（续表）

部门名称		营运部	
岗位任职资格	行业经验	餐饮服务类门店管理经验	
	知识要求	①茶相关知识要求，参考行茶师知识要求 ②具备经营管理、市场营销、财务方面的知识与技能，能够运用在门店的运营管理实践中	
	能力要求	①服务能力：熟练掌握茶馆客户接待流程，既能自己完成服务，也能做服务质量管控 ②销售能力：熟练运用销售话术和技巧达成产品成交、会员成交，并帮助店员完成销售 ③营销能力：拓展销售渠道、策划与实施营销计划、开发与维护客户关系	
	其他要求	①深度理解和认同"成人达己，永不放弃"的企业价值观 ②有理想、有韧劲、有不断提高业务能力的学习意愿	
业务能力分级	级别	标准	岗位工资
	一级	系统性掌握门店经营管理能力，能够为企业培养合格的店长，并且具有同时管控多家门店的能力	12000元
	二级	完成A级门店年度KPI	8000元
	三级	完成B级门店年度KPI	6000元
	四级	完成C级门店年度KPI	5000元

表7-2　小茶馆连锁店长岗位工作分析

重要性	工作内容	完成标准	占用时间
★★★★★	店内卫生与清洁	参考行茶师岗位工作分析表	10%
★★★	清洗与归置茶具	参考行茶师岗位工作分析表	5%
★★★★★	客户接待服务	参考行茶师岗位工作分析表	30%

（续表）

重要性	工作内容	完成标准	占用时间
★★★★★	茶叶销售	参考行茶师岗位工作分析表	10%
★★★★★	收银与会员销售	参考行茶师岗位工作分析表	5%
★★★★★	店内人员培训	①确保店内所有工作人员明确责任,掌握工作技能 ②策划门店营销方案后,培训店员演练直至掌握 ③精准地传递上级部门交办的信息	10%
★★★★	组织晨会	①分配当日工作任务,确定责任人 ②朗读企业文化理念,确保价值观深入人心 ③激励团队,激发团队战斗力 ④及时发现问题并予以纠正 ⑤对正确的事及时表扬	5%
★★★★	库存管理	盘点货品入库和出库,确保所有货品可查询,表格清晰明了	5%
★★★★★	制订与实施运营和营销计划	①对门店业绩目标总体负责 ②将全年工作目标拆解成月计划、周计划,制订成可执行的方案,并确保方案落实到位 ③策划市场活动和营销活动,向上级申请资源支持	机动
★★★★★	客户开拓与维护	①与周边商家建立合作关系,交叉引流 ②与客户建立直接联系,深挖客户价值	20%
★★★★	汇报工作与总结	①下班前检查店内设备,核对当日款项,做好日销售记录 ②每周形成周工作报告,做好数据分析,每周周会汇报经营情况	机动

店员

茶馆的店员一般又叫行茶师或者茶艺师。和餐饮店的服务员、奶茶店的制茶师很不一样的是，茶馆的行茶师是一个专业工种，有很强的专业性。行茶师的专业性体现在：①与茶相关的知识体系非常庞杂，行茶师需要记忆大量的知识点；②泡好一杯茶是一门技术活儿，需要理解和掌控冲泡的各个环节；③能理解茶道艺术之美，需要具备较高的文化素质和艺术修养；④一对一的茶服务，要求行茶师有良好的人际沟通能力和销售能力。

小茶馆行茶师的岗位设置情况和工作分析见表7-3、表7-4。

表 7-3 小茶馆行茶师岗位设置情况

部门名称	营销中心		
岗位名称	行茶师	**工作性质**	□兼职　　□专职
上级岗位名称	门店店长	**下级岗位名称**	实习行茶师
岗位任职资格	年龄	18~30 岁	性别　　　不限
	学历	大专以上	
	岗位经验	无须经验	
	行业经验	无须经验	
	知识要求	①对公司所经营茶类的产地、口感、制作工艺、健康功效等充分了解和掌握，达到自如回应客户提问的程度 ②掌握一定的销售知识，能够判断客户的购买意愿、购买能力和口感喜好，并据此采取不同的销售引导策略 ③掌握一定的财务和管理知识与技能，能够辅助门店店长做好门店日常运营管理工作	

（续表）

部门名称	营销中心		
岗位任职资格	能力要求	①服务能力：熟练掌握行茶七式，要求动作到位、讲解到位，能够保证客户喝到品质达标的茶汤，同时欣赏到茶道之美 ②销售能力：能够在行茶的过程中，巧妙而有效地向客户推荐适合客户需求的茶品，并运用销售技巧达成成交		
	其他要求	①深度理解和认同"成人达己，永不放弃"的企业价值观 ②有理想、有韧劲、有不断提高业务能力的学习意愿		
业务能力分级	级别	标准	岗位工资	
	一级	掌握系统的茶学知识和卓越的茶道手艺，能够批量培养出合格的行茶师	10000 元	
	二级	能够在公众面前做茶艺表演，具有一对多的会议销售能力，能够达到让资深茶客认同的程度	6000 元	
	三级	具有在一张茶桌上收放自如的掌控能力，能在与客户自然谈话的过程中完成销售	4000 元	
	四级	保质保量地完成店内服务，客户满意率超过 80%	3500 元	

表 7-4　小茶馆行茶师岗位工作分析

重要性	工作内容	完成标准	占用时间
★★★★★	店内卫生与清洁	详见卫生管理制度表、卫生检查表。店内环境时时保持干净整洁，包间环境在客人离场后 30 分钟内清洁归位	10%
★★★★	清洗与归置茶具	①当日下班前保证当日使用的茶具清洗完毕并分类归置 ②茶渍清洗至不可见，并用干布擦拭，不留水痕	5%

（续表）

重要性	工作内容	完成标准	占用时间
★★★★★	客户接待服务	①导引：客人进店，询问客人需求，引领至包间 ②点单：向客人介绍茶单产品及相关服务，为客人推荐合适的茶品 ③侍茶：备齐茶品茶具，送至客人包间，做好冲泡准备，询问客人是否需要冲泡服务 ④结账：算清价格，推荐客人开通会员，确认收款，记录到日销售记录表 ⑤收拾：将茶具收拾放回洗手池待清洗，并将房间恢复原状，服务全程保持微笑、语速平和、情绪愉悦，与客户平等交流	30%
★★★★★	茶道展示与品鉴	①熟练掌握行茶七式，要求动作到位、讲解到位 ②茶汤颜色与茶水口感要保持一致性 ③了解店内所在售茶品的价格、年份、品质、特点等，能自如地应对客户对茶品提出的问题	20%
★★★	茶叶销售	①熟练掌握销售话术 ②留下客户联系方式 ③熟练运用店内促销	20%
★★★★★	收银与会员销售	①熟练掌握现金、微信、支付宝、刷卡、会员卡等多种支付方式，确认收款后填写日销售登记表 ②非会员客户买单时，引导客户开通会员卡，熟练掌握引导话术 ③收银后赠送客户优惠券或代金券	10%
★★★★	汇报工作与总结	①下班前向店长汇报当天工作，核对当日款项 ②每周形成周工作报告，与店长进行周报汇总	5%

人员招聘

茶馆的人力具有人员少、层级少的特点，优点是人力成本低，但缺点是职业上升空间小，人员流动性大。

经营者要彻底承认，既然我们茶馆的体量和发展空间都不大，而且我们能够提供的薪资待遇也不可能很高，那我们就很难招到一流的人才，因此我们一定要有一个相对客观的人才期待。

假使你想要用 5000 元 / 月的工资，招来一个能给你创造 5 万元 / 月业绩的普通员工，换作是你，你愿意加入这家茶馆吗？再进一步说，茶馆大部分经营者自身都不具备每个月创造 5 万元业绩的能力，期望通过社会招聘找到一个销售能力或者专业能力很强的下属，实际就是痴心妄想，即使运气好招来了也驾驭不了，很快会流失。

所以招聘心法第一条，是要管理好自己的人才预期，要让自己的能力水平和成长速度明显超过应聘者，才有可能招到不错的人。

招聘原则

（1）大浪淘沙。一旦开启招聘，就要想办法在短期内让大量的人来面试，即便你最终只录用一两个人，也要尽量面试更多的人。这么做有三个好处：一是给自己保留了更多的选择；二是给应聘者制造了心理压力；三是倒逼你迅速成为识人专家。

（2）招新不招老。宁要一个刚参加工作没有茶相关经验的 20 岁的"新"人，不要一个在其他茶馆工作过几年的"老"人。

茶馆行业普遍缺乏良好的培训体系，导致大部分店员工作几年也没有学到什么真本事，反而染上了一身"懒"病，总想着少干多拿。不如招一个完全没有经验，但是对工作有敬畏心的年轻人，对他从头培养，让其树立起正确的价值观、职业操守和工作习惯。

（3）在岗筛选。面试之后，让其尽快进入岗位，在岗试用。小茶馆不是大公司，不需要有烦琐的面试流程，只要判断他有一定的服从性和学习能力，当场就可以安排试用，马上进入岗位，一边工作一边培训和考察，如不合适，一周内即可劝退。

（4）高工资高标准。发本地同行平均工资 1.5 倍的工资，使你好招人；同时制订严格的业务流程执行标准，使你好裁人。

（5）发动群众。招聘信息确认之后，我们要发动所有我们能联系到的人来帮我们招人，包括全体同事和我们的亲戚、朋友、同学、客户等，拿出一些奖金或奖品激励，尽可能在较短时间内吸引来更多应聘者。

信息发布

招聘信息要包括以下内容：岗位名称、工作内容、岗位要求、薪资待遇、联系方式、工作地点、应聘时限等。

招聘信息撰写好之后，最重要的是要在多个渠道发出去，吸引到数量足够多的应聘者前来面试。通常有以下发布渠道：①朋友圈，包括自己的、家人的、同事的、朋友的都要发动起来；

②互联网招聘平台，如 BOSS 直聘、58 同城、智联招聘；③门头广告，在自家店门口或者附近关联商家门口摆放广告牌；④行业联盟组织、职业技术学校、人才市场等人力资源中介机构。

招聘识人小技巧

如何迅速判断是否给应聘者试用机会？筛选的关键是判断应聘者的亲和力、服从性和主动性。

亲和力依靠主观判断，基本就看第一印象，看应聘者是否始终面带微笑、眼神坚定，是否能够给人一种值得信任和好相处的感觉。服从性的表现是应聘者要有层级观念，能遵守纪律、听从指挥。主动性的表现是应聘者响应速度快、眼里有活儿、做事积极。在身体健康的基础上，具有服从性和主动性的应聘者就是优秀的苗子。招聘工作要做的就是设定环节筛选出具有这两种特质的苗子，并且在试用期确认他的表现是稳定的、可预期的。

我们可以设计一些场景和问题去测试应聘者，例如：①把应聘者安排在一个有意布置的房间等待面试，之前故意把水泼在地上，旁边放一个拖把，看他在等待期间会不会主动把地上的水拖干，以此判断他的主动性；②要求应聘者回答前老板或前同事对自己的评价，并提供具体案例来证明，以此判断他在过往工作中的表现；③询问应聘者期望什么样的薪资待遇，同时能为公司创造什么样的价值，又如何看待这两者之间的差异，以此判断他是否具备基本的职场观念。

员工培训

　　员工培训是茶馆经营管理的重点和难点，是一项持续不断又周而复始、烦琐又艰难的工作。之所以既重要又艰难，是因为茶馆的业务属性决定了它对员工的要求是专业性较强的服务人员，专业能力不强就很难创造较高的效益，另外茶艺专业内容非常丰富，导致专业学习周期漫长。而茶馆的人员流动性又大，一个店面好不容易培养起一个能用的人才，很可能很快就流失了。此外，培训是要占用员工正常工作时间的，进行员工培训，企业需要额外承担一定的培训成本。

　　对于一个只有一两名员工的茶馆经营者来说，重复投入时间和精力去做员工培训并不值当。而且绝大多数的茶馆经营者并不具备全面的培训能力，无法有效地培养员工。所以最好的培训策略是尽量采购第三方的培训方案，尤其是线上的培训方案。

　　茶馆人力资源培训内容包括组织文化、制度和薪酬、礼仪、茶艺等（见表7-5）。

表 7–5　茶馆人力资源培训内容

模块	内容	目的	时间	考核
组织文化	了解茶馆的历史、组织架构、内部环境、外部环境、发展目标、经营理念、文化理念等	让员工对企业产生了解和认同,以便更快、更好地融入工作	入职期	口述
制度和薪酬	了解员工管理制度,明确岗位工作范围和内容,懂得计算薪酬	让员工遵守职场纪律、明确工作内容,树立职业发展目标	入职期	口述
礼仪	茶馆业务中待人接物的基本规范	让员工对工作有敬畏心和分寸感	入职期	实操
茶艺	掌握行茶范式,包括茶席布置、冲泡茶叶、茶器与水的相关知识等	让员工学会冲泡和表演	入职期	实操
服务流程	掌握包括迎宾、引导、点单、制茶、上菜、买单等基础服务动作	让员工具备门店服务能力	入职期	实操
茶叶知识	六大茶类相关知识,茶叶的种植、加工、生产,茶文化等知识	让员工能够在工作中运用茶叶知识	长期	口述
销售技能	销售的基本流程、销售的技术要点、成交的核心环节、策略等	让员工能够把茶叶、茶器等产品卖出去	长期	实操
管理能力	商业模式、人员配置、库存管理、营销方案等经营管理知识	培养出能独当一面的店长	长期	实操

薪酬设计

薪酬设计的目标是恰当和持续地满足和激励员工。薪酬基本上是稳定的,其本质是员工的能力和劳动时间的总和在社会价值尺度（即货币）上的表现，所以薪酬必须恰当地反映出员工的价值，否则双方的合作将不会持久。

我们认为薪酬不是越低越好，因为过低的薪酬原本就是不可持续的，偏低的薪酬会导致企业既招不来好用的人才，也培养不出能用的人才，最终伤害的是企业本身。

好的薪酬标准应该是市场平均薪酬水平的 1.5~2 倍，同时对员工的工作内容制订细致的考核标准，并严格地实施标准，使得员工的生产力和积极性都得以保证。

茶馆的业务简单，薪酬设计也应该简单，要简单到员工能够清清楚楚地算出自己每个月能拿到多少钱。

茶馆的薪酬模块主要包括：底薪、提成、奖金、社保和公积金。

底薪和提成

设计茶馆薪酬的第一步，是给招聘的岗位定性，即确定我们要招的是服务岗还是销售岗。简单来讲，服务岗的薪酬特点就是高底薪、高标准、低提成，销售岗的薪酬特点就是低底薪、低标准、高提成。

如果有包间，需要店员每天准点守店做服务，那么所要招聘的就是服务岗。服务岗的人员拿高底薪，是因为服务人员提供了有一定专业要求的服务，这些服务是符合相应的工资价值的。但是切记，我们前后也强调了多次，服务人员的专业一定要达到与高底薪对应的高标准，否则坚决不可留用，不然会养出好逸恶劳的员工，最后一定会闹出矛盾。既然服务岗的员工已经拿了高底薪，那么提成薪资就要适当低一些。

销售人员能拿高提成的前提是自己主动开拓市场，而服务岗员工的销售对象绝大部分是主动走进门店的顾客和门店已有的老顾客，这些顾客的获客成本实质上是由门店的房租来承担的。

服务岗只是通过执行门店的服务流程来完成销售业绩，而这个执行动作本身是服务岗的基本工资所规定的，拿了这份基本工资，就要执行这个规定动作，至于有没有效果都是要执行的。没有理由因为有效果就拿高提成，但是公司有理由因为员工不执行规定动作、违反公司纪律，对员工进行警告或者开除。

在较高底薪的前提下，服务岗的销售提成通常不必超过销售额的 3%。当然某些特定的促销产品的提成比例可以适当提高，甚至提到 50% 以上也是可以的，但是最好把此部分薪酬归为奖金，而不是常规的销售提成。服务岗的数量必须精简，而且越少越好，一个人能顾得过来，绝不用两个人，两个人能顾得过来，绝不用三个人，否则就体现不出高底薪的价值，也是没有把人的时间效率充分利用起来的表现。

与服务岗相反，销售岗必须是低底薪、高提成，而且销售岗的员工数量越多越好。要做到销售岗人员数量越多越好，就一定不能让公司无止境地去补贴销售人员的工资，销售岗的薪酬设计要做到每一个销售人员的销售业绩都能够覆盖自己的收入，并且在一定基线后能给公司创造收益。

因此，销售岗薪酬设计的关键点是要确定公司所销售产品的毛利率，以及销售岗基本工资的发放方式。销售岗不是一家小茶馆的常规岗位，对于一家规模不大的小茶馆，首先一定是在日常服务中去引导产品的销售转化，在服务的流程已经相当成熟，团队有余力的前提下，才开始设置专业的销售岗位。

社保、公积金和奖金

"五险一金"已经纳入税务部门管理，成为国家强制缴纳的员工社会福利，所以"五险一金"就按国家规定足额缴纳即可，这也是你未来规避劳务风险最好的方式。

奖金是一种非定期的，用来激励或者表彰员工良好表现的货币刺激手段，通常表现为：①针对某款产品促销而划拨的专项奖金；②为某个月份／季度／年度销售业绩达标而设立的奖金；③对员工做出帮助企业提升形象的行为而设立的奖金。

奖金设计要遵循两个原则：①奖金要与荣誉高度挂钩，荣誉是本，奖金是末，不能舍本逐末，如果奖金不能代表荣誉，宁肯只发奖状或奖牌，不发奖金；②给团体同时发奖金必须有标准，或者全部一视同仁，不可根据老板的喜好来发奖金，否则不但起不到激励的效果，还有可能损害团队积极性。

上升通道

培养人才、留住人才，为员工指明职业发展方向，创造上升通道，是企业经营者的责任，也是企业实现持续稳定发展的重要基础。

俗话说，铁打的营盘流水的兵。企业的组织架构是稳定的，但是组织里的个体成员是会经常换的，人员要流动起来，组织才有活力，否则组织很快就会死气沉沉。

设计员工的上升通道，要考虑三个方面：能力上升、收入上升、职位上升。

能力上升

公司要为员工的能力（服务能力、销售能力、专业能力）设定科学的衡量标准和考核机制，使员工能够明确：①自己哪方面能力有欠缺，应该重点提升哪方面的能力；②自己哪方面的能力比较强，发展哪个方面最有前途；③自己的能力目前处在哪个阶段，这个阶段的瓶颈是什么；④自己的能力发展到一定阶段的时候，会得到哪些好处。

常见的衡量专业能力的标准是职称或者职级，例如茶艺师根据国家的技能等级可以为五个级别，分别是：初级茶艺师、中级茶艺师、高级茶艺师、技师、高级技师。企业可以参考行业的国家标准和其他企业的标准，提出一套适合自己的评级体系。

收入上升

收入上升是最直观的，也是人们最期待的。本质上所有的提升都是为了收入的提升，从而带动生活质量的提升。对于茶馆员工来说，最有效的收入上升方式有两种：一是做大销售业绩，尤其是员工通过自己开拓客源，拿到高额提成的业绩；二是持有企业的股份，每年从企业盈利中获得和股权相应的股东分红。

职位上升

职位意味着责任、权力和荣誉。职位越高，责任越大，权力越大，荣誉也越大。

在满足了基本的物质需求之后，职位上升对目标感强的员工有很好的激励效果。典型的就是在政府机关、国企这些单位，人们对价值的判断标准是职位和职务，而不是薪资、职称这类相对次要的指标。但是一家小茶馆的员工数量太少，无法在职级上做太多文章。

团队建设

团队慢慢搭建起来后，管理者要不断地打磨它，使之成为一个有凝聚力和战斗力的团队。

团队不是管出来的，而是带出来的。团队不是有一群人就自然成为一个团队，正如不是随便拉来几十个人就能组成一个足球队踢世界杯。团队要成为团队，首先要有规则、分工、目标等制度条件，就好比要让那几十个人了解足球比赛的规则；其次也是最重要的就是要有教练带着不断地训练，参加一级一级的比赛，才可能有机会参加世界杯，而管理者就是企业团队的教练。

很多管理者总是在抱怨，自己手把手带的员工总是教不会，不停地骂员工太笨了，弄得自己很沮丧，员工也没信心。管理者要认识到人的成长是有规律的，员工不是教不会，而是他理解一件事情和掌握一个技术的速度，可能跟不上你期望他成长的速度，这时候管理者要问问自己，究竟是员工太笨，还是自己耐心不够。

学习方针

带团队学习业务有一个16字学习方针：我做你看、我说你听、你做我看、你说我听。

如果你是管理者，在培训下属业务或者布置一项新的任务之前，你首先要做一遍给下属看，这就是我做你看。

做完之后，要给下属讲解，你为什么这么做，这么做的过程中有哪些步骤是重要的，这就是我说你听。

然后轮到员工来做一遍，你看他哪里做得不对，及时地纠正和指导，哪里做得好，给他正向反馈，这就是你做我看。

最后再让员工自己来提炼和总结，把他做的和他理解的说一遍，这就是你说我听。

注意，这 16 字学习方针的次序不能乱，也不能少。

例会制度

大组织是要少开会，避免官僚主义，小组织恰恰相反，要多开会，以保持思想统一。茶馆经营者要多组织开会，日例会、周例会、月例会、培训会、动员会、碰头会、恳谈会，或者就是大家坐下来喝个茶，最好一个都不能少。

因为茶馆的业务通常不太繁忙，忙的时间相对集中，如下午和晚上的间隔时间就会相对轻松，员工会有比较充裕的休闲时间，这些时间如果不是用来做卫生或者盘库存，普通员工可能也不太会主动去学习专业知识或者对外拓展客户，时间就会浪费掉，我们就用开会的方法来促进员工学习进步。

（1）日例会。日例会见缝插针地开，店长只要看到客人不多，店里人齐，就可以组织开日例会。

日例会不用时间长，10~15 分钟就够了，就谈三件事：一是总结昨天的业绩情况和有必要总结的工作；二是提出今天的目标和对目标进行分工；三是做一些碎片知识技能的培训，最后再喊喊口号。

（2）周例会。周例会是管理层例会，一般要开两个小时，主要是讨论当周的业绩完成情况，对当周发现的问题讨论解决方案，并对下周的工作再次确认和落实。

（3）月例会。月例会是全员大会，主要是做表扬和批评，月例会可以和月团建放在一起。

（4）培训会 / 恳谈会。不定期进行，可以和日例会放在一起，发现问题就要尽快通过培训或者谈心来解决掉。

感情建设

茶馆工作人员是典型的小而美团队，特点是年轻女性居多，甚至可能全是姑娘，团队整体氛围一定是感性居多，时不时就会有同事需要心理辅导，也会频繁出现拉帮结派的现象，需要处理的人际关系事务多如牛毛。这类现象不可能完全杜绝，因此，经营者一方面要理性看待，耐心处理，绝不能视而不见不理不管；另一方面要尽可能增加一些男性员工比例，毕竟男女搭配干活不累。

每个月最好能有一次团建活动，拿出一些经费，但也不用太多，人均 100 元左右就可以了，不用追求高大上。活动形式可以多种多样，以好玩为准。团建活动的目的就是让员工开心，让员工感到在团队里工作是一件开心的事，所以就是一起玩，没有什么明确的培训目的，不给员工增加心理负担。

PK 机制

人员数量只要能够分成几个小组，团队内部就要开始启动 PK 机制。有 4 个人，就可以分为两个小组，互相 PK。

PK 的内容我们可以放开去设计，不仅限于业绩，只要和绩效相关的指标，都可以拿来 PK，例如：活动量、访客量、增长量、客户满意度，甚至大众点评好评率等。

PK 是一场游戏，最重要的是激发选手的参与感。每次 PK 的时间不宜太长，一般在 1 个月之内，或者是某一次阶段性目标总结之间，一轮 PK 结束后前面的成绩就清零，再开始新一轮 PK。在每一轮 PK 之间，要开动员会，所有人要在动员会上公布团队的目标和自己的目标，并对达成目标作出承诺，要让所有人对即将开始的比赛有感觉，激发出所有人的斗志和荣誉感。

有 PK 就有输赢，就有奖惩，公司可以拿出一些资金或奖品，参与 PK 的小组也拿出一些资金，共同成立一个奖金池，赢了就拿奖，一般是奖金 + 奖品（奖状、奖杯）；除了奖励，还可以设计一些好玩的惩罚项目，不要设计输了会亏现金的机制，不要有输钱的感觉，PK 是比赛，是游戏，要的是开心和荣誉感。

PK 的过程中，设立一个专门负责公示和监督的裁判员，他要负责把每个团队的 PK 协议以及每个人的目标和完成进度公示在墙上，保证数据的真实和 PK 过程的公平，要到每个团队去发现问题，持续激发所有人的斗志。

PK 机制对于提高工作积极性、职业能力、团队动力有很明显的作用。

8

运营组织：使系统实现自运转

运营工作事无巨细都要管，是门店的大管家，同时对基本业绩和服务质量负责。运营首先要执行与监督日常的工作流程，其次要制订运营目标和完成运营目标，使门店整体工作有序进行。

运营管理系统就是组织和流程。组织是给一群人分工，流程是让这群人执行规定动作。搭建起茶馆运营管理系统的目标，是让茶馆实现不依靠单个人而能自运转。

运营管理可以分为两种状态，一种是静态，一种是动态。静态和动态就像硬件和软件的关系，正如有了一台电脑，还需要装操作系统来使它执行工作。静态管理是设计组织架构、规定部门职能、制订岗位工作、确定工作流程和配备管理工具；动态管理是对静态管理内容的规划、实施、监督、沟通、调整和优化。

运营管理涵盖整个门店的运营活动，包括接待、卫生、制茶、点单、收银、会员招募与管理、收货、订货、补货、内部转货、内部调拨、防损、盘点、保鲜、陈列、标示、广告与促销、销售、货物整理、设备保养与维护、安保（防火、防盗、防投毒、防爆）、存包、退换货、赠品、人员（含供应商促销员）管理、企划与美工、市调、售后服务、送货、团购、总务及行政等。

可见广义的运营管理囊括了门店日常工作的所有方面，是门店工作的基石，对运营管理负责的人一般是店长，是整个门店的大管家。

组织和分工

组织是基于共同的目标，按照特定的机制集合在一起的人群。门店日常最重要的两项工作就是运营和销售。

运营和销售，各自对应的是茶馆的两块主营业务：空间、零售。运营是负责日常服务的正常运转，以确保空间收入的稳定，它像是一个管家，侧重于内部管理。销售则是负责茶叶、茶器等产品的零售，为茶馆取得增量营收，它侧重于对内做流量转化和对外做客户拓展。

组织架构

组织架构决定了运营的效率，决定了部门的设置、定位、职责、权力、利益，决定了岗位的设置和责权利，决定了企业人员是如何组织、分工、协作的，决定了公司的内部交易成本、管理成本、组织运作风险。

一个好的组织架构应该职责清晰、权责利高度匹配、组织内部协作良好、沟通顺畅、分工合理，既适度制衡，又能高效协同；既结构稳定，又能快速反应。

茶馆的组织架构非常简单，横向和纵向往往都在 3 个层级以内，横向是业务上的并列关系，纵向是职务上的上下关系。

一般来说，一家茶馆的组织架构如图 8-1 所示，最上面一级是茶馆的所有者，也就是持股层，通常可能是一个人或者是为数不多的几个人。中间一级是茶馆的经营者，是企业的中层，也是执行层，通常是一名店长兼任培训师和财务，稍大一点的茶馆可能会单独设一个会计，店长兼任出纳。最下面一级是茶馆的基层员工，执行茶馆最基本的运营工作，保证茶馆的正常、有序运营，一般由 3~4 名店员共同承担服务（行茶师）和销售（销售员）的工作。

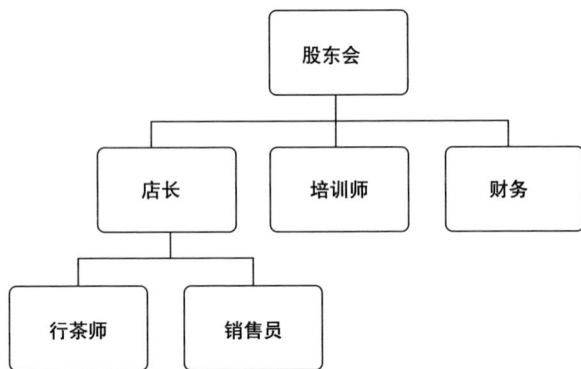

图 8-1 茶馆的组织架构

基于人力成本控制和茶馆工作相对简单，茶馆用人往往是一人多岗，例如店长可能既是老板，也是店员，甚至有可能组织架构里的 6 个岗位全都集中在一个人身上。

上述组织架构图告诉我们，无论是几个人同时在岗，上述岗位都是茶馆工作中必不可少的，每一个岗位都有它相应的工作内容和要求，即使身兼数岗也要把工作内容执行到位。

组织分工

习惯上我们一般把茶馆的营业收入分为两大块：服务收入和销售收入。

服务收入就是进店喝茶的客户消费带来的收入，是通过提供服务来获得的，是偏向于通过自然流量而来的比较直接的收入，在组织分工上由运营部门来承担责任。销售收入是售卖产品所带来的收入，包括实物产品、课程产品等，是偏向于在自然流量的基础上做进一步转化而来的比较间接的收入，在组织分工上由销售部门来承担责任。

服务收入的优点是需求稳定，现金流稳定；缺点是天花板比较明显，收入规模受到平效和人效（每人产值）的限制。销售收入的缺点是不稳定，波动大，成交难度更大，转化周期更长；优点是没有天花板，只要方法得当，努力到位，理论上有无限高的成长空间。

服务收入和销售收入是一个有机整体，就像一级火箭和二级火箭，要两手抓，两手都要硬。一级火箭和二级火箭各有作用和使命，共同把卫星送上预定轨道，茶馆一般也按照这个思路来培养人才，是在有能力获得服务性收入的基础上去发展销售性收入。

如图 8-2 所示，茶馆的常规工作可以画成一张组织分工图，当我们把分工拆开就知道，一家正常运转的茶馆的日常事务很多，如果是一家规模化企业，运营和销售这两部分是由运营总监和销售总监分别率领两个不同的部门负责，但是茶馆一般规模不大，所以这两项工作的直接负责人通常都由店长来兼任，或者由老板亲自全面统领。

图 8-2　茶馆组织分工

属于运营的分工有：①店务（或总务），即日常所有的服务管理，包括人员管理、流程管理等，是最主要的工作；②行政，即排班、考勤、纪律、往来文书、上情下达、心理辅导等；③人事，即人员招聘、培训、晋升、辞退等人力资源管理动作；④财务，主要是管账和管固定资产，人手不够可能也要管钱；⑤库管，即盘点库存、出入库登记、补货、发货、库房维护等。

属于销售的分工有：①提升店内零售，一是促进更多客户走进店内购买产品，二是让更多自然进店客户购买产品；②拓展企业采购客户和个人大客户，以门店为据点，主动对外拓展这两方面的客户；③电商销售，即充分利用直播电商、平台电商、社群电商等方式销售产品；④会议销售，即举办各类茶会、沙龙、课程等来促进产品销售；⑤产品管理，关注行情，掌握销售数据，优化公司产品结构，提升销售业绩。

运营与销售的管理特征的不同点如表 8-1 所示。

表 8-1　运营与销售的管理特征的不同点

运营	销售
①事无巨细都要管,关注细节 ②侧重管理过程 ③对成本的要求是越低越好 ④人性文化 ⑤底薪高,提成高低不一定,薪酬稳定,同级岗位薪酬相差不大	①不管黑猫白猫,抓到老鼠就是好猫,关注主干 ②侧重管理结果 ③对成本的要求是优化投入产出比 ④狼性文化 ⑤底薪低,提成高,同级岗位薪酬可能差异很大

考核原理

有工作就会有考核，要考核就得设指标。目前社会主流的考核方法是关键绩效指标法，也就是 KPI。

茶馆的经营管理者要特别注意，考核是一种标准的管理动作，公司运营一定少不了运用考核手段，但是一定不要让考核成为目的，公司的发展不是靠考核来推动的，公司的发展是上下齐心围绕一个正确的发展方向努力的必然结果，如果考核阻碍了公司的发展，我们就要调整考核。

设立考核指标的目的是设立底线，不是追求上限。特别是我们从事的是人力资源相对低端的服务行业，管理者经常会面临管理弹性难题。考核指标作为底线，能够帮助我们尽快淘汰掉不适合在茶馆行业发展的人。同时也要提防，对优秀人才的不合理的考核指标会导致公司的平庸，阻碍公司的发展，造成人才的流失。

考核的一般性原则是：底线用 KPI，上限用奖金和晋升。考核指标不是老板拍脑袋瞎定的，设立考核指标要以市场稳定可预测为前提，以周期性的运营数据为依据，以引导员工行为符合公司发展为目标。

首先，考核要以市场稳定可预测为前提，如果环境出现了不可预期的动荡，比如前些年反复出现的疫情，我们设立的目标必定无法完成，这时候就只能调整考核指标。

其次，考核要以周期性的运营数据为依据，也就是设立考核指标是要有数据支撑的。例如，有一年运营经验的公司就可以为下一年运营提前做出规划和定下指标，但如果是新开门店且经营者又没有相关经验，就最好不要给团队下硬指标，可以设目标。

最后，考核以引导员工行为符合公司发展为目标，切记不要为考核而考核，没有必要设立的指标最好一个也不要设。例如有些老板为了避免员工闲下来，就设立一些强制学习内容或者销售业绩 KPI，往往最后都是做了大量无用功，对团队良性成长反而很不利。

所以考核指标要根据岗位性质做定性，销售岗和运营岗的考核绝对不能混为一谈。在实际工作中，普通的店长和老板都难以同时满足这两项工作的考核，行茶师出身的店长通常销售能力偏弱，也不具备销售团队管理能力，而销售出身的店长又往往疏于专业学习，同时少了一点认真做小事的耐心。

如果我们不考虑运营和销售这两个岗位存在的差异，要求我们的店长和店员能够同时兼顾门店运营的质量和茶叶零售业绩的稳定增长，大部分情况下会造成一线服务团队难以适应，完不成绩效考核，导致留不住人，也培养不了人。

同时做好运营和销售不是不可能，但这需要我们在管理模式和人才培养上做到足够的精细化运营，要有耐心去引导员工学习和适应我们的管理模式。在员工还没有成长到同时掌握这两类工作的方法和具备两种不同的能力之前，我们首先应当在岗位定性上把员工单独放在某一类上。

运营岗或服务岗的人员就定义为运营岗，按照运营人员的指标来考核；销售岗则按照销售岗指标来考核。

设计考核机制时，要覆盖到每一个岗位，一旦启动了 KPI 考核，每个岗位都不能豁免，至少每个领工资的岗位都不能豁免。有些门店只考核基层不考核领导，特别是有些门店老板自己就是店长，定的规则只约束员工不约束自己，最后只能跟谁都不欢而散。

所以强烈建议茶馆经营者，一旦确定要推行 KPI 机制，自己就要躬身入局，用自己希望管理员工的方式来管理自己。彻底抛弃以老板自居的想法，真正把自己当成职业经理人，该考勤的考勤，该背业绩的背业绩，以身作则，身先士卒，才有可能把考核机制建立起来，否则永远自欺欺人，考核就是走过场。

考核指标 KPI

销售岗主要是考核业绩，运营岗主要是考核过程，而领导干部则要考核部门总体绩效和团队培养绩效。

销售岗以业绩为导向，一般考核销售额和活动量，常见的指标有：销售业绩 / 销售目标完成率、客户通话数量、客户通话平均时长、月访客数量、面签成交率、新客户成交占比、特定产品销售占比、出勤合格率、综合利润率等。

运营岗以流程为导向，主要考核规定动作的完成率，常见的指标有：营业额 / 营业额目标完成率、平效、人效、出勤率、进店顾客数量、月均客单价、成本控制率（人员成本、采购成本、能源成本、税务成本、市场成本等）、综合利润率、员工离职率、客户投诉率、事故率、团队结构合理性等。

确定每个岗位要考核的指标后，要进一步确定两个数值。一是每个指标的完成率所对应的分值。例如当月业绩完成 100% 以上的是满分 10 分，完成 80%~100% 是 8 分，以此类推分别是 2、4、6、8、10 分。也可能当月业绩完成 100% 以上得 10 分，不达 100% 则直接 0 分。二是每个指标在整体考核中所占的权重。例如一共有 10 个指标，不是每个指标的权重都是 10%，可能某一项指标的权重占到 30%，那么其他指标的权重自然就要被压缩。

分值和权重，都是根据我们的管理目标来设定和调整的。

考核方法

从考核的主体来划分，一般可分为：自评、互评、领导评、客户评、专家评。

自评，就是自己给自己打分和评价，一般考察权重在 20%~30%。

互评，就是同级岗位的同事之间互相打分和评价，一般考察权重也在 20%~30%。

领导评，一般是直属领导打分和评价，这一项通常也是权重最大的，一般在 50% 以上。

客户评，一般是用匿名问卷来评价满意度，大众点评 App 是客户评价最常见的形式，在真实经营中起到很大的作用。不同公司可能看待客户评价的视角会有很大差异，服务型公司会很看重客户评价，但是技术型公司可能就会弱化客户评价，因为客户未必具备客观评价员工工作的能力。

专家评，一般涉及员工晋升或者评定职称的时候，企业会邀请一些外部的行业专家来给员工或门店打分和评价。这种评价方法在日常管理中不太常见，往往是年终或者企业参与某些奖励或资质评比时才会遇上。

从考核的时间段来划分，可分为周评、月评、季度评、年终评。茶馆一般注重短期评价。

从考核的形式来划分，有问卷式、访谈式、集中式、分散式。茶馆一般采用问卷的形式开展评价工作。

流程管理

流程无处不在。销售有销售的流程，服务有服务的流程，计划有计划的流程，生产有生产的流程，人事有人事的流程，财务有财务的流程，大流程里面有小流程，小流程有机结合构成大流程，实际上，茶馆经营者大部分的工作都是在做业务流程管理。

流程化就是标准化，目的是提高效率和降低成本。流程化并不复杂，易于员工理解和执行的流程就是好的流程，表 8-2 为销售岗位一天的业务流程。

表 8-2　销售岗位业务流程管理

7：00	清晨面对镜子微笑三秒。只要今天你选择上班就要把好心情带给你的客户
7：30	公交车上调整状态，我们今天是最棒的
8：00	一天的信心传递从点名开始
8：10	一日之计在于晨，晨会
9：30	①出门见客户，如果是在家打电话，那要制订好量（前一晚的工作） ②昨晚没约到客户的，电话邀约，一定是邀约资料库里面比较集中的地方的客户。如果约到一家不急于出去，那还是约资料库里面附近的客户
10：00	①谈完了约好的客户，以点带面陌拜 ②没约好客户，出去陌拜，要去资料库里面客户比较集中的地方
12：00	如果离公司近就回公司总结，远的话就不回来，整理总结表格
中午	午餐和午休或者学习
13：30	同上午 10 点
14：30	见下午约到的客户，出来后以点带面陌拜
17：00	总结今天见客户的情况，回公司打电话约明天的客户，整理收集客户资料，吃饭
18：30	部门会议
19：10	电话邀约客户，安排明天路线
20：00	写总结日报

制订员工手册

茶馆流程管理从制订员工手册做起。员工手册最基本的结构和内容一般有：使用须知、企业理念/精神/宗旨/目标、作息制度、入离职规定、工资规定、请假办法、考勤制度、出差制度、请款报销办法、行为规范、作业规范、奖惩制度、质量/安全方针目标等。

员工手册就是公司最大的流程框架，有了员工手册，其他子流程就可以逐步完善纳入整体框架中了。

标准作业程序

标准作业程序（Standard Operating Procedure，以下简称 SOP）指将某一事件的标准操作步骤和要求以统一的格式描述出来，用于指导和规范日常的工作。执行 SOP 是茶馆精细化运营管理的开始，是茶馆可复制、可扩张的基础。

执行 SOP 的根本原因是企业资源具有有限性，根本动力是企业对经营利润的追求。

任何企业的财力资源、人力资源、物力资源都是有限的，通常来说茶馆行业更是如此，这种资源的有限性要求我们将复杂的日常事务进行动作拆解，抽象还原成为一个又一个标准化且可执行的作业程序，从而达到提高效率和降低成本的目的。

企业运营管理的常规工作就是不断地建立和执行 SOP。通常来说，建立 SOP 的方法是借鉴更为成熟的企业已有的 SOP，在执行的过程中，根据自身的实际运营规律和应用场景，不断优化 SOP。

SOP 要动态进化，运营管理不追求完美的 SOP，而是追求不断提高效率和节约成本的 SOP。SOP 作为标准，包含两个方面：

一是标准本身，即标准的状态；二是标准流程，即为达到标准而执行的标准化动作。

也就是说，制订 SOP 需要包括这两方面的内容：一是描述清楚该项工作要达到的标准状态，二是描述清楚如何通过一系列"标准"的动作来达到这种标准状态。

茶馆运营管理中最基本的几个 SOP 有服务 SOP、卫生 SOP、销售 SOP、进销存 SOP、例会 SOP、培训 SOP、监管 SOP 等。

以卫生 SOP 为例，卫生工作是茶馆常规工作的重中之重，无论如何强调都不为过。

卫生水平是茶馆管理水平的底线，其他方面的工作无论做得多好，也无法弥补卫生工作的不足，相反如果卫生工作做得很好，其他工作稍有不足也情有可原。

卫生工作是重复而烦琐的，和销售、服务等工作相比缺少趣味性和成就感，让人难以坚持，容易懈怠。为了引导员工做好卫生工作，可以采取树立心法、比赛、定期检查、不达标惩罚等方法。

茶馆卫生 SOP，包括三大方面的工作：环境清扫、器物清洁、消毒杀虫。其中环境清扫和器物清洁是需要每天多次进行的，消毒杀虫是在配合监管要求和店内实际需求的情况下，按季度或年度进行的。每个大方面的工作都要制订独立的 SOP，并且根据实际的业务需要拆分成一个一个子 SOP。

例如，环境清扫 SOP 中，就要分为前厅、包间、操作间、卫生间、库房等不同区域的 SOP，每个区域的卫生标准和清扫流程都有不同。此外，为了形成操作记录和落实责任人，我们还需要制作一个卫生记录表格。所以，一份标准的 SOP 文档，通常包括三个部分：卫生标准、清洁流程、记录表格。

下面以茶馆运营实务当中最为典型的包间清扫 SOP 为例，进行详细说明。

包间清扫的卫生标准包括：地面无明显灰尘、无垃圾、无鞋印、无污渍；桌面无灰尘、无污渍，桌面缝隙无瓜子壳、茶叶等杂物；桌面茶席整齐、器物齐全、茶器无污渍；座椅坐面无灰尘、无污渍；座椅扶手无汗渍；窗台、花架、挂画等表面无明显灰尘、污渍；花盆湿润但不溢水。

包间清扫有自己的标准流程，必须在客人离场后 30 分钟内完成。清扫的要点包括：①清理桌面。首先把茶具、餐盘等装入托盘，送至操作间等待清洗；然后用干抹布或纸巾将桌面垃圾（如瓜子壳）扫到垃圾桶，部分无法扫入垃圾桶的直接擦到地面；最后将桌面缝隙中的杂物清理出来，同样扫入垃圾桶或地面。②桌面及座椅消毒。首先把毛巾浸泡在经过稀释的消毒液里，然后把桌椅把手、桌椅表面等可见区域用消毒湿毛巾擦拭一遍。③扫地。用扫帚把地面清理一遍，使地面没有垃圾。④拖地。用经过消毒液浸泡的拖布将地面拖一遍。⑤茶席回位。将茶席重新布好，桌椅摆放回位。

完成包间清扫标准流程后，执行人要将工作检查一遍，并在

记录表（见表 8-3）上打钩、签字。值班店长随后在巡房过程中
检查、签字，当天晚班结束后存档。

表 8-3　包间清扫记录表

完成时间	检查打钩项目					责任人	
	地面	桌面	座椅	茶席	装饰	执行人	检查人

以上就是包间清扫 SOP 案例，可以借鉴它来完善你自己的各
项 SOP。

计划与执行

如果把企业经营比作一场自驾旅行，SOP 就是旅行过程中的各项重复动作，例如启动汽车、驾驶、停车，而工作计划就是旅行中一个又一个的目的地，以及到达目的地过程中的所有预案。

运营管理的核心工作就是制订计划和执行计划。计划是对远景的勾画，是行动的指南，是验收的标准，是效率的保证，同时也是团队协作不可或缺的共识。

制订计划的意义是用一个（或若干个）明确的阶段性量化目标，使所有人在该阶段内能够明确自己的工作职责和考核指标，然后共同实现该目标。与计划高度相关的是预算，实现目标需要付出成本，经营活动处处都在考量投入产出比。所以制订新的计划必须借鉴前一阶段计划实施的结果，还要综合考虑市场环境等各项因素的变化，在预算可控的范围内去推导计划的可行性。

常规的工作计划按照时间长度可分为年度计划、季度计划、月度计划和周计划。茶馆的工作计划按照工作性质主要分为服务计划、营销计划和培训计划。

服务计划是对茶馆最基础的空间业务的运营计划。茶馆服务的特点是稳定性和规律性，因此服务计划的可预测性强，是一种按部就班的工作计划，强调的是执行到位。

营销计划是对茶馆的零售业务的运营计划。营销要做到存量激活和增量拓展，也就是增加已有客户的复购率和拓展新客户。

存量客户的复购率有一定的可预测性，但是增量客户的拓展可预测性不强，因为茶馆的人力资源配置里一般没有专业的销售团队，而服务团队的对外营销能力往往有限，因此茶馆的营销计划要注重可执行性。

培训计划是为持续提高茶馆员工的业务能力而制订的，主要分为茶学能力培训、服务能力培训、销售能力培训、其他能力培训，不同规模的茶馆可根据自身的师资水平、可投入成本和学习目标来制订相应的短期或长期培训计划。

一个完整的计划通常由4个步骤组成：制订目标—任务拆解—执行落实—复盘调整。市面上有大量的管理类工具书可以教给你每个步骤的具体做法，细致得无以复加。而对于茶馆经营者来说，茶馆业务简单，过多的管理反而会降低效率。根据经验，我们只要把握好以下几点就足够了。

（1）制订目标切勿好高骛远，要用线性的增长思维，要可上可下。目标制订了是要实现的，不能实现的目标对经营起不到指导作用，甚至会起副作用，它会使得员工将目标视为儿戏，不能真正调动员工的积极性。在良好的市场环境下，设立10%~20%的年增长率都是合理的。在市场萧条的时候，设立一个负的增长目标也是可以接受的。

（2）任务拆解要落实到人，加强过程管控，设立KPI，要有奖惩机制。服务计划侧重物质惩罚和精神奖励；营销计划侧重物质奖励和精神惩罚；培训计划侧重精神奖励。

（3）复盘就是要把问题落在具体的事上，还原当时的决策背
景。复盘是为了发现问题背后的真正原因，使问题得以改正。复
盘的目的不是问责，不要把问题落在某个人的个性上，而要在流
程的设计、执行上去挖失败的原因。所以复盘要尖锐，要一层一
层深入去挖问题的本质，要尽力还原问题发生的背景，不能脱离
背景去研究问题。

茶馆运营服务周计划

以周为单位的常规运营计划是茶馆最为基础、最为实用也最
有参考价值的计划类型。周运营计划关注几个核心指标：营业额、
客单价、毛利率、消费台数、零售占比、环比增长等。这几个指
标不一定都表现在计划表中，但每一个指标都是对业务实际情况
最重要的反映（见表 8-4）。

表 8-4 茶馆运营服务周计划

日期	消费台数	零售产品消费(元)	包间消费(元)	总营业额(元)	达标情况	店长
周一	3	0	1000	1000		
周二	5	300	2000	2300		
周三	5	500	2000	2500		
周四	6	500	2400	2900		
周五	6	500	2400	2900		

（续表）

日期	消费台数	零售产品消费(元)	包间消费(元)	总营业额(元)	达标情况	店长
周六	5	200	2000	2200		
周日	5	200	2000	2200		
合计						

以华饮小茶馆连锁的一家门店为例，该店位于写字楼和商场均密集的商圈，有三个包间，日均成本是700~800元，流量特点是每周一为低谷，其余六天无明显差异，其中工作日主要需求是商务会议，周末主要需求是休闲聚会。

这个运营计划以常规运营数据为依据，核心指标是营业额，目标设定略高于自然流量数据。例如，目标消费台数比常规自然流量多1~2台，给店长一定的主动引流压力；与营业额挂钩的客单价设定并不高，有较大的提升空间，可以冲抵台数不足时可能造成的营业额不达标。

每天晚上交班后，填写表格，每个类目下左侧一栏是当天目标，右侧一栏是当天实际数据，核对是否达标，达标打钩，不达标打叉，责任人签字。每天一复盘，每周一总结。

茶馆营销年度计划

年度营销计划是全年营销工作的一张地图，按照这张地图我们就可以有计划地开展每个月度、季度的营销工作，就不用不停地去追热点和模仿新潮的营销方法。

　　以年度营销计划为主、热点为辅来开展营销工作，是降低常规营销成本和提高营销效率的重要方式。同时也因为有贯穿全年始终的营销计划，所以茶馆在客户面前能够呈现出一致性，这有助于提高茶馆的品牌感。

　　零售行业有成熟的年度营销预案，可以为我们经营茶馆提供参考依据，茶馆的年度营销计划主要考虑三个方面的因素：一是所有可商业化的节日，如店庆、双十一、七夕、母亲节等；二是传统送茶的三大时间节点，如春茶上新、中秋节、春节；三是二十四节气与中医健康理论。

　　由此可以列出一个以月为单位的年度营销计划表（见表8-5）。

表 8-5　以月为单位的年度营销计划

月份	主题	重点	形式	责任人
1	春节送礼	礼盒销售 热门茶品销售	企业团购销售； 线下大幅度促销	
2	春节送礼	礼盒销售 热门茶品销售	企业团购销售； 线下大幅度促销	
3	春茶预售	西湖龙井、黄山毛峰、竹叶青等绿茶	低价口粮茶朋友圈推广；高端礼品茶线下品鉴会	
4	春茶上新	西湖龙井、黄山毛峰、竹叶青等绿茶	低价口粮茶朋友圈推广；高端礼品茶线下品鉴会	

（续表）

月份	主题	重点	形式	责任人
5	母亲节活动	会员卡销售 课程销售	组织亲子茶会体验	
6	父亲节活动	礼盒销售 热门茶品销售	强调健康、养生的大量图文宣传	
7	节气活动	白茶 / 会员卡	茶会	
8	七夕活动	茉莉花茶 / 会员卡	茶会	
9	中秋节活动	月饼礼盒配茶礼	企业团购销售； 线下大幅度促销	
10	国庆节活动	白茶 / 会员卡	茶会	
11	节气活动	红茶 / 岩茶 / 会员卡	茶会	
12	圣诞元旦双节活动	会员卡销售	老客户回馈活动 引导复购	

要注意，年度营销计划离可执行的方案还很远，需要我们根据自己的人力资源投入能力和营销目标去选择重点月份做细化的落地方案。通常是以 2 周或 4 周为时间段，做具体到每一天的执行表格。

9

赢在服务：营造美好的感受

茶馆本质是服务业，服务是 1，后面的产品才是 0，这个顺序不能颠倒，所以对服务的重视要深入茶馆经营管理的骨髓里。评价服务达标的最简标准是有没有营造出美好的感受。做好服务，首要是各个流程和环节的标准化，使其可复制、可执行、可评估。

服务是茶馆的根本。作为服务业中的一个细分行业，茶馆是提供茶相关服务的空间，决定它本身的服务基调是不可改变的，服务是茶馆的第一属性。

服务的心法

服务精神和服务意愿走在前面，服务能力和服务质量才能紧随其后。

尊重他人，庄严自己

学茶习茶的茶人都很熟悉一句话——尊重他人，庄严自己。这句话是从学佛的人那里传来的，被茶人广泛接纳和运用，它时时提醒我们以什么样的心态来看待我们的事业。

尊重他人，是我们心法的基本要求。它要求我们要给予他人普遍的尊重，而不是有选择的尊重。不能谁给了钱就尊重谁，谁不给钱就不尊重谁，不能把顾客分成三六九等，在服务态度上差别对待。对不同类型的顾客可以有不同类型的权益，但是我们对顾客的态度不应有差别。茶馆不是娱乐场所，不需要刻意营造服务的不同档次，来暗示和引导顾客为了彰显身份而提高消费。

我们要区分职场标准和世俗标准。在世俗生活当中，我们当然会对那些不道德的行为、违法乱纪的行为予以谴责，对那些不道德的人、侵犯了他人权益的人不尊重。但是当我们身处职场，我们就变成了"职业人"，我们面对的顾客也变成了一个个抽象意义上的"经济人"，我们要学会不去对顾客做道德和法律的评判，只需做好服务，这是我们专业的表现。

在日常生活当中，你或许可以表现出强烈的个人喜好，你可以爱憎分明，想不理谁就不理谁，可一旦进入职场环境，你就要约束自己，扮演好职场赋予你的职能角色。庄严自己，是我们心法的一个结果。

结果不是目的，不要以目的来要求结果。尊重他人，庄严自己是一对因果关系，尊重他人是因，庄严自己是果，它们之间有相关性，有因必有果。当我们给予他人尊重，必定会带来他人认为我们是庄严的结果，而我们也会感受到自己的庄严，这是共同美好的感受。

庄严自己是人生境界升华的表现和必然。内心向善的人，追求良知的人，终其一生都在修行。修行，就是有意识地在人生经验中修炼自己的内心，以达到精神世界的充盈。

当我们觉知自己的精神境界已经得到升华，我们就会获得快乐和幸福，就不再愿意倒退到浑浑噩噩的生活状态。在这个意义上，人生是公平的，精神世界的富足、人生的幸福感，其实与资产多少、出身高低、学历高下、容颜美丑没有多大关系。无论从什么起点出发，我们都能通过修炼自己的内心来过好属于自己的一生。我们的修行，就从尊重他人和尊重我们自己所处的服务行业开始。

营造美好的感受

服务的最高标准和最终目的，是营造美好的感受。

美好的感受应该是恰如其分的，是尺度刚刚好的，不会让人感到一丝怠慢而心中暗生不悦，也不会过分客气让人感觉有所企图而心生防备。美好的感受应该是可以预期到但又不是期待惊喜的，客户来了一次感觉挺满意，他还愿意再来，他能预期到我们所提供的服务还能让他满意，而不是可能让他因为没有得到惊喜而失望。

服务是以客户的合理合法需求为中心的，但服务绝不是低人一等，不是低声下气，不是讨好顾客，不是无下限地满足顾客的想法。

世界之大，不同地区的人对"美好的感受"的感觉是不一样的，对不同行业的服务态度的期待也是不一样的。日式餐馆的服务态度放在中国大多数地区，可能会让人觉得有点礼貌过度，让人轻易不想进去。美容美发店热情奔放的服务态度放到高级会所，客户可能不会再来第二次。

美好的感受是主客双方共同的感受，不是服务提供者的单独付出，我们不认同服务人员自以为是的付出，不希望也不要求同事为了满足客人的美好感受而使自己感到委屈或屈辱。受不得委屈首先可能是自己被惯出来的毛病，其次客人的要求是否超出合理范围，服务人员应该学会理性分辨并灵活处理。

客观来说，我们基层服务人员的年龄、经济实力、学历水平通常比我们服务的客户低，所以要达到双方都有美好感受的目标，我们必须自信，要建立一种人与人平等的自信心。

自信心的来源是多方面的，真正的自信一定源于实力。国家教导国人要平视世界，要有对祖国的文化自信，身为企业经营者，我们同样要教导同事相信自己所从事的职业的价值，相信自己的努力一定会被看到，我们一定会得到相应的回报。

正所谓"台上三分钟，台下十年功"，为了让大家产生美好的感受，有大量的工作是对方可能看不到，更意识不到的，但是作为专业的服务人员，我们应该理解、洞察和掌握。

比如，我们在客人到店之前把房间的卫生做到一尘不染，把灯光调到了每个客人都不会感到刺眼的亮度，把温度和湿度都调到了身体舒适的感觉，我们精心布置了茶席，还给角落里悄悄绽放的鲜花喷洒了水雾。可能我们做了大量的铺垫工作，但是客人一进房间就开始开会了，然后会议开完又没说几句话就走了。有些同事可能就会觉得既然客人对我们这么认真布置的环境没说一句好话，那我们还有必要这么认真吗，况且有时候没有那么认真准备客人也没有投诉。

看到这儿我们都明白，如果员工这么想，那就一定错了。不管别人看不看得到，自己内心这一关一定要守住。随着工作经验的增长，我们会认识到，那些比我们站位更高、阅历更丰富、事业更成功的人，往往只是不说，其实一切都看在眼里。我们的付出，其实别人都看得到。

现在你应该掌握服务心法的第二条原则了，当我们想要检验服务是否达标时，就问问自己：我们所提供的服务为大家营造美好的感受了吗？

服务标准化

做好服务，不是要我们追求极致的服务体验，而是要我们搭建标准化的服务流程。经营胜在稳定和可持续，标准化的服务流程才能使经营常态化和有序化，它可以确保客户的体验稳定在一条基准线之上，不会有明显波动；人员经过培训都能达到一定水准，不会太难以学习和掌握。

茶馆服务标准化主要由三方面构成：①卫生和清洁流程标准化；②点单和买单流程标准化；③接待和行茶礼仪标准化。茶馆的经营者只要在经营过程中，有意识地打磨这三个方面的流程、步骤、话术等，就可以很快搭建起属于自己企业的标准化服务。

接待礼仪标准化

礼仪的目的是要让客户产生美好的感受。这种美好的感受可能会让客户对我们留下好印象，可能会帮助客户更好地完成他的商务接待或谈判。这种正向的能量同样也会作用在我们身上，会提升我们的成就感，甚至提升我们的业绩。

对于服务行业而言，礼仪来源于日常，它不是无根之木、无源之水，它要明显高于日常表现，是日常行为的升级。

茶馆服务礼仪最核心的标准是到位，即动作和话术都要按照规范去执行，步骤不可遗漏，姿态必须到位。如果表情和动作做不到位，话术不到位，就无法达到让客户产生美好感受的效果。

接待礼仪分为动作规范和话术规范。接待礼仪涉及的主要步骤有：迎宾、引导、入座、点单、奉茶、避让、送客等。

在各个步骤中必须注意的一些要点有：①表情，表情要保持一贯性，给人能量饱满的感觉，展现出来是眼神自信、嘴角上扬；②手势，在引导客人入座、为客人搬动椅子、清洁茶具和奉茶时，整体要求动作大方利落；③步态，步伐要轻快不拖沓，不发出声音，陪伴客人时走在前面，比客人略快；④话语，沉稳中略带兴奋，透露出愉悦的感觉，必须用敬语，如"请""您"等。

行茶礼仪标准化

行茶礼仪是一套泡茶的心法和技法的规范，对内可以起到指导和约束行茶师的作用，对外可以起到向客户展示形象的作用。

有工作经验的行茶师可能在不同的地方学习过一些行茶的规范，再来到我们的茶馆，但是我们要对所有行茶人员进行重新培训，以确保大家按照门店的标准来冲泡茶叶。

点单和买单流程标准化

一般的餐饮和零售行业点单和收银有非常标准化的流程，强调的是效率和速度，所以很多地方开始使用二维码点单和线上结款，其目的是减少人力成本。

虽然流程信息化和低成本用工是发展趋势，但是茶馆的性质不一样，我们重视与客户之间的互动交流，茶馆的点单和买单是重要的销售环节，强调的是销售产品和做高客单价，所以人的服务非常重要。

我们把整个客户服务流程抽象出三个主要环节——点单、在场服务、买单，这三个环节最需要注意的操作技巧如表 9-1 所示。

表 9-1　客户服务流程

流程	注意要点
点单	①使客人明确知晓办理会员将有大幅优惠,为客人储值埋下伏笔 ②主动推荐几款客单价较高的特色产品,做高单次客单价 ③在客人确定茶品后,一定要再问他/她是否要一个茶点套餐
在场服务	①及时巡场,快速响应 ②暗示茶的品质好,为零售埋下伏笔
买单	①引导买单人独自到前台买单 ②明确告知客人办理会员本单可得到的优惠,帮客人算好账 ③做连带销售,推荐茶叶零售

　　下面我以华饮小茶馆连锁的实际工作流程,来讲解点单和收银的标准化。

　　到茶馆消费的客户主要分为两大类:一是空间消费,二是零售产品消费,我们的点单流程是针对空间消费客户的。空间消费客户又分为包间消费和散座消费两个子类。

　　我们在客户进门向其鞠躬和招呼"欢迎光临"后,首先就是要询问客户:"请问您几位?包间还是散座?"

　　包间客户和散座客户的接待流程和话术是不一样的。包间客户是主要客户,要尽量安排熟悉工作流程和有一定销售能力的店员接待。

　　客户如果是非会员,那么销售的重点产品是会员卡;如果是会员,那销售的重点是合理地提高当次消费的客单价或者茶礼的零售。我们推荐产品的优先顺序是事先设计好的(见第 10 章),要根据客户类型和消费场景去推荐相应的产品,使用相应的话术。

包间和散座的会员必须有所差异，才能真正满足这两类客户截然不同的消费能力（见第 12 章）。

既然对初次或者非会员客户的销售目标是促成他们成为储值会员，那么引导工作从刚一接触客户就开始了，甚至早在客户初次电话预订座位的时候就已经开始了。

既然首次成交的主要目标是会员，那么会员与非会员的权益差异，就要明显地体现在茶单和话术中。客人入座后，要观察屋内可能买单的人是谁，或者询问谁来点单，将茶单递给买单的人，点单流程开始。

点单流程围绕两大目标，一是引导客人对会员体系产生兴趣，至少要把成为会员会很划算的概念植入客人的大脑中。动作要求是向客人展示茶单上明确标注的门市价和会员价的对比，话术要求是报价要把门市价和会员价报全。二是引导客人点价格较高的茶品，我们择优选择了 4 款有特点的茶品放进茶单，并优先向客人展示这 4 款茶品。

做高客单价对于后续会员销售和提高利润率有至关重要的作用，经营者必须将其训练成一种职业本能。

在客人点单的过程中，注意观察客人是否了解茶，是否愿意消费比普通茶品更高价位、更高品质的茶。如果客人翻看茶单的过程偏长，我们就主动介入，询问是否需要我们推荐茶品。如果客人不拒绝，则询问他一般喝什么茶，是否了解茶，然后根据他的回答，用我们推荐茶品的知识来应答。

在客人选定茶水之后，不要忘记再向其推荐茶点套餐，这大概率又能增加 100 元左右的收入。

随后进入在场服务环节，通常在 2~3 个小时，服务人员会每隔半小时左右巡视包间或者进入包间添加茶水，其间可适时间问客人茶是否好喝，暗示茶的品质优良。通常这段时间内，客人不会再点更多东西，我们也不要过多打扰客人。

客人消费结束之后，就进入买单流程。打个比方，整个服务过程就像一场足球赛，前面几个小时的服务都要在最后拿到结果，而买单就是临门一脚。这临门一脚会不会拿到好结果，既取决于前期的服务工作做得是否到位，更取决于踢这临门一脚的人是否有足够的能量去成交。

买单流程要注意两大要点，一是给客户一个能做个人决定的时间和空间。一般来说，客人说在房间内结账的，我们都会引导客人去前台结账。一个原因是只有将买单人单独留在前台，我们才有机会对他讲销售话术，否则在包间里买单很可能会被买单人的朋友打扰。另一个原因是前台有引导储值的工作，包括海报和赠品等，能直观地刺激买单人做决策。

二是明确地展示成为储值会员可以获得的优惠金额和赠品，让客人非常清楚地感受到好处。

买单的过程中，收银员要保持高昂的精神状态，用良好的状态去感染客户，同时要不厌其烦地多次发起成交邀约，即便客人已经表示过拒绝。因为我们的会员体系确实能够给客人很大的好处，对未来可能常来的客人是非常有价值的，所以我们应该对自己推销的产品有绝对的信心。当我们的心态是为了帮助客人的时候，我们的成交邀约就会显得很真诚和有影响力。

服务差异化

独特记忆点

服务标准化是为了保证服务品质的底线，而服务差异化是为了形成品牌记忆点。找到品牌独特的记忆点很难，但是寻找品牌独特记忆点是一项很有意义的工作，找到它意味着你的服务已经有了与众不同的亮点，而你也开始拥有了品牌。

独特记忆点的来源通常有三个方面：创始人独特的背景或经历；创始人掌握的特殊技能；创始人研发的独特的产品。

你需要从这里面去思考你究竟拥有哪些别人并不拥有或很难拥有的特点。以华饮小茶馆连锁为例，小茶馆最容易被人识别和记忆的特点是它的创始人夫妇都是清华大学的博士，并且它的创立是源于一场关于茶的爱情故事，这就让听过故事的人再也不会忘记。所以小茶馆的包间名字全部都是清华大学的食堂名字，茶馆的一些装饰品也暗藏着清华大学的元素，只要清华校友走进小茶馆就会马上识别出它的独特性。

与其更好，不如不同

对于绝大多数茶馆经营者，我建议不要陷入追求全面优秀、全面均衡或者茶艺精进的死循环中去。因为在跨过服务标准化平均线之后，对某一个常规服务点的过度精进，都无法换来商业化的明显进步，从经营的角度来说投入产出比太低，是战略资源的浪费。

火锅品牌巴奴就是非常好的案例。这家源自郑州的四川火锅企业，在它的品牌崛起过程当中，巧妙地借助了海底捞的势能玩了一波非常棒的营销，它提了一句广告词："服务不是我们的特色，毛肚和菌汤才是。"这句广告词既好记，又传神，让所有消费者都记住了巴奴的特点，并且植入了"巴奴的服务一定不输给海底捞，并且它家的毛肚和菌汤比海底捞的还要好"的理念。

这简直是神来之笔，是一种四两拨千斤的借力思路，通过塑造你与一个更知名的竞争对手的差异化，可以快速提升你的知名度。

客服和社群

客服和社群都是持续为客户服务的方法。茶馆为重点客户服务的最好方式是一对一客服（专属客服）。在客人预订和消费之后，安排指定店员添加客人微信，以便日后再次预订、开发票和引导零售转化。微信号要明确地展示自己的工作信息，使人通过查看头像、昵称和朋友圈能够一目了然地知道店员的身份，并且了解店里最近正在推广什么产品。

微信客服目前是最重要的会员服务手段，它最明显的好处有两点：一是微信是一个能够让我们多次触达客户的工具，使人们可以很自然地与客户互动，从而吸引客户的注意力，以达到成交的目的；二是好操作、好管理，无论是客户还是商家，都几乎没有学习的时间成本。

和微信客服相对应的是社群。社群分为线上社群（如微信群、抖音群）和线下社群（如读书会、爱好者协会），通常线下社群的认同度和活跃度都要更高。

社群通常有两类，一类是产品团购社群，一类是知识分享社群。对茶馆的主流客户来说，第二类社群的吸引力和用户黏性要更好一些，社群工作的难点是内容的持续输出和用户互动。茶馆行业经常会举办各类主题的茶会，这就是一种典型的社群服务形式。

服务支持工具

为了完成服务，我们需要使用一些工具，例如预订表、客户满意度登记表、价值观考核表等。

预订表

客户预订表要事先打印好，接到预订电话或信息要及时在本子上登记，以便服务团队的所有人都知道包间是否已经被预订，避免出现客人预订了到店却没有包间的情况。

预订信息一定要明确，包括预订时间、预订人手机号、预订的是哪个包间等（见表9-2）。

表9-2 茶馆包间预订信息登记表

时间	包间房号	联系方式	姓名	是否会员（卡号）

一般来说，如果到了预订时间，客户还没有到店也没有事先通知，我们应该主动打电话提醒客户。主动打电话有几个好处：一是确认是否为客户保留此包间；二是加深客户对我们服务的记忆；三是可能重新激活客户的需求。

客户满意度登记表

客户满意度登记表一般反映三个维度的满意度：客户对店员

提供服务的满意程度；客户对店内产品体验的满意程度；客户对门店整体感受的满意程度。满意程度又可以细分为 3~5 个档次：非常满意、满意、不满意、非常不满意。将上述三个维度拆解成客户能更好地理解的若干个问题，再赋予分值，就可以做成如下表格（见表 9-3）。

表 9-3 客户满意度登记表

服务内容	满意程度		
	非常满意	满意	不满意
您对店员提供的服务是否满意			
您对店内的产品品质是否满意			
您对门店的整体感受是否满意			

价值观考核表

价值观考核表是员工自评和互评的工具。价值观考核是服务型企业非常看重的一项人事管理工作，要进行价值观考核，首先要有一套可量化的价值观衡量体系。所以，作为经营者，我们就要去思考我们最看重的、最希望同事所具有的、企业最赖以生存和发展的品质是什么。

通常来说，总结出 4~6 点就足够了，这 4~6 点相互之间必须是不会重合的，并且是可以被公众理解的。

例如，华饮小茶馆连锁的核心价值观是以下四点：勤劳、主动、协作、担当。把这四点分别展开去做一些描述，对每一点都进行解读，使每一点都能成为员工的共识，就形成了下表（见表9-4）。

表 9-4 价值观考核表

核心价值观		符合程度		
		非常符合	符合	不符合
勤劳	持续地、保质保量地完成日常标准流程工作			
	喜欢学习,不断在专业技能上追求进步			
主动	关注客户的需求,主动询问客户所需			
	眼里有活儿,发现身边问题就主动解决			
协作	有团队意识,通过分工协作来提高效率			
	不争当主角,在队友需要帮助时积极配合			
担当	遇到难以处理的事,不躲避、不推脱			
	当各方利益有冲突时,从大局考虑			

10
产品体系和茶单设计

　　产品越来越多是企业发展的必然规律，对于普通公司来说，并不是要减少产品目录，而是要把产品目录优化成产品体系，使不同产品之间呈现出递进的逻辑关系，使公司的销售能够不断地满足客户的多层次需求。

　　有了产品体系，下一步就是销售支持的跟进。茶单是重要的销售支持工具，合格的茶单设计能够有效地传达经营者的销售意图，减少销售工作对员工能力的依赖。茶馆的销售型员工，要主动运用电商、茶会、直播等方式，将茶馆的产品更多地销售出去。

经营茶馆就是销售各种与茶相关的产品和服务。为了匹配市场的真实需求，这些产品和服务也会不断地变化。

一般来说，一家能够生存超过 3 年，进入稳健发展期的茶馆，它的产品结构往往经历了一个周期性的变化。从一开始什么都想做，产品种类快速增加，到后面逐渐聚焦，产品种类随之减少，慢慢达到一个比较稳定的数量，形成了主营产品和非主营产品一个比较平衡的比例。

有了稳定的产品结构，实际上我们也就有了一套产品体系。经营者要及早树立起产品体系的理念，并不断在自身业务中去梳理自己的产品体系。这样做的好处很多，包括但不限于：能帮助自己更快地想明白自己究竟是靠什么赚到钱的，自己未来可能会从哪些地方赚到更多的钱，于是就能更好地分配自己的精力和时间，也避免将团队时间和经营资本投入周转效率低、投入产出比低的产品类目上，从而提高企业的经营效率。

产品体系框架

产品和业务是密不可分的。产品越来越多是企业发展的必然规律，对于普通公司来说，并不是要减少产品目录，而是要把产品目录优化成产品体系，使不同产品之间呈现出递进的逻辑关系，使公司的销售能够不断地满足客户的多层次需求。

茶馆的三大业务对应的就是三大类产品。空间业务对应的是场地和茶饮服务；零售业务对应的是茶叶、茶器和其他实物商品的销售；文化业务对应的是课程、活动、茶旅等服务。

如果我们用横轴和纵轴组成的面来展示，那么空间、零售和文化是纵向的三大类，横向展开就是各大业务范畴里的子业务，横向和纵向就构成了最基础的产品矩阵，茶馆所有的产品都可以往里面填。而矩阵里的每一个子项，都可以进一步细化展开。以最主要的茶叶为例，茶叶按照形态可以分为散装茶叶、包装茶叶；按照品牌可以分为若干品牌；按照品类可以分为六大茶类；按照品质可以分为若干等级和不同价位。仅是一个品牌下面，就有多种包装和规格不同的产品。

例如公众较为熟知的小罐茶，它的六大茶类产品齐全，包装也分为金罐、银罐、黑罐、小罐、大罐等，加上定制的茶杯茶具，它的整个产品线就有 30 款左右的产品。

把它的 30 款左右产品放在我们茶馆的整个产品矩阵里，也只不过是零售板块下面的茶叶板块中的一个品牌。须知一家茶馆如果任由 SKU（最小存货单位）自然发展，经营者将很快面临库存积压的问题，企业的流动资金也将被占用。

经营者要做的不是把整个产品矩阵都填满，而是根据自己的资金现状和市场需求情况，有计划地增加或减少矩阵中的产品。

参考工具：波士顿矩阵

波士顿矩阵（BCG Matrix），又称市场增长率—相对市场份额矩阵、波士顿咨询集团法、四象限分析法、产品系列结构管理法等。

波士顿矩阵是一个工具，它可以帮助我们判断一项业务或一款产品是否值得投入资源，是该保留还是该放弃，它把产品或业务分为四类（见图 10-1）。

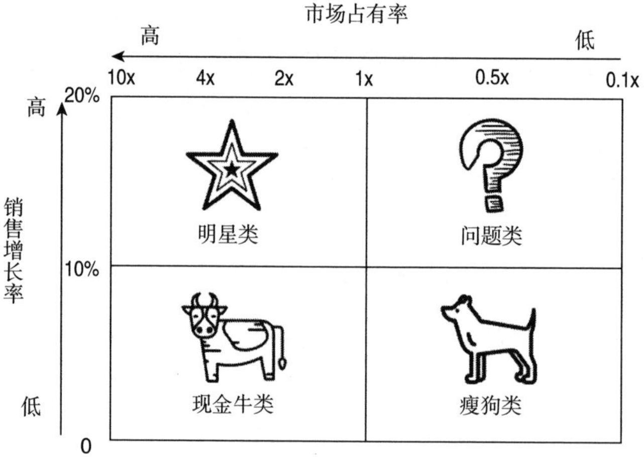

图 10-1　波士顿矩阵

（1）现金牛产品。这类产品是企业现金流的主要来源，并且现金流稳定，利润可观，缺点是增长的空间不太大，销售的增长率不高。这类产品是要保留和优化的。茶馆的现金牛产品一般就是我们空间业务里的包间业务。

（2）明星产品。这类产品是企业现金流的主要来源，并且现金流稳定，利润丰厚，增长的空间大，销售的增长率高。这类产品是值得投入大量资源去促进发展的。茶馆的明星产品一般是畅销的品牌茶叶，是社会当下阶段正在流行的茶叶品类，加上有品牌，受到客户的广泛欢迎，能给我们带来不错的回报，例如近几年风头正旺的白茶、岩茶。

（3）问题产品。现金流为负或者极低，利润偏低，但是销售增长的速度较快。这类产品可以保留，观察是否有可能进化为明星产品或者退化为瘦狗产品。

（4）瘦狗产品。现金流为负或者极低，利润很低，同时销售的增长率也很低。这类产品要及早坚决抛弃。

我们要及时识别出问题产品和瘦狗产品，并加以处理。每家茶馆的问题产品和瘦狗产品肯定都有些差异，经营管理者要自行分析。

还是以华饮小茶馆连锁的现状为例来分析，我们的问题产品之一是企业礼品定制业务，它的业务很不稳定，但是人员支出成本是稳定的，而我们同时又认为它很有开发潜力，所以我们仍在观察它是否应该抛弃或者加大投入。

此外,我们的瘦狗产品之一是面向社会的兴趣类茶艺培训,为了这一块业务我们要雇用几位专职的培训师,但是社会对茶艺培训的总体需求目前并不大,同行的竞争也相当激烈,所以我们已经裁减掉这块业务了。

现在,把你的在售产品逐个代入波士顿矩阵,判断哪些产品该留下,哪些产品该抛弃吧。

产品类型

在本书第 1 章我们介绍过运营系统 ITRI 模型,我们的产品体系同样可以放在 ITRI 模型里去分析。

ITRI 模型是一个产品销售的闭环,从这个闭环的角度,我们的产品可以分为:①引流型产品——引流;②信任型产品——成交;③利润型产品——复购;④裂变型产品——裂变。

这 4 种产品类型并不是完全相互独立的,将它们划分开来,主要是为了清晰地认知一款产品需要承担的职能。同一款产品可能同时具备若干种职能,比如它既可能用来引流,也可能带来利润。而且经营者也应该明白,并不是所有类型的产品都需要准备,产品是配合企业的经营战略和目标去设置的。

引流型产品

引流型产品也叫拉新型产品，顾名思义，它的目的就是帮助企业吸引来更多的潜在用户。引流型产品一般是成本低但是市场价值高的产品或者服务，比如美容店的 10 元美甲、医院的免费体检等。对于商家来说，那些物料成本较低，但是房租成本和人工成本等固定支出已经支付的产品或者服务，就比较适合用来做引流型产品。

茶馆适合用来做引流的产品一般有以下几种：①包间的单次体验（正常店内消费为 300~500 元）；②单杯饮品免费券或者低价抵用券（正常店内消费为 30~50 元）；③精致的小包装茶叶或茶器；④特定主题的茶会（免费或者适当收费）。

信任型产品

信任型产品也叫养熟型产品，解决的是信任问题，有了信任，成交就会变得简单。

信任型产品最好能够创造与客户多次接触的机会，提升客户的信任感。实体门店对解决信任问题有天然的优势，到店的客户必然都会消费，所以茶馆经营者并不需要去寻找特定的信任型产品，我们的包间和茶水等都属于信任型产品，也是我们最主要的产品。归类为信任型产品，就提醒我们主营产品一定要做到足够让客户信任，也就是它的质量和价格一定要和消费者心目中的高性价比挂钩。

茶馆可以进一步优化自己的信任型产品，最常见的就是推出面向不同消费群体的不同性质的会员卡。以会员卡来代替具体的产品，对增加客户的信任有更好的效果，而且更容易成交。

利润型产品

利润型产品是毛利率较高或复购率较高的产品，能为企业带来较丰厚的利润。毛利率较高的产品，通常有一定的差异化，客户在别处不太能买到，或即使在别处能买到，也不容易判断其真假。

茶馆是实体店，信誉很重要，毛利率偏高的产品的销售，一定要建立在高信任的基础之上，要保真，要达到虽然价格不菲、利润不低，但是客户仍然感觉物超所值的程度。毛利率高的产品复购率不一定高，因为复购率较高的产品，通常是消耗品或者礼品，而毛利率较高的一般是年份茶、特定的小产区茶、工艺大师制作的茶器等产品。高端的非标准化产品，如茶、酒、字画、翡翠等比较适合放在茶馆作为利润型产品，利润型产品需要引流型产品和信任型产品做配合，与客户的互动需要一个熟悉的过程。一般需要我们与客户维持密切的关系，通过私人间的信任来成交，或者通过专家背书，在茶会上讲解来成交。

裂变型产品

裂变型产品是为了引导客户做转介绍。转介绍是最有效的拓客方式之一，客户的转介绍行为直接帮助我们解决了最难的信任问题，并且客户介绍的对象往往与客户有相似的需求和购买力。

裂变型产品一般是有条件领取的产品，最常见的形式是返佣、赠品、积分。但是茶馆服务的更多的是中高端人群，纯粹的物质奖励对他们的转介绍并没有太好的效果，中高端人群更在意是否得到了尊重，以及他们所推荐的产品和人是否给被推荐人提供了真正的价值，所以设计裂变型产品有一个很重要的原则，就是要强化被介绍人所获得的价值，弱化介绍人所获得的价值。

例如，可以设计一张价值 300 元的包间消费卡，如果一个客人储值成为会员就送他几张，既可以本人使用，也可以签名后赠送给朋友使用，限定一个人只能用一次。这个功能通过信息系统来实现会有更好的效果。

储值的客人因为消费过，了解这张卡的价值，他会很愿意分享给同样需要包间的朋友。同时也因为这张卡只有核对过会员信息才有效，突出了他的会员身份，所以赠卡人和用卡人都有很好的感受。最重要的是，通过这种方式，我们获得了几位同样有购买力的准客户。

产品的定价逻辑

俗话说"定价定天下"。定价是经营当中非常有意思的部分，是经营者永远都要思考和不断改进的。

定价几乎决定了一家茶馆未来是否能生存，以及能否生存得好。简单来说，定价这个切入点决定了你认为自己应该提供价值多少钱的产品和服务，也决定了你的客户认为你所提供的产品和服务是不是值他所付的钱。

定价高与定价低都有生存空间，高与低不是我们关注的核心，我们应该关注的是有效性和一致性。

有效性指的是定价与销量和营业额的关系，即我们的定价是否有效地提升了我们的销量和营业额，从而提升我们的市场占有率或利润。

一致性指的是各个产品之间是否遵循了某种定价的内在逻辑，使得产品之间不会因为价格问题而打架，也不会让客户找到你的定价漏洞。

定价常见的方法有三种：成本定价法、目标定价法、比较定价法。

（1）成本定价法。成本定价法就是在成本的基础上加上一定的毛利率来定价，一般适用于标准化产品，如品牌类的茶叶、茶器等。

（2）目标定价法。目标定价法就是以品牌定位为导向来定价，弱化考虑成本，通过品牌溢价来定远高于成本的价格，一般适用于非标准化或竞争力弱、差异化强的产品。小罐茶为了抢占市场份额而做的战略性亏损定价，也属于此范畴。

（3）比较定价法。比较定价法就是和同行的定价保持一致或上下略微浮动，这是一种偷懒但是安全的定价方式，毕竟一个行业的定价是长期经验总结的结果，有其存在的合理性。这种定价方式在茶行业和茶馆行业较为普遍。

上述三种定价方法可以混合使用，定价一旦确定下来，原则上不要轻易调整，至少在一个自然年内保持定价的相对稳定。如果是一些年份茶类产品，可以按照市场约定俗成的方式每年递增一定的价格比例。

除了这三种相对科学的定价方法之外，还有第四种——拍脑袋定价法，就是老板认为应该卖多少钱就定价多少，老板什么时候想改价格就改价格。

拍脑袋定价法也不是完全不可行或者毫无逻辑，针对那些市面上没有对标的产品，拍脑袋定价法也能让产品获得令人满意的利润，或者可以起到为其他产品树立价格参照的作用。

空间产品的定价方法

空间产品是茶馆的特色业务，主要包括三项：场地（包间和包场）、茶水、茶点。基于全国各地不同的消费理念，空间产品的定价方式一般有三种：①三项打包整体定价出售；②三项打包按人按位定价出售；③三项分拆按项定价出售。

这三种定价方式既然能在全国被广泛使用，那就说明它们一定各有优劣，也反映了全国不同地区人们的消费心理，我们要尊重这种客观存在的消费心理，并根据自己开店的地区灵活运用。

第一种定价方式在南方和三线以下城市较为常用，名义上就是不收包间费用了，把费用都打包埋进茶水里了。这样定价的好处是客户不用去细想，反正一口价，能接受也就接受了。坏处是抬高了客户对茶叶零售价的预期，不利于销售茶叶，但这个问题是可以解决的。对房租不太高的地区，以销售茶叶为主的门店会推出购买茶叶免费使用包间的会员服务，本质上还是把产品整体打包了。

第二种定价方式在江浙沪地区较为常用，按人按位收费，同时包间有人数的最低要求。这种方式比第一种方式更灵活，消费人数少的客户更容易接受，相当于可以 AA 制了，即使分开支付也很便利。这种方式的好处是只要有客人，我们的基本利润率就有保证，要是客人人数多，我们的利润会有明显的增长。而它的坏处和第一种一样，都是从空间本位出发，把空间成本埋进茶水消费，这会影响店内的茶叶零售。

第三种定价方式比较理性，更接近于零售的思维，商家在每一项产品和服务中抠利润，相对来说更复杂。它的缺点是如果客户都是只消费空间的群体，那么店面就始终处于不亏不赚的状态。

　　华饮小茶馆连锁采用的是第三种定价方式，即包间按小时定价，包间的茶水按壶定价，散座的茶水按位定价，茶点按份或者按原包装定价。

　　我们认为这么做有两个好处：一是把选择权交给客户，没有强制消费，让客户感到明码实价，不会吃亏；二是便于我们从成本的角度去倒推定价，也有利于各家连锁门店的灵活定价。

　　我们认为茶馆的运营成本应该完全由空间业务承担，空间业务本身就应该能够盈利，如果达不到这一点，说明这家茶馆的选址不行，或者是投入成本过高。

　　提出了这样的理论之后，包间的定价就有了一条清晰的指导线：包间每天坐满一次的空间收入约等于该店当天的房租。假设一家店有 4 个大小一样的包间，这家店每天的租金是 1000 元，那么分摊到每个包间的任务就是 250 元。

　　每次包间消费一般是 2 小时左右，我们就取 2 小时为均值，250 元除以 2 小时就是 125 元，于是我们就得出了一个基础定价：这家店每个包间每小时的定价是 125 元。

　　在基础定价上，我们可以再依据包间不同的面积，日常不同时间段的人流量等因素，去调整不同包间和不同时间段的定价。

　　如果这个定价符合该店周边客户的消费理念，也符合该店的装修水准，那么这个定价就可以接受。如果这个定价和周边客户的消费习惯相比偏低，那么恭喜你，你找到了一个成本低的选址，赚钱是顺理成章的事。相反，如果这个定价即使降到一半以下，和周边客户的消费习惯相比仍然偏高，那么这家店可能就无法做下去。当然，如果出现最后一种情况，说明你在选址阶段就没有做好评估。

解决了第一项空间产品包间的定价问题，再来解决第二项空间产品茶水的定价问题。茶水按照茶叶品质和成本分若干档次，先把最低的档次确定下来，分别按位收费和按壶收费。茶馆的茶通常可以续水，所以单杯的定价可以比茶饮店的单杯奶茶 / 咖啡高一些，一般按位收费是 30~50 元。若按壶收费，则按单杯价格的 4~6 倍来定，通常按单杯价格的 4 倍定价是比较合理的。比如按位收费最低一杯茶是 50 元的话，那么按壶收费最低一壶茶就是 200 元。

最低档次也要给客户提供不少于 6 种茶品的选择，在此基础上，增加更高的档次，可以以 100 元的增长为一个区间，向上设置若干个区间，达到全面覆盖低端到高端的理想状态。

第三项空间产品茶点以简单、好吃为准，可以统一定价。不宜选择对保存条件要求过高、摆盘耗时过长的产品。

此外，有一种情况请注意，就是客户自带茶叶或者存茶在店消费是否应该单独收取服务费的问题。我建议采取两种应对方式：一是按人头收取 30~50 元的服务费，可设每个包间 100 元封顶；二是非热门时段不加收服务费，热门时段参考方式一收取服务费。

零售产品的定价方法

零售产品的定价原则可以归结为一句话："标准品低毛利，非标准品高毛利。"

做生意追求更高的利润是理所当然的，不追求更高的利润反而是不合理的。因此，如何在合理的前提下，攫取更高的利润就变成了经营永远的难题。

茶馆经营的一个核心问题是如何将消费空间的客户转化成消费零售产品的客户，这一点非常难，但是这一点要贯穿在我们经营的全过程中。之所以难，一是因为客户本身不是为了购买产品而来，二是因为茶馆给人留下的普遍印象是东西比较贵。

解决这两个子问题的思路，一是要有能抓客户眼球且客单价低、转化率高的产品，二是想办法让客户认识到我们零售的产品不贵。如果你充分理解了这两点，你就能很好地明白我们为什么要把空间单独定价，以及为什么要控制茶水的价格，这些措施都是为了打通空间消费和零售产品消费。

标准品低毛利，是因为标准品在哪儿都能看得到买得着。这类产品会对客户的心理产生价格锚定作用，例如农夫山泉，大家都知道它是 2 元一瓶的矿泉水。客户也是普通人，在日常生活中也会接触这类产品，都非常了解这类产品的价格。如果我们售卖价格过高，很容易就给客户造成我们的东西普遍很贵的印象，那么客户除非迫不得已，否则不会考虑到我们店里来买茶叶或茶器等产品。

非标准品高毛利，也就是说没有可对比性的时候，我们就尽量把产品价格定得高一些。

某些非标准品属于"三年不开张，开张吃三年"的类型，正因为它们的消费频率太低，所以就必须找到真正的买主。茶馆的非标准品通常是数量稀有的年份茶、高端的核心小产区茶、非遗大师手工制作的茶或茶器等。

文化产品的定价方法

茶馆中的文化产品主要是课程、茶会、茶旅。它们同样有标准品和非标准品的区别，适用"标准品低毛利，非标准品高毛利"的原则，其定价最重要的是分析目标用户的心理接受价位。

文化产品虽然没有或者很少有实物上的成本支出，但是人力成本的支出仍然是很大的，所以文化产品我们建议茶馆是作为平台方来与提供文化内容的机构和老师合作。同时文化产品有很好的边际效应，所以茶馆经营者如有一定的知识技能基础，建议把文化产品打造成标准品，用大课的形式或者线上课的形式做知识付费输出。

目前大部分做培训课程和付费茶会的茶馆，收费标准基本在 200 元 / 次。对一些有能力做教学研发的公司，做一做在线课程和直播课程的知识付费也是一个值得尝试的方向。

茶馆做文化产品最大的优势是有物理空间和人的服务，所以对于文化产品，必须探索线上和线下相互融合的经营方式。例如，线上免费线下收费；线上学习线下体验；线上和线下捆绑一个会员卡等。

茶馆的茶单设计

茶馆的茶单是空间产品的一个集中呈现，是辅助成交最重要的销售工具。好的茶单设计能够有效传达经营者的销售意图，减少销售工作对员工能力的依赖，为门店提升效率，拉高利润。

一份普通的茶单只是产品名称和价格的罗列，而一份精心设计的茶单除了用美的形式来呈现产品之外，还可以在无形中引导客户做高客单价，甚至主动成为储值会员。

现在很多餐饮店和饮品店都在推广无人值守的扫码点餐，可这并不适合茶馆。因为面对面点单是茶馆里最好的销售机会，茶馆非但没必要改用手机扫码点单，还应该投入精力去完善自己的实体茶单和点单流程。

我们在设计茶单时，需要考虑两个核心目标：一是我们希望客户点什么产品，茶单如何引导客户去点我们希望他们点的产品；二是我们希望客户对我们的品牌留下什么印象，如何影响客户的印象。

在设计茶单的过程中，经营者要不断围绕这两个目标去思考，在茶单使用了一段时间之后，也要不断地用这两个标准去思考应该怎样优化下一个版本的茶单。

茶单设计的要素

要想设计出一份好的茶单，需要从内部视角和外部视角对茶单加以审视。内部视角主要看产品结构，其中包含四个板块：核心产品、SKU 数量、SKU 分类、产品定价。

外部视角要看的是品牌层面和内容层面，品牌层面包括品牌名、品类名、主色调、广告语；内容层面包括茶名、价格、分类、图片、文案等。

茶单设计的技巧

在实践中，我们总结了一些茶单设计要素的呈现技巧：①要把 4 款核心茶品（单价较高、品质过硬且市面不好对比的茶品）放在茶单的最前面几页，每款茶品都独占一页，配以大图展示；②明确标识出会员价和非会员价，使客户不得不主动去关注怎样成为会员；③配图要突出茶汤颜色和茶席场景，使客户有喝的欲望；④茶品零售价可同时标示，以告知客户可单独购买茶叶和在店里留存茶叶；⑤设计包间的套餐和茶点的套餐，方便选择困难的客户做决策；⑥按价格区间做分类，每个分类都应该有 6 款以上的茶品，以满足该消费层次的客户的需求。

茶单使用的诀窍

为了达到做高客单价的目标，我们总结了一些点单诀窍：①把茶单递给客户时，直接把推荐页面放在客户面前，并提醒他这是我们的特色产品，是最热门的产品；②只要有客户询价，就要不断强调会员价和非会员价的差别，把"办会员会便宜很多"的理念植入客户脑中；③如果客户很久都不点单，或者说先把茶单留下晚一点再点，说明要么他约的客人还没到，要么他对茶馆的价格还比较敏感，这时候我们应该尽快主动询问客户平时是否喝茶，是否需要我们推荐，这样我们就可以占据优势地位，影响客户决策。

销售管理

这里的销售管理是针对销售部门的管理，不包括对服务岗位人员的销售管理。

茶馆的销售工作主要分为三类：①加大门店零售产品的销量，如通过门店附近的潜在客户引流，通过喝茶顾客引导销售转化；②拓展企业客户/经销商/大客户的集采、定制、团建等业务，可理解为发展 To B 或者批发业务；③加强新零售，通过直播带货、平台电商、社群电商等方式实现更多的产品销售。

门店零售

茶馆的门店零售有两个核心问题需要负责销售的团队去解决。

第一个是周边一两千米内潜在客户如何知道我们门店所经营的业务，并且有兴趣走进店内体验，或者在有买茶需求的时候优先选择到我们门店来看看，即解决潜在客户知晓的问题。

这个问题的解决思路是精准引流，在本书第 11 章会展开讨论。

第二个是进店喝茶的客户如何转化成买茶的客户的问题。大众普遍认为茶馆的茶水价格偏高，所以茶叶的价格也会偏高，不太愿意在茶馆买茶，加上各类电商超低价格的竞争，实体店零售几乎已成鸡肋，茶馆要解决如何在价格上与电商保持相对接近的低价，同时又有互联网无法替代的现场体验价值的问题。

这个问题的解决思路是实现线上和线下价格的统一，同时要引导客户成为会员，然后对会员做精细化运营维护。

To B 业务

面向企业的 To B 业务是茶馆销售最有想象空间的一块业务。

商务会谈型茶馆一般都选址在商务区，周边的企业特别多，这就给茶馆带来了很大的天然流量优势。

广义的 To B 业务，可以包括标准的企业客户、消费能力较强的个人大客户以及成为我们合作经销商的客户，他们的共同特点是会约定每年至少消费 ××× 元的茶叶产品，从而获得我们很优惠的折扣价。To B 业务的本质，与传统的批发接近。

To B 业务是和企业做生意，它的优点是客单金额比较高，缺点是决策周期和回款周期都比较长，件均毛利率不高。企业决策是理性的，特别是中型以上的企业基本是预算管理，如果这一年的预算里没有采购茶叶的计划，那么即使谈好了，可能也要等到下一年才能采购。

正因为周期长，To B 业务通常只能由门店的老板亲自来做，或者老板要有足够的魄力和资金去养着几个可能几个月都不能出一个大单的销售 / 商务。

To B 业务要想做成规模，必须雇一个专业的团队来做，这就涉及非常高的人力成本，以及礼尚往来的送礼成本。

电商零售

电商零售已经成为最大的趋势，没有实体店会回避做电商，因为它的入门真的太简单了，简单到你只要发个朋友圈来卖卖货，就已经是在做电商了。

对小店店主来说，我们认为值得采用的电商思路是：①什么平台 / 形式最流行，我们就做什么，找到别人成功的方法，我们跟着做就好了，总之就是想办法利用好平台的流量做变现；②不管在什么平台成交，都要想办法导入我们的私域流量池，也就是加我们的微信（或者未来的即时通信工具），用最方便的方式解决用户留存和复购的问题。

茶会销售

定期或不定期举办各种主题的茶会，有利于提升客户黏性以及客户对我们的认同感，从而提高产品的销量，所以所有茶馆都应该持续地做。

常见的茶会形式有：主题茶会，如二十四节气茶会、某个小山头 / 山场的品鉴会、某些年份茶类的品鉴会等；无主题 / 纯聊天喝茶的茶会、知识讲座型茶会，如企业股权讲座、投资沙龙等；社交沙龙型茶会，如相亲茶会、企业家私董会等。

茶会可以是三四个人的小型聚会，也可以是三四十人的中型课程。我们建议一场标准茶会的人数在 6~8 人最为适宜，如果是名人讲座，那么三四十人做成分享课程的形式也是可以的。

组织一场茶会，通常要先确定一个主题和要邀约到现场参加活动的嘉宾名单，然后做一张宣传海报或图文链接，发给嘉宾做定向邀约。嘉宾到场后首先签到进入茶会现场，按照主持人的安排静坐或者和旁边的其他人聊天、寒暄、自我介绍；然后进入茶会主题时间，可能是由一位老师给与会者讲解，也可能是行茶师一边冲泡一边讲解某款茶，与会者就跟着讲师的节奏去品尝茶水；最后临近结束的时候，主讲人或者主持人会做跟单推介，促使到现场的人当场购买某些产品，随后活动结束。

　　茶会销售的本质是会议营销，要做好一场会议营销，不能打没有准备的仗。茶会的组织执行要多在两个点上下功夫：一是茶会的内容，也就是茶会的内容要有价值，尤其是主理人要展示得有价值；二是茶会的流程，整个流程要紧凑，每一个关键节点都要为成交埋好伏笔，如观众没有恰当的反应，就要尽快切换到大众话题。

人员管理

　　打造销售团队的第一步是招人和选人，适合做专业销售的人，往往不是茶艺师出身，我们最好选那些看起来有饥饿感的人，那些对赚钱充满了欲望的人。

　　销售的考核虽然是以结果为导向的，但是也不能忽视流程。从管理上看，管理流程是唯一靠得住的方法。只要考核的对象是流程，而不是人为可以自由调整的内容，考核就容易开展下来，销售的结果也会显现出来。

　　销售人员的管理必须严格，否则容易人心涣散，得不到我们想要的业绩。每周开始之前，都要把下一周的工作计划拟定出来，每天对当天的工作情况做好登记和总结（见表10-1）。销售人员的管理会有频繁的团建和PK，作为管理者要准备好相应的物料和方法，使竞争的氛围在团队中形成。

表 10-1　销售目标卡

销售目标卡													
姓名		时　间											
		星期一		星期二		星期三		星期四		星期五		星期六	
		计划	实际	计划	实际	计划	实际	计划	实际	计划	实际	计划	实际
过程数据	上门												
	电话												
	新开发												
	邮件												
预约上门量													
客户资料准备													
到单													
备注													

一般来说，销售人员的淘汰率和流失率都偏高，所以销售人员的招聘最好能够持续不断地进行，以保持整个队伍人员的活力。公司也要经常关注自己的薪酬制度，以确保自己的薪酬水平在同城同行里属于中等偏上的水平，使员工更愿意留在公司长期工作。

11

流量获取：选址 / 渠道 / 私域

初创企业的经营者至少要把 70% 的精力放在流量上，在企业创立之初，技巧不是最重要的，活下来才是。只有解决了流量，经营者才能为自己争取到提高经营能力的时间，才能在市场竞争中生存和发展起来。

　　流量是我们日常经营最关心的问题，没有之一。这里所说的"流量"，指的是能产生实际消费的精准流量，包括到店消费的客户流量和线上下单购买我们产品的客户流量，不包括没有消费行为的非精准流量。虽然非精准流量对我们也是有用的，但是我们更多地把它定义在品牌宣传上（见第 2 章）。

　　实际上茶馆经营最大的成本就是获取流量的成本，即获客成本，我们租门面、做门头、投广告、找合作，无一不是为了获得新客户，流量是我们的生存发展之源。

　　能够快速发展的企业，必定是掌握了低成本、大批量获得流量的方法的，它们能做到很高的利润率，获得很高的市值，例如我们熟知的一些互联网企业。

　　但是获取流量对于茶馆来说并不容易，尤其是在互联网时代，不但没有一劳永逸的流量获取方法，而且连维持一个月持续流量的方法都很难找到，经营者需要永不停歇地运用各种方法获得流量。

　　实体店的流量来源有三大类：自然流量、营销推广、口碑转介绍。自然流量取决于选址，是由地段、时间、环境、门面等客观条件构成的；营销推广包括线上平台（微信群、美团 App 等）、关联商家、促销活动；口碑转介绍主要是老客户带新客户和品牌效应。

选址

流量的第一要素是选址。茶馆经营基本面 50% 以上取决于选址。好的选址是租金低和流量大，拿到一个好的选址，几乎什么也不干，客户就会自己上门。同样，拿到一个差的选址，就是营销大师来了，也不见得会有奇迹发生。

不同类型的茶馆，选址的标准自然也有差异。商务类的茶馆，通常选择写字楼密集的区域的底商或者二楼、负一层，并且有能够悬挂招牌和对外展示的地方。

选址涉及店内和店外，记住一句话：店外看人流，店内看格局。下面我们来具体分析茶馆选址要考察哪些要素。

有效客户数量

茶馆有效客户通常是有商务类需求的客户，有效客户数量当然是越多越好。打一个比方，我们不是要期望捞到池子里的所有鱼，而是要期望到一个鱼多的池子里更容易地捞到鱼。那么如何确定有效客户的数量呢？一般我们使用两种方法。

第一种是联系美团、大众点评、百度地图等 O2O 服务的广告商，它们可以提供定点位置附近的人流热力图和搜索热力图。通过人流热力图我们可以看出该商圈人群的流向和集中度，通过搜索热力图我们可以知道在一定区域和时间范围内有多少人搜索了同一个关键词，然后以此来判断需求的密度。

第二种是去拟选址周边 500 米内的写字楼实地调研，去统计有多少家公司，分别是什么样的规模，从事什么类型的业务，是否有一定的商务活动需求等，同时还可以在调研的过程中与一些公司的业务负责人建立联系，为下一步的销售埋下伏笔。

考察有效客户数量至少要采样完整的一星期的平均值，要看工作日和周末的人流量有没有很大的差异，波动是不是很大，最好是选取波动小、稳定性强的。有些地方，平时工作日人流量不小，但是周末和节假日一个人都没有，这样的选址就是不可取的。

经营者需要注意，小茶馆的面积不大、包间不多，所以并不需要非常大的潜在客户基数。我们可以假定一个 1% 的转化系数，假如我们有 3 个包间，每个包间我们最低要求每天售出一次，如果在选址 500 米内有 300 家公司，按 1% 的转化系数，这个选址就可以初步判断为有效选址。

有效客户的距离

如果潜在客户在步行范围内能够直接看到我们的店，那这就是有效客户距离短，我们引流的难度就小，所以临街商铺一定是最好的。

但是茶馆和餐饮店的选址不是完全一样的，最热闹的位置未必是最好的位置，因为茶馆客户需要私密和安静，人流量大的地方客户反而不喜欢，而且人流量大的地方租金必然贵，茶馆的平效无法支撑太贵的租金。

一般来说，茶馆的选址首先是在"一流商圈、二流位置"的临街商铺；其次是在非一楼但可见楼层，同时招牌可对外展示的商铺；最后是在更高的楼层，楼宇外围虽不可见招牌，但商场或写字楼公用电梯能直接达到的商铺。

反之，如果这三种位置都不符合，那一定不可选。考察有效客户距离，特别要考察客户到达门店的便利性。如果不是刚需，客户很有可能因为一点点障碍就放弃了到店的想法。

我们曾经在一个商场里有一家店，这个商场一层非常热闹，一层和二层之间有一个扶梯，我们的店就在二层的扶梯口，在一层可以清晰地看到我们的门头，相距不到 50 米。即便坐个扶梯上来也就几十秒的事，一层的消费者也不往二层走。后来我们费了很大劲申请了一个导流广告位，流量才有所改善。

所以测量和预估有效客户距离是一个精细活儿，必须充分考虑客户到达门店是否非常便利。

区内的竞争对手

区内的竞争对手就是 500 米或者更小范围内可能和我们抢夺潜在客户的商家，它们既可能是同行，也可能不是同行。只要是附近能提供空间消费和茶产品零售的商家，都可以是我们区内的竞争对手。

注意，并不是说如果区内的竞争对手数量多，我们就不应该做这个生意，竞争对手多很可能意味着这片区域的需求旺盛，反而说明这个生意能做。

如果一个成熟商圈里一个同行都没有，你就要非常小心地去考察，是不是租金太高，茶馆在这个区域无法生存？是不是原来有店面因为非经营不良的原因撤走了？要找到没有同行的原因，否则你贸然进入可能会栽进一个大坑里。

研究区内的竞争对手，除了要统计它们的数量，更重要的是考察它们的生存状态。如果潜在的竞争对手们生意普遍都不太好，就给我们透露了此地可能不适合做这个生意的信息。反之，如果大家的生意都不错，而且你还拿到了一个更好的位置，那么胜算就很大。

房屋格局

房屋格局主要包括面积大小和户型。户型最好是方正的，方正的格局便于做隔断，分隔出一个一个的小空间。不规则的户型，会导致太多空间的浪费，要尽量避免选择这样的户型。

房屋内打隔断除了要考虑布局设计，还要考虑消防管道的合规，隔断不能遮挡消防喷淋装置。另外户型最好是通风和采光良好的，能有自然的阳光和空气出入。门头的展示面是越宽越好，越宽越显眼，也越容易通透。房屋大小以实际使用面积 100~150 平方米为最佳，宁可小一点，不要追求大。

租金

租金和有效客户数量一样，都是很重要的。但是租金是客观因素，是不由我们的想法而转移的，并不存在租金低流量又好的选址等着我们来挑，所以租金我们考虑的是上限原则——要明确我们能承受的最高租金的上限。如果参考酒店行业和餐饮行业，一般来说，月营业额的 25% 左右，就是店铺的租金上限。

例如一家咖啡店，每天平均卖出 25 杯咖啡，每杯咖啡 20 元，每个月的营业额大约是 15000 元，那么租金最多只能是 3750 元（15000 × 25%）。

但是茶馆本身又有一定的特殊性，首先是茶馆所要求的选址通常租金水平不会太低，其次茶馆的人力成本和库存成本在总成本中占比极小，所以茶馆的月租金上限可以适当上浮到月营业额的 50% 以上，而且通常在这种情况下，茶馆仍然可以正常运转和盈利。租金最高上限也取决于我们的现金储备，如果现金储备不足，店铺租金超出预算，但是这个选址又很理想，那可以试着和房东商谈只租店铺的一部分。

其他条件

茶馆的选址，除了要考虑以上因素，还有一些其他方面的条件需要考虑：工程方面，有没有给水系统和排水系统（必选）、有没有 380 伏高压电条件（非必选）、有没有燃气管道（非必选）；合规方面，能不能办理工商营业执照、能不能办理食品经营许可证、是不是需要做环评等。

另外，还要考察周边业态能不能为我们导来流量。例如周边如果有多家高端餐饮店或者有星巴克等知名茶饮品牌店，都可以导来一些有效流量。如果周边业态和茶馆相差太远，例如都是家具店、五金店，那这样的选址就不太理想。

门头

门头非常重要，所以我们要用单独的一个小节来展开讲。经营者必须建立起这样的认识：我们为了租下店铺而花费的大额租金，绝大部分实际上是用来购买此处的自然流量，而不是房子的实际使用面积，也就是说租金的本质就是我们的获客成本。

门头是外部流量和店内环境之间的一座桥梁，是将此处的自然流量吸引进店的关键。如果门头没有做好，来来往往的人可能不会有兴趣走进你的店，你的租金实际上很大一部分被浪费掉了。相反，门头做好了，吸引潜在消费者主动进店，你才有机会展示你的产品和服务，你的销售能力才能派上用场。

华饮小茶馆连锁的门头进化史

以华饮小茶馆连锁店为例，2017年华饮小茶馆开了第一家店，名字叫"澄碧轩"，是在一个古建筑里，整个门头古色古香，很漂亮，很容易吸引人走进店。但是从名字看不出经营什么业务，只能从建筑外部猜测这家店经营的内容和传统文化相关，可能是茶，也可能是字画、古琴一类。招牌字体不发光，招牌不够醒目，在夜晚，不发光的招牌让人不好找。

2018年华饮小茶馆开始做连锁化经营，逐渐把品牌名称聚拢到"小茶馆"这个品牌。2018年的门头里，招牌上写了分店的名字，并且展示了主营业务的内容，用了发光字，整体的辨识度和品牌感都有所提升。

2020年华饮小茶馆又把招牌做了一次升级，去掉了主营业务的介绍（原因是相关部门不允许），精简了招牌的牌面，把分店名称改成了"名优茶品牌店"，字体排版更加协调美观，突出了门店的零售属性并且强调了我们的茶是名优茶。发光字从白光改为暖光，底板从黑色改为银灰色，整体色调更加柔和。

从这三个门头的演化，你可以看到一个品牌的自我认知逐渐清晰的过程。通常来说，只要有一定的复盘习惯，经营者一定会越来越清楚自己的定位是什么，同时也越来越清楚自己希望给客户带来什么样的认知，而这个认知就是从门头开始的。

门头设计的要点

门头不光是招牌，还是整个展示面。一个好的门头，要能用简单的设计迅速向消费者传递门店的产品属性、消费水平、价值主张等，所以一个好的门头应该有如下特点。

（1）把整体展示面充分运用起来。整个门头可以装饰的地方要全部纳入你的设计方案里，整体打造，营造出一个风格一致性的门头，让人即使在很远的地方也能够看到并认出这是你的门头。一般来说，一个完整的门头包括招牌、门、橱窗、屋檐。你要让整个门头的所有位置，能亮的地方都亮起来。

（2）把品类名放在招牌里。把品类名直接放在招牌里，可以省掉很多解释的工夫。茶馆的招牌里一定要有"茶馆""茶""茶舍"之类的字样，让人一目了然地知道你是卖什么的。

（3）要能够看出门店的消费水平。门店名称和门头设计要让人一看就能猜出这家店大致的消费水平，从而判断是否符合自己的消费能力和消费意愿。例如小茶馆一听就知道是一家偏大众型的茶馆，价格一定不会高，整体消费水平一定是亲民的。

（4）最好有展示消费场景的空间。门头如果有橱窗，就要把橱窗好好利用起来，做一个真实消费的场景，并且用灯光打亮。一个真实场景胜过千言万语，它既能说明我们的业务范围，也能吸引人进来并产生消费的想法。

门头如果没有橱窗，也可以在窗口张贴大幅宣传画，或者在门口摆放易拉宝和 X 展架来呈现店内的消费场景。

线上平台

线上平台的作用越来越大，已经成为实体门店引流不可忽视的工具。线上平台帮助很多非临街商铺完成了线上导流，拓宽了门店的可选址范围，对商业生态多样化的演进起到了积极作用。

线上平台很多，对茶馆来说，最有效果的平台依次是大众点评、美团、百度地图、高德地图、腾讯地图、饿了么、抖音等。

这个排序是目前我们根据实践得出的，不一定符合所有的茶馆经营者，而且随着短视频和直播的兴起，线上平台的引流格局也在不断地演变。

线上平台对茶馆的作用主要分两类：一类是从线上导向线下

门店消费，另一类是从线上直接完成电商销售。

做线上平台的推广，核心思路是找到用户的使用习惯，刚需用户往往通过搜索而来，那么用户会在哪些平台上搜索我们呢？非刚需用户往往是通过精美有趣的视频或图片推广而来，那么哪些平台有最大数量的周边用户可能会看到我们的视频或图片呢？顺着这个逻辑去思考，就总能找到获客的方法。

大众点评或美团

线上平台首先要做的必定是大众点评和美团，既然它们是同一家公司，就把它们列在一起来讲。新开的门店最好能够花点钱在大众点评或美团上打一段时间广告，各项费用加在一起大约需要 2 万元的启动资金，往后每个月花费 5000 元左右的广告费。

投广告是最简单直接的线上引流方式，也是最好用的，只要每个月的投入产出比能够算得过来，投广告就是值得的。

大众点评对于消费者选择到哪里消费有很大的参考作用，这主要基于两大功能：一是消费者能看到关于门店的丰富照片和视频，了解消费的场景；二是消费者能看到大量消费过的用户对该店的评价，对店内的服务质量能有初步的判断。

所以商家在大众点评上做店铺展示的时候，主要做两方面的工作：一是给自己的门店拍摄好看的视频和照片，使人一看环境就喜欢；二是主动邀请客户给自己做点评，持续不断地累积自己门店的点评数量。

而美团主要是做爆款，商家往往通过极致的性价比去吸引用户，消费数量多的商家就能在推荐排名中靠前，获得更多流量。

地图标注

在地图上作标注是必选项，一般做三个平台：百度地图、高德地图、腾讯地图。它非常好操作，又很有效果，只需要进入地图，在个人中心里找到提交新地点的选项按步骤操作就可以了。

短视频和直播平台

抖音、快手、视频号等短视频和直播平台是目前线上流量最活跃的地方。虽然目前这些平台对导流到线下门店还没有特别行之有效的方法，但是通过短视频引流或通过直播成交的模式已经非常成熟。

如果你有比较充裕的时间或者有团队，那么直播带货必须试一下。如果你有比较好的内容生产能力，比如能制作一些有趣的短视频小段子，那你成功的概率就会更大一些。

电商平台

淘宝、京东、拼多多、微店等电商平台并不是必选项。做电商需要配备团队和投入资金，这已经超出了一般小茶馆经营者的能力范围，如果不是资金非常充沛和已经有一定的经验，请谨慎尝试。

关联商家

关联商家又称异业联盟，是一种商家之间互相导流量的机制。一般来说，关联商家要符合以下条件之一：一是拥有相似的客户群体，二是物理距离上比较接近。

关联双方或者多方愿意相互导流量，一定是建立在三个基础之上：①各方都需要流量，同时也认为对方能够给自己导来流量；②有相对重合的用户画像，服务的是消费属性和消费能力相似的客户群体；③能够建立一套互惠共赢、操作简单的流量分享机制。

什么样的商家适合成为茶馆的关联商家呢？

（1）茶馆附近的商家。在我们周边 3000~5000 米，最好是 500 米之内的商家。距离太远的导流效果有限，且因为不方便经常互动而难以持续。如果离得很近，就算业态相差较大，也可能有一些导流效果。所以我们在开发拓展关联商家时，首先要从离自己最近的区域跑起，并且建立了合作关系之后，一定要勤跑，主动去维护关系，才有可能推动合作持续进行，直到对方从合作中形成获利习惯，再适当减少维护的频次。

（2）流量和客单价接近的商家。消费客单价和自然流量跟我们差不多的，以及主推会员卡的商家。客单价接近，可以认为客户属性也比较接近，这类商家包括中高端餐饮、宾馆酒店、电影院、养生会馆、美容店、洗车店等中高端消费场所。流量和我们差不多的，合作起来才比较对等，合作也比较好持续下去。如果流量不对等，就需要我们用心去维护。

例如一些高端餐饮店、电影院等规模较大的餐饮娱乐场所，它们的自然流量要比茶馆大很多，是很好的引流入口。但是和它们合作，明显是茶馆蹭了它们的流量，茶馆对它们的营收增长并没有什么贡献。这类商家一般不会有什么兴趣和茶馆合作，茶馆经营者想要和它们合作就需要主动公关，去搞好关系，拜访这些商家的负责人时要携带些礼品。

（3）其他高端场所。客单价很高同时获客成本也很高的行业，如整形医院、私人银行、人寿保险等。这类商家本身很需要流量，它们的获客成本很高，消费者决策难度较大、周期较长，它们通常会找一个免费或者低价但是可以包装成高价值的产品来做引流产品，再通过设计好的步骤逐步转化。它们愿意把获客成本转化为合作权益，以返佣或者实物的形式和多种商家合作。和它们合作比较简单，双方把权益设计好就行。

引流卡和优惠券

引流卡和优惠券是最常见的关联商家的引流工具。例如和电影院合作，做一张价值 38 元的免费饮品券和一张价值 300 元的免费使用 2 小时包间的体验券，放在电影院前台，凡是购买电影票的客人都可以领取一张免费饮品券（限当天或 3 天内使用），而办理电影院储值卡的客人则可以再领取一张免费包间体验券。

这样的做法，给电影院带来了实在的好处，帮助电影院更好地做现场售票和发展储值会员，所以一般比较容易达成合作。

设计引流卡和优惠券的核心思路是 6 个字：利他、价值、执行。

利他思维

引流卡和优惠券是为我们店面引流的，所以肯定是有利于我们自己的，这一点我们的关联商家也很清楚。那么别人为什么愿意帮助我们？答案很简单，对他们也有好处，甚至好处更大。

从利他的角度出发，我们的引流卡和优惠券的设计思路很明确：一类是帮助关联商家做捆绑销售，提高客单价，增加利润率；一类是帮助关联商家成交会员卡，作为会员卡的增值服务，放大会员卡的价值。

价值塑造

我们的引流卡和优惠券不能是别人一看就觉得不值钱的东西，必须是目标客户群体本身就在使用，并且明确知道它的价值的东西。

例如苹果手机，人人都知道它值钱，所以商家都喜欢用苹果手机来做活动。拼多多用百亿补贴卖苹果手机，为自己吸引了许多流量。

我们做引流产品的价值塑造，就要找到这样一种有一定社会共识的产品，才能发挥出引流产品的作用。我们的引流产品，通常选择一些物料成本较低、固定成本已经支出、单价又比较高的产品。例如一杯在店内消费的茶饮，社会的公认价格都在 30 元左右，是有一定价值感的。而我们为一杯茶饮所付出的物料成本一般就是 2~3 元，价格里的成本绝大部分是房租成本，但这部分固定支出是不可减少的，所以为了拉新引流做一些赠饮就是合适的。

价值塑造要到位。在条件允许的情况下，配合易拉宝、朋友圈图片、推广话术等一套方式来呈现。

店员执行

再好的引流设计，都需要店员来配合落地。店员如果不主动去推，前期的准备工作就会白费，所以要特别重视最后这一步落地工作。

一般来说，对基层员工的激励最好是直接的物质激励，但是我们直接把钱给到关联商家的员工不太可能，也不合理，就算我们把一笔返佣费用给关联商家，这笔钱也很难被分给负责落地的基层员工。

为关联商家的基层员工去落地执行而做的培训工作，非常重要。看起来很简单的事，可能会因为关联商家认为我们直接指挥了他们的员工而感到不悦进而抗拒合作，所以我们要特别谨慎地去思考如何落地。

解决这个问题的抓手，还得回到第一点——利他。只有让关联商家发自内心地认为你在帮他做成交，或者是在帮助他节约成本，他才会盯着基层员工去落地。

也只有让基层员工在使用了我们的引流卡和优惠券之后，他自己在店内的业绩提升了，收入也提升了，他才会更主动地推我们的引流卡和优惠券。这就是推动合作落地的关键，只要关联商家的负责人或一把手认同这个合作的重要性，他就会自己去解决基层员工执行层面的事，而不需要我们直接去指导对方的基层员工怎么做。

共享会员

共享会员也叫商家联盟，是一种区域内关联商家有意识地结成联盟的合作形式，通常是由某一个商家联合多个商家共同发起，或者由一些营销传媒公司推动区域内商家群体发起。

它在消费者端的表现形式是一张会员卡，在商家端的表现形式是联盟，加入联盟的商家每一家都拿出一项或者多项优惠政策，植入这张会员卡中。持有这张会员卡的会员，到店出示会员卡，就可以享受这些优惠政策。

因为这张会员卡集成了很多项权益，就显得很有价值，如果消费者在所有门店都消费一遍，相当于得到了或者节约了好几千甚至好几万元。而这张卡本身可能是免费获得的，或者是花很少的钱（如 99 元）获得的。当然最好设置一个门槛，让消费者拿到这张卡有一些优越感，例如在联盟商家消费满一定金额才能获赠或者才有资格购买这张卡。这样消费者拿到这张卡之后，才会真正去使用它，如此会员卡才能真正起到引流的作用。

共享会员的缺点是持续性较差，很容易出现一开始很火爆，但是热度无法维持，迅速就无声无息的现象。

共享会员卡这种形式听起来很美，实施起来却很难，如果组织方不是很有公信力和资金实力，则难以持续支持这套体系。

共享会员卡的商家一般是在同一个商场，联盟由商场的业主或者物业来牵头组织，会员卡最好还有通用的储值功能，这样才能持续运转。如果是某个商家自发组织的，由于缺乏权威性，无法真正均衡地为各个商家谋求福利，那么整个组织很快就会自己瓦解。

对茶馆经营者来说，如果我们所在商圈有这类组织，那么就积极加入。除非自己有很强的组织运营能力，还有经费雇几个人来运营，否则就不要自己去发起建立这类组织。

地推和促销

地推和促销是主动引流的传统方法，操作得当见效会很快。依托一套内部的销售体系，快速引流后引导会员卡等高客单价产品销售，特别常见于健身房、美发店等生意模式。这套打法需要有一支直营的销售团队，人力成本不低，销售团队管理也有一定难度，对于一般单个门店的小茶馆，不是很适合，但也有一些参考价值。

地推和促销是一套动作的两大部分，需要销售团队和服务团队相互配合。地推是通过在门店附近"扫楼""扫街"，把有意向的潜在消费者吸引到店；促销是设计一套营销方案，将到店体验的潜在客户转化为付费客户，最好是长期客户。

地推引流最重要的是思考客户为什么要到我们店里来，顾客的三种心理我们要充分考虑：占便宜心理、从众心理和额外的价值考量。

地推

地推要做以下几方面工作：①组建一支地推团队（销售团队），在营收能支持的前提下，人数越多越好，至少是 2 人；②准备一份介绍门店或者活动的传单，一份用来当场销售或者赠送的体验产品（实物或卡片）；③地推话术、策略和进度管理。

地推也叫"扫楼""扫街"。"扫楼"就是到写字楼里做拜访和推销，现在写字楼物业管理越来越严格，在写字楼里做推销的难度也越来越大，比较可行的是到写字楼的出入口附近发传单。"扫街"就是在马路上直接发传单，拉住愿意停留下来的行人做推销。

对茶馆来说，"扫楼"和"扫街"的做法适用于推广散座茶饮、外卖茶饮，或者推广茶艺相关课程。"扫楼"和"扫街"对包间客户一般没什么效果，因为这种方式很难接触到包间的精准客户。

提高地推成功率的关键点：一是到人流量大、潜在客户多的地方，如写字楼出入口、地铁出入口，使传单能够尽快尽多地发出去；二是不要浪费时间在某个人身上，发现别人没有兴趣就迅速调整状态找下一个目标；三是打磨出有吸引力的引流产品，并且非常突出地呈现在传单上，让潜在客户一看就会感兴趣。

促销

通过地推导流到店的潜在客户，需要促销来完成首次真正意义上的成交。

促销的第一步是让店内有促销的氛围。要找一个做促销的名义，例如新店开业、周年店庆、特定节假日等，将店内环境布置成促销的样子，也就是悬挂彩带、气球、促销海报，播放轻快热烈的音乐，员工们做好热情接待的准备等。

促销的第二步是找几款高价值感的促销产品。促销产品无论是实物产品还是虚拟产品，最好能够和会员体系结合起来。将促销产品和会员资格绑定起来，是最常见也最实用的促销策略。销售会员资格，比销售单一产品更有长远价值。

促销的第三步是借助超级赠品快速完成成交。为了最大限度地促成潜在客户快速成交，可以准备一种或多种超级赠品（就是成本低但社会公认价格较高，或者价格很不透明的产品），来帮助自己完成促销，如成套茶器、高端茶叶等，就可以用作超级赠品。超级赠品最好是实物产品，并且是较为高档的产品，包装精美非常重要。然后将超级赠品做成一个吸引人的造型，就放在前台，让人们进出都能注意到，减少销售阻力。

社群营销和私域流量

利用社群营销和培养私域流量是茶馆的标配，是一定要做也很适合茶馆做的。这两个概念是近年流行起来的，但其本质在商业传统里一直都有，不难理解。私域流量即属于我们自己的流量，是一个和公域流量相对的概念。

公域流量在线下其实就是商场的、商圈的、街边的流量，在线上其实就是百度、阿里巴巴、腾讯这些大平台的流量，公域流量不属于我们，但是如果从我们的"门口"经过，我们可能就有销售的机会。所以我们要想办法把公域流量转化成私域流量，以便于我们长期经营客户，转化方法在传统商业里一般就是会员制。

社群也是私域流量的一种载体，它比会员制更容易操作，和会员制有相互重叠的部分。在越来越完善的互联网技术条件下，社群既可以作为独立的模式来运营，又可以作为会员制的前置部分，为我们发展会员制提供支持。

社群分为线下和线上，线下的社群一般是品鉴会、课程群、活动群；线上的社群一般是学习群、团购群、活动群。社群可以有纯线上或纯线下的，也可以有线下和线上互通的。

茶馆的社群营销一般有两种做法：活动社群和团购社群。

活动社群

活动社群是用来组织茶会、茶旅等各种活动，发布活动通知和交流茶知识、茶文化的社群。

活动社群的成员来源是我们身边喜欢茶和茶文化的朋友，以及他们身边的朋友，因为活动社群基本是公益属性，直接在社群里做产品销售的不多，所以大家会自发地把人邀请进社群，社群的人数会自然地增加。我们在加了门店客户的微信之后，也可以将其邀请到我们的活动社群中来。活动社群最难的部分是找到一个运营者和持续推出有意思的活动内容。

运营者要对社群进行运营，增加社群的活跃度、引发话题讨论和把控热度的节奏。一般来说，每个群都会有 90% 左右的沉默的大多数，他们一般不说话，但是未必不看群消息；还有 9% 是比较积极参与发言和参与活动的人；另外 1% 是特别热心参与活动，甚至会自发地帮我们组织活动的人。

我们要特别关照到那 1% 的热心参与活动的人和 9% 的积极分子。要给那 1% 的人一些特权，给他们一定的精神和物质激励，我们甚至可以把他们转化为与我们合作的运营者。

社群内容的运营只需要做规划，前期虽然很难做到内容丰富，但是只要坚持下来，内容就会越积越多。内容是可以复用的，积累到了一定程度，就可以持续不断地复用。

活动社群不是不做销售，而是不以销售为直接目的，要以提升客户黏性和活跃度为直接目的，但是活动社群运营得好会有很强的变现能力。

团购社群

团购社群是用来发布拼团产品、特价产品促销的社群。团购社群的群成员一般来源于门店的消费客户和员工的微信好友。客户消费买单前后，我们应该引导客户加微信，询问是否有意向进入店里的促销群，如有兴趣则把顾客拉进群；同时我们也应该邀请身边对茶感兴趣、想要了解茶叶知识的朋友到群里。

团购社群的逻辑就是直接的卖货逻辑，按照从种草（推荐好货以吸引人购买的行为）到销售的闭环来持续运营。团购社群一般通过持续地种草来引发群成员的信任感，种草的过程可以是发一些茶叶和茶器的知识，也可以是产品展示，还可以是茶馆日常经营当中的一些短视频或者直播，这个过程的目标是建立群成员对我们的信任。

信任达到一定程度之后，销售的动作就会自然地跟进。群友经过一段时间的种草，对一些产品已经很感兴趣，也希望能买到一些优质的好货。随后我们就要找到这些物美价廉的产品，在群里做限时限量的促销，群友收到货后又在群里发图、发视频分享心得，形成下一轮的新种草。

团购社群有三种常用的成交方式：①每天不定时地直接在群里发图文和链接，限量限时发售；②每周固定一个时间段在群内做拍卖，其余时间都在种草，维持社群热度，拍卖之前持续提醒（如发红包）群友关注群内消息；③不定时发一次拍卖直播，平时群内种草和预热，到一定的时间节点就在直播间里完成拍卖，这种做法是目前最受关注的。

12

会员体系：持续成交与盈利

会员制是茶馆能够持续经营的核心抓手，经营者要从企业经营最高战略的角度去理解会员制，并根据自身的业务场景和客户群体来设计一整套相匹配的会员制度。

同时，会员的管理和运营需要有一套数字化系统做支撑，经营者要经常性地对会员数据进行备份和分析。备份是为了应对可能发生的系统迁移，分析是为了针对会员做精准营销。

　　经营茶馆必须注重长期主义，会员制是我们践行长期主义的方法、内在要求和外在表现。

　　茶馆的服务业属性决定了我们不适合挣快钱，也没有能力挣快钱，我们挣的是边际成本几乎恒定的服务费用，是辛苦钱。茶馆不是追求暴利的行业，但是茶馆是一个能实现稳定利润的行业，它符合复利的特征，是可以一直做很久，而且越做越好的行业。

　　经营者要从一开始就树立起长期经营的意识，不急功近利，在短期利益和长期利益发生矛盾时能坚守长期主义的原则，这样有利于企业更早搭建起一套自动且持续运转的经营系统。

　　在服务行业，人们都在普遍运用会员体系来实现长久经营的目标，并且随着互联网技术的发展，会员管理也愈加精细化，能够挖掘出越来越多的价值，有远见的经营管理者已经将打造会员体系上升为企业的最高战略。

会员制的底层逻辑

理解会员体系，我们从以下三个会员制的底层逻辑讲起：会员制的本质、会员制的目的、会员制的运行。

差别对待

会员制的本质是一种特权，具体地说是一种由身份带来的特权。会员的特权就是得到商家有差别的对待。会员顾客认为自己理所当然应该得到商家的优待，包括但不限于：优先安排更好的座位/房间、享有比非会员顾客更优惠的价格、额外赠送的礼品、品质更高或者数量有限的产品/服务等。

如果会员顾客没有得到预期的优先对待，他可能会放弃自己的会员资格。商家为了吸引更多顾客成为会员，会让一些顾客尝试体验会员的优待服务，来说服他们购买会员资格。

会员的特权是商家和顾客通过共同让渡一些权利而人为地创造出来的，双方为特权的享有者创造了"会员"的身份，使其拥有了合法性，它是双向发力的结果，绝不可能是商家的一厢情愿，它是商家与顾客之间的一种契约。

会员特权存在的前提是资源有限性，或称资源稀缺性，是稀缺性引发了人们对会员身份的价值认同。资源必然永远都是有限的，无论是我们能够提供的服务资源，还是顾客的经济和时间资源，都有明显的极限，所以才会有双方共同努力去实现资源匹配，实现双方价值最大化的良性局面。

茶馆的会员特权，除了常规的会员折扣之外，还可以设计一些符合茶馆本身业务特点的服务。例如：①为会员提供专门存茶和存放茶器的柜子；②指派专门的客服人员为会员提供预订和提前布置茶席等服务；③预留一两个最好的房间为会员专用；④每年定制少量只有会员能购买或者获赠的高端茶叶；⑤达到一定级别的会员免费到武夷山或云南的茶山旅游；⑥会员用茶或者就餐会有免费赠送的福利，如免费茶点；⑦会员可免费参加高端茶叶品鉴会等社群文化活动。

以上只是提供一些思路，经营管理者要放开去思考自身的资源有哪些特别有价值的稀缺性，从中就能设计出最有价值感的会员权益了。

站在客观的角度看，那些成了我们会员的客户，都是我们的天使和贵人。在第一次面对市场众多随机的选择时，他们选择了我们，这是双方的缘分，是我们的福气。而后又在未来相当长的一段时间里，在有众多替代选择的情况下，他们仍然选择了我们，这是对我们的信任，是对我们真金白银的支持。我们作为商家要心怀感恩，不使会员的优待流于形式。

持续成交

会员制的目的是实现持续成交。持续成交要从时间的长度和类目的广度分别去理解。从时间的视角看，我们要让客户保持理想的复购率；从类目的视角看，我们要让客户购买更多种类的产品。

作为经营者，我们自然希望让更多的客户成交，同时我们也应该追求让更多的客户复购，从新客户转变为老客户，形成良好的共生关系。

当我们从长期主义的视角去看待我们与客户之间的共生关系时，我们对于成交的理解就变得更加深入了，我们能够从更客观和长远的角度去评估自己的工作。

一切对我们有价值的事物都可以成交。不光是产品和服务，我们和客户之间还可以成交很多东西，比如一种对我们专业能力的信任、一次购买某种产品的口头承诺和交流联系方式（加微信、留电话）、给我们转介绍客户、给我们做债权和股权的投资、主动了解和宣传我们的商业模式等。

成交的底层逻辑是信任，对单个客户而言，对我们的信任度越高，选择在我们门店购买的产品种类就越多，成交的客单价也就越高。

华饮小茶馆连锁就是非常好的例子，我们有些门店的投资者，一开始是我们门店附近的客户，因为经常在我们店里喝茶，和店员成了朋友，从普通会员逐步升级成黄金会员，对我们的经营理念越来越了解也越来越认同，后来认购了一些门店的股权，成为门店的股东。

这就是一种良好的共生关系，经营者要为构建这种良好的共生关系提早准备好条件。它要求我们对自己能够提供的所有成交内容有充分的认识，还要求我们不断去丰富我们能够提供的成交内容，使更多的人不断与我们达成交易。

私域流量

私域流量是伴随着微商的发展而形成的一种运营方法论。私域流量是指我们能够通过自有的工具和渠道触达的客户，是和公域流量相对应的概念。公域流量指的是大的网络平台和媒体所提供的流量，比如抖音、微博、美团、电视台、楼宇广告等；私域流量指的是我们通过自己的个人微信号、企业微信号、微信群、公众号、视频号、小程序、App、手机号、个人抖音号等能直接主动触达的客户流量，严格意义上除了个人微信号和手机号，其余的工具都未必能确保我们一定能触达客户。

从这个定义上，会员的概念范畴和私域流量的概念范畴是有一定重合度的（见图 12-1）。如果确认能够随时直接地触达会员，那会员就也是一种私域流量。

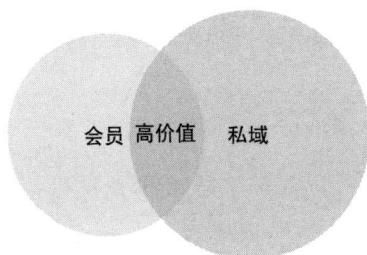

图 12-1

私域流量的玩法，同样符合 ITRI 模型（参见第 1 章）。

第一步是设法在公域流量池里获得流量，将公域流量导入私域流量池。方法是在公域投广告、发内容等获得订单，订单上有客户的联系方式，通过宣传单或者打电话承诺返现之类的话术，引导客户加上我们的个人微信或者企业微信或者微信群，完成公域流量转入私域流量。

第二步是在我们自己的私域流量池里引导客户复购，当然这里边有很多技巧和需要注意的地方，否则客户会因为被打扰而离开。目前最常用的方法，一种是通过个人微信号或者企业微信号直接给客户的微信推送产品优惠 / 促销信息，另一种是把客户都拉进微信群，在群里推送产品优惠 / 促销信息。

会员作为产品的一种，可以放在第二步里销售，这样可以使客户有更好的留存率和后续的复购率。

会员制的基础知识

会员制是搭建持续成交系统的核心抓手，其客观目的是解决供给侧和需求侧的更优连接。供给侧是茶馆，我们供给空间和茶叶；需求侧是客户，他们需要的也正是空间和茶叶。双方通过"会员制"达成了互惠互利的共识。

茶馆是靠常客养起来的，要做常客的生意，锁定常客最直接有效的方法就是会员制。经营者要高度重视会员制，特别是在门店创立的早期，要把发展会员视为茶馆经营的第一要务。

会员制的作用

发展会员制的作用我们总结如下。

（1）提前回收一笔资金。主要指储值式的会员，通过折扣、赠品等方式吸引客户储值，提前获得客户未来的消费，使门店有更多的资金储备。储值是预付款，不能计入收入，当我们经营的时间足够长，储值金额可能会很大，最好设立专门的账户来监管这笔钱，否则如果出现储值会员集中退款的情况，资金链可能会断裂。

（2）锁定一个长期客户。客户注册成为会员，特别是储值式会员，就是默认了在未来相当长的一段时间里会优先选择我们，在门店物理空间附近我们可能就是他的唯一选择。这是一种排他性的选择，客户给了我们锁定他的机会。锁定了一个长期客户，就要考虑好如何经营客户的终身价值。

（3）做高单次消费客单价。消费者大多有占便宜的心理，所以都希望在结账的时候能够得到一些无条件的优惠或者赠送。会员制实际上就充分利用了这种心态，把消费者期望得到的"无条件"转变为"可以接受的条件"。当人们觉得单次消费金额偏高时，我们主动推荐客户注册会员或者储值会员就能得到优惠，客户就会自己核算值不值得去享有这种"优惠"，我们把营销条件设计好，就有可能大大提高单次消费的客单价。

（4）提升客户的消费频次。成为会员之后，客户在选择相同/相似的产品和服务时会优先选择我们，同时他消费此类产品和服务的习惯会逐步形成，因而他的消费频次会提高，进而产生更高的客户终身价值。为了提高会员客户的消费频次，经营者要训练和监督一线员工，要求她们添加会员的个人微信，并经常主动邀请会员到店消费或者免费品鉴，以促使会员形成消费习惯。

（5）简化了用户消费决策。会员产品可视为多个单一产品的打包预售，实际上这种打包销售的成功率往往比单独销售要高，因为客户会有占了便宜的感觉。消费者同时面对多个产品时，会花时间思考有些是不是不需要，但是如果把多个产品打包，给出一个看起来很划算的价格，那消费者就会说服自己未来可能都会用到这些产品，这是一种普遍的心理现象。超市为了对某些产品做促销，会把这些产品和一些日常使用的快消品打包一起卖，这样就很容易把它们卖出去。电商平台也经常推广一些类似399元的会员套餐，购买会员资格就赠送产品大礼包，这样也会比把大礼包拆开单独卖容易。这是人的消费心理使然，我们要掌握这个规律。

（6）预留了联系客户的理由。客户注册成为会员，一定就留下了联系方式，有些还加了微信，这就给了商家主动联系他们的理由。当我们推出某一项新的服务或者计划销售某一款特价产品时，我们可以用优先回馈会员客户的名义给会员打电话或者发信息，客户接到我们的电话或者信息可能还会觉得很高兴，认为自己得到了特权。相反，如果客户没有注册会员，我们主动去联系，客户可能就会觉得我们侵犯了他们的隐私。

（7）节省了营销成本。会员的基数如果足够大，私域流量池的规模就足够大，就为我们后续不断推出的新产品和服务的销售提供了名单和通道，从而节省了大量的获客成本和营销成本。

会员制的分类

会员制有多种分类方式，如线上＆线下、终身＆定期、付费＆免费等，我们总结了4种便于茶馆这类实体门店借鉴使用的类型：储值式会员、订阅式会员、积分式会员、圈子式会员。

储值式会员

储值式会员是茶馆等实体门店最常用、最主流、最有效的会员形式。

储值式会员是会员预存一笔款项，在商家的财务系统里建立一个账户，会员每次消费后从储值中扣除相应金额。客户愿意成为储值式会员的原因通常是有价格优惠或者有礼品赠送，同时也给客户和商家带来了方便，客户再次到店消费无须再携带现金，给客户一种被优待的感觉。会员在商家的系统里有储值，也方便请自己的朋友来消费，无论自己是否到场，都方便买单，也是一种便利。

各种零售和服务的业态都在大力推广储值式会员，以美容美发店、足浴按摩店最为典型，建议茶馆经营者不时到这些门店去感受和学习它们的销售做法。

茶馆经营者要把主要精力放在发展储值式会员上，尤其是创业早期的茶馆，而且要尽量做大额储值，最重要的原因有二：一是尽快锁定一批支持我们的客户，二是获得更多的现金储备以防经营局面波动。等到茶馆经营进入稳定期后，可适当调低储值额度，缩短储值消耗周期。

储值式会员有两个比较明显的缺陷：一是储值模式的抗风险能力较弱，如果门店会员基数很大，储值数额很大又没有设立独立账户做好监管，一旦发生会员批量集中退款，就可能造成商家的资金链断裂，严重者可能导致倒闭，老板信用破产；二是财务层面有可能造成长期利润损害，为了吸引客户储值，商家必然要大幅让利或者提供超值赠品。在门店早期，为了更快发展起来，牺牲短期利润无可厚非，但是如果门店已经进入服务饱和期，仍然采用原先的储值式会员模式，就会损害门店综合利润。并且储值是预付款，不能计入收入，如果统计不当就会造成财务混乱。

订阅式会员

订阅式会员是一种时效性的会员制度，通常以年或者月为时效单位。

订阅的商业模式非常适用于消费频次高、复购率高的行业。从前人们订阅报纸或杂志后，每天由邮递员把报纸或杂志送上门，后来又发展到订牛奶、订餐等服务。到现在，订阅式会员在互联网上被广泛应用，例如腾讯视频、QQ 音乐、百度网盘等，在线下最典型的场景是健身房的月卡和年卡，还有线上下单线下服务的每周鲜花速递等。

订阅式会员是以会员费为名义，对产品或服务或权益的一次性集中采购。

常见的两种订阅式会员有两种不同的赚钱逻辑：第一种是商家就在会员费上赚钱，会员就是产品，商家的收入靠的就是收会员费，例如线上的腾讯视频、QQ 音乐，线下的好市多（Costco）、京东 Prime 会员卡。第二种等同于储值式，商家提前把一整年或者一个月的产品销售收入收回来了，然后分成多期去交付产品，例如预订鲜花的 Flower Plus 公司，收取一年会员费后，每周都会定期给会员寄送鲜花。

订阅式会员的优点是灵活性高且门槛低，最低的订阅周期可以短至一周，商家甚至可以给消费者赠送周卡或者月卡用于体验。订阅式会员的权益设计有充分的弹性空间，商家实际让利幅度通常没有储值式会员那么大，客户也乐意接受。并且因为订阅式会员是限定有效期的，所以会促进客户在有效期内的消费频次。

积分式会员

积分式会员常见于我们日常接触的各种商业形态，特别是超市、航空公司这些。积分式会员通常是免费的或者极低成本的，这种会员模式不指望在会员费上赚钱，而是通过区分用户层次，做更好的用户管理，挖掘更大的用户价值。积分往往只需要客户留下注册信息即可成为商家的会员，消费享受一定比例的折扣，或者累积一些积分。

积分是一种虚拟货币，它是用来兑换或者购买某些会员权益的。获取积分很简单，通常是以奖励的名义发放给会员的，会员按照商家引导做了某些行为，有可能会得到一些积分。会员消费后，系统会按一定比例把消费金额折算成积分。积分在未来的消费中可以抵现，或者兑换礼品，所以积分制也是促进客户复购的一种好方法。

积分式会员作为最底层的会员类型，常被用来做大会员基数，其缺点是如果只做积分的话，客户与商家的连接就较弱，因此很难将客户激活成有效的购买客户。

圈子式会员

圈子式会员就是会员制最初的样子，起源于欧洲的贵族为了社交而创立的各种俱乐部和沙龙，几个世纪下来仍然盛行不衰，在各个国家都是普遍现象。

圈子，顾名思义就是特定身份的人群，例如老板、富二代、创业者、校友等。原本圈子就是天然存在的，会员制不过是把圈子的界限给规范化或商业化了。

圈子式会员有几个显著的特点。一是相对封闭。既然是只面向特定人群的会员制，圈子式会员制一定是相对封闭和排他的。基于彼此在经历、身份、诉求等方面的共性，圈子式会员内部会有高度的认同感，即使事先互不认识，一旦开始交往也会很快很容易地建立起信任感，所以圈子式会员制有最高的社交价值，特别适合相互间可能存在大量资金往来的政商界人士。

圈子式会员不能允许圈子之外的人加入，以此来保证这个组织的纯粹性。因此圈子式会员制对组织上层人员的监督和管理职能有着最高的要求，如果管理者渎职破坏了组织的纯粹性，那么这个会员体系很可能就会面临破裂。

二是有一定的入会门槛和筛选机制。圈子式会员都设置了一定的入会门槛，也就是筛选机制，包括但不限于：一定数量的会员推荐（如某些学术协会，入会需要 3 名以上正式会员同时推荐）、限制会员总数量（如某些协会成员总数限制 30 人，有人进就必须有人出）、要求验资（如某些高端相亲组织和购房团会要求入会者提供资产证明）、要求做出某种行为（如填写一份复杂的问卷，或经过几轮考试面试等）、条件不达标则淘汰（如会员存续期间会有考核和淘汰机制）。

入会门槛和筛选机制是圈子式会员制的一个主要特点，是它区别于其他几类会员制的主要特征。其他 3 类会员制都和价格（付费或免费）直接相关，而圈子式会员制并不和付费或免费直接相关。

三是面向圈子内部提供特殊服务。正是因为通过筛选机制控制了身份的稀缺性，圈子式会员往往会特别珍视自己的会员身份，以自己的会员身份为荣，或者以自己所属的圈子内的特殊价值观来行事。这种特殊的表现又会引来外部世界对这个圈子的更多关注，使得这个圈子的会员身份更有价值。

圈子式会员制往往会提供一些特殊的服务来满足会员的身份感要求。例如，会员有自己的会所，只有会员能够使用；会员有自己的会刊，只有会员能够在会刊上发表文章；餐厅里某些高档的食材，只有会员能够享受。

圈子式会员不一定收费，但是圈子式会员是最容易实现超高收费的。过去一个高尔夫球场的会籍就可以卖到 20 万元 / 年，高端俱乐部如长安俱乐部的会员年费甚至可以高达百万元。圈子式会员也不一定有时间限制，有些可能是长期的，甚至终身制，也有些是短期的，如一年期或三年期。是否设置时间限制，主要和该圈子是否设置商业目标相关。一般来说，有明确收费标准的圈子式会员，就会有明确的会员期限。

并不是说上述 4 种会员类型，一家茶馆只能选择其中 1 种，相反，一家茶馆往往可以同时存在 2 种或 3 种以上的会员类型。它们之间不是相互排斥的，往往是你中有我，我中有你。对于经营者来说，我们要在理解不同类型的会员的基础上，针对自身的业务活学活用。

会员制的要素

商家设计自己的会员制，通常需要考虑以下 6 个要素：名称、权益、条件、层级、积分、促销。

名称

名称，也就是会员制的名字，是对会员制的一个语义上的定性。给会员制起个名字，是为了让客户和会员容易理解，从而更容易下决策是否购买。因此，要尽量起一个大家一看就懂的会员名称，避免那种容易产生歧义的名字。一个好的名称，能够正确和全面地反映出会员的类型、层级、权益等信息，甚至还能促进会员卡的销售。

举个例子，小茶馆连锁有一种订阅式会员卡叫散座无限畅饮月卡。你品一品，散座、无限畅饮、月卡，没有一个多余的字，完全不需要去解释，客人一听秒懂，这就是个好名字。

权益

权益就是成为会员可以获得的好处，一般来说有：优惠，比如会员可以享受价格上的折扣；特权，比如商家提供的某些服务只限会员享用；赠品，比如办理会员卡可以获赠一些礼品。

权益是会员制的核心，是客户购买一个会员身份的根本原因。权益要充分考虑客户真正的需求是什么，除了价格上的优惠，我们必须引发客户对自身真实需求的意识，如此客户才会意识到我们提供的会员制在满足他们需求的同时，真正为他们节约了成本。

一类会员可以有多项权益，其中一定有一个最吸引客户的主要权益。我们在销售会员卡的过程中要充分突出主要权益的价值，营造出会员的价值感。有些人认为，增加会员卡的权益能够提高会员卡的销售转化率。也有些人认为，给会员提供除了主要权益之外的更多权益是一种浪费，会损害会员卡的价值感。这两种说法都有道理，请你根据自己的业务情况和客户情况去分析和设计自己的会员卡权益。

条件

条件就是客户成为会员所要付出的成本。条件和权益就像是一对矛盾，它们是相互依存的。

条件对商家和客户有双向约束的作用。

对客户来说，成为会员需要付出一定的条件，一般来说有：储值达到某个金额、消费达到某个金额、消费达到一定次数、缴纳一定金额的会费、由几名高级会员联名推荐等。

对商家来说，吸引会员成交也要付出一定的成本，一般来说就是让利的幅度、赠品的成本、额外的服务等。提醒一下，有一点很多商家在前期没有考虑透彻，就是会员如果长期占用运营资源，对商家是好处多还是坏处多。有时候为了尽快启动项目，商家给出了太优越的条件，生意确实快速火爆了，但是核算下来一直实现不了盈利，甚至后期还会出现亏损扩大的局面。

层级

会员的层级是会员不同身份的标志，是商家人为地把会员分为三六九等，以促进会员更多的消费来提升自己的层级。所以层级往往是和会员的消费金额或者积分相关联的。会员的层级数量多少，主要取决于商家的消费档次有多大的梯度，层级和梯度是成正比的。层级并非越多越好，划分层级的目的是促进成交和做高客单价。

比如大商场和小面馆就完全不一样，大商场既有售价几元的商品，也有售价几十万元的商品，这就可以拉开很多层级，而小面馆的客单价基本就稳定在人均 30~50 元，最多就是有些客人是常客，有些客人一年来不了几次，所以就没有必要设置多个层级，层级太多反倒会影响成交。

会员层级的主流划分方式是星级或者钻级，如三星、四星、五星；黄金、白金、钻石；等等。

积分

积分是反映会员历史活跃度的数据，活跃度包括在商家平台上所有的行为，例如激活会员就可以得到 100 积分。当然最主要的活跃是消费，所以对商家来说，积分主要是会员消费后获得的一种数字资产。

只要设置好一定的兑换比例和兑换条件，积分通常可以用来作为代币在商家的平台使用，也可以用来兑换某些权益或者产品／服务。例如，当我们在电商平台购物时，10 积分可以兑换 1 元钱，在支付时自动抵扣，同时限定每次支付最多只能抵扣 200 积分。

会员的层级通常是依据会员持有的积分来划分的。例如，每累计达到 1000 积分，会员等级就自动升一级，解锁新的会员权益。

积分并不是所有会员制必须有的要素，例如简单的储值式会员制和圈子式会员制就不太需要积分，因为它们基本上是对所有会员提供无差别的服务。但是积分的作用不能忽视，依托积分能够搭建起会员的成长阶梯，提高会员的活跃度，增加会员的黏性，达到扩大会员营收的目的。所以我们作为经营者，还是要掌握设计和使用积分的方法。

计算积分，主要制定两个规则：①消费金额和获得积分的兑换比例，以及消费积分和抵扣现金的兑换比例。比如，会员每消费 10 元钱，可以获得 1 积分；每 10 积分，可以抵扣 1 元。这个规则计算下来，相当于会员通过积分，每花 100 元，能够省下 1 元。这两个兑换比例，是根据我们整体计划给会员多大的优惠折扣来反推的。②不同层级的会员消费获得积分的系数。比如，银卡会员的系数是 1，金卡会员的系数是 1.2，按照刚才的兑换比例，银卡会员每消费 10 元钱获得 1 积分，金卡会员每消费 10 元钱可以获得 1.2 积分。

促销

促销是一种手段，目的是提高客户转化为会员的概率。促销主要有两种方法，一是赠品，二是折扣。

一般来说，我推荐使用赠品策略，因为赠品看得见摸得着，会显著提升成交概率。

选择什么产品或服务来作为赠品，是商家要好好物色的。一般我们建议尽量选择市场价格高但实际成本低，或者成本已经被摊销掉的产品或服务，这样能塑造出高价值感。比如，某个超市在做会员促销的时候，拿出了一款售价 300 元的电饭锅来做赠品，只要消费满 1000 元即可成为会员，并免费把这款电饭锅带回家。显然，这个策略对于超市来说是很容易成交的。电饭锅的成本可能只要 100 元，只要综合计算下来，商家是有利润的，这个促销就可行。

提醒各位经营者，促销的重要性超乎你的想象，所以不要吝惜在促销上的投入。会员制战略在推进的时候，促销是非常必要的，甚至会员权益可以设计得差一些，靠赠品去拉升会员转化率，都比放大会员权益但是不给赠品，效果好得多。

做促销，最重要的技巧是塑造稀缺性和紧迫感。稀缺性，就是赠品限量，比如上文说的电饭锅只有 100 个，今天送完即止，没抢到的就没有了，或者明天再来。紧迫感，就是限定时间，还是刚刚的例子，只有今天送电饭锅，明天就不送了，这样才能让客户尽快成交。

会员的体系设计

在学习了会员体系的基本知识之后，我们就进入实操阶段。本小节我们来讲一讲如何着手设计自己公司的会员体系，以及会员体系如何与公司战略发生关联。

会员体系设计的方法

针对一项业务去设计一个会员体系是有法可依的，按照图 12-2 的 5 个步骤逐一进行即可：分析用户画像、设计会员方案、测试会员方案、数据复盘调整、验证业务逻辑。

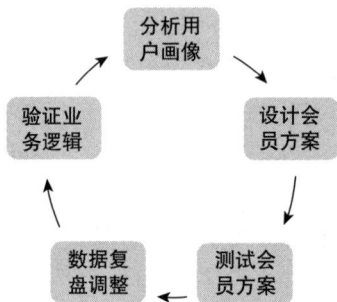

图 12-2

（1）分析用户画像。用户画像就是用户的基本属性和特征，分析用户画像就是给用户打标签。实体门店的用户没有互联网平台的用户那么复杂，也远远没有那么庞大的用户数量，所以实体门店的用户画像并不需要特别精细，我们基本只需考虑两个要素：消费的产品类型和消费的平均客单价。

用一个横轴和纵轴组成的平面来表示，就很容易把会员类型的矩阵画出来了。首先是有几种产品类型，横轴上就可以画出几段线，其次把客单价分段画到纵轴上，一般以 50 元为一个区间。

（2）设计会员方案。在用户画像的基础上，我们直接对应产品类型和均客单价就可以推演出至少一种最简单的会员方案——折扣方案。

比如客户平均消费 50 元的散座服务，我们提出希望客户能储值 300 元来购买一张散座会员卡，客户就将享受 8 折优惠，每次平均消费就能低到 40 元。即：权益，持卡人享受每单 8 折优惠；条件，一次性储值达到 300 元。

（3）测试会员方案。这一步就是把方案放到真实运营环境中去测试，看我们设计出来的会员方案是否容易得到社会的反馈。如果一推出就能够被大多数人轻松接受并购买，说明市场的需求是真实存在的，而我们提出的条件过于简单。如果推出后完全没有人理睬，则说明我们提出的方案几乎是无效的，可能要推翻重来。

（4）数据复盘调整。测试了一段时间之后，就会有相应的运营数据，我们就可以根据数据去做复盘和调整。

我们还是以储值 300 元后享受散座区 8 折优惠为例，如果有超过 50% 的顾客在听到这个会员产品后，提出了询问但是后来没有成交，那我们首先要排除是不是销售话术的问题。如果大家一致认为销售话术没问题，就说明顾客对享受优惠是感兴趣的，但是对产品的价格不满意，这个价格没有打动他们，没有给到他们不可拒绝的理由。这时候，我们究竟是要调低 300 元的门槛到 200 元，还是提高优惠力度从 8 折到 7 折呢？

相反，如果超过 50% 的顾客一听到这个会员产品就马上下单了，就说明我们的让利幅度足够大，或者大到已经伤害利润了，那么我们就可能要讨论是否把门槛进一步提高到储值 500 元，或者降低优惠力度到 8.5 折。我们可以选择其中一种方式，然后再回到第 3 步里接着做测试。

（5）验证业务逻辑。最后，如果这一会员方案运转良好，即销售转化率良好，后续的续费率良好，客户的满意度良好，公司的利润率良好，就说明我们对用户的分析和我们的经营目标实现了匹配，我们对这一块业务的假设被证明是正确的，我们的会员卡方案成功了。

至此，针对这一客户群体，我们就有了一个很好的成交工具，它一定比单独销售产品更好，所以面对这一客户群体时，我们要把它作为首要销售的产品，并要求员工在点单环节严格执行销售话术，另外也要给员工设定有吸引力的提成比例，久而久之就会沉淀一大批这类会员，形成我们的会员资产。

已经成型的会员卡类型在运转了一两年之后，市场可能发生了变化，经营者对客户经营的理解也可能发生了变化，原来的会员卡设计就需要调整了，这时候我们要重新分析用户画像，重启这个循环。

会员制企业战略

普通的茶馆经营者在经人点拨之前，很难从战略的高度去认识会员制在茶馆经营当中的重要性，即便认识到会员制的重要性，也很难通过研究自己的客户群体和实际的经营环境，来打磨出越来越匹配自身的会员体系。

卓越的茶馆经营者则有能力做到综合分析自身的资源、企业的目标和当下的状况，设计和推进公司的战略战术，他们能做到思想和实践的统一，并在实践中不断完善和迭代自身的经营体系。

普通经营者与卓越经营者在短期的业绩水平上可能未必有很大的差距，可时间线拉长之后差距就显现出来了，因为前者的头脑中没有战略，不知道自己未来将走向何方，不知道如何走到目的地，而后者始终在为未来的目标储备人才和打磨产品，并把会员制视为最重要的产品和人才训练工具。

会员制尤其是储值式会员制之所以重要，不仅是因为它能提早回收一笔资金，锁定一些长期客户，更重要的是它为茶馆提供了一种确定性的经营思路、发展目标、商业模式。从战略的高度把会员制作为茶馆的核心产品和商业模式，是茶馆经营从混沌走向有序的转折点，是茶馆经营走向常态化、成熟化的标志。

根据普遍的商业规律，实体门店从创立到上市（资本市场）要经过四个阶段，分别是卖产品、卖会员、卖模式、卖股权。

第一个阶段是卖产品。处于这个阶段的经营者刚刚开始创业，公司收入绝大部分来自单一产品或服务的销售，对公司的产品线还没有系统的概念，基本上是有什么就卖什么，看别人什么好卖自己也跟着卖，赚的是一买一卖之间的差价。

这个阶段就像人生的婴儿阶段，经营者的认知和行为虽然看起来还很幼稚，但是他正在真实的市场环境中积累着无可替代的经验，他在日复一日的买卖关系中不断训练自己的产品知识和客户服务能力，正在为未来形成自己的系统认知积累前期的量变过程。这一阶段不能太短，太短则训练量不够，基本功不扎实；也不会太长，每个经营者都会跨过这个阶段，正如每个人都会长大。

第二个阶段是卖会员。经营者开始把一些产品和服务打包成会员卡来销售，并且有意识地大力推销会员卡，也形成了一些有效推广会员卡的方法，会员消费的销售收入在公司的整体营收中占到了 20%~30%。

这一阶段就像我们进入了中小学阶段，开始接受一些学习方法和社会化的训练。虽然离成熟还远，但开始有章法了，有制订目标和实现目标的闭环了。这一阶段的经营者在思想上会有一个明显的转变，就是从经营产品转向经营人群，他找到了实现稳定发展的抓手。达到这个阶段也不难，坚持下来的经营者都能在这个阶段实现小而美的商业模式，如果不考虑扩大经营，那这个阶段的幸福感就较强。

第三个阶段是卖模式。能达到卖模式阶段的企业不多，实现卖模式的前提是公司完成了模式化且可复制，至少有几个标志：人才梯队和管理模式成型，单店输出可快速实现；不同业务的会员体系成型，有规模庞大的会员基数；供应链能力强大，产品的品质和价格有市场竞争力。简而言之，就是有人有货有模式有竞争力。

这个阶段企业能够通过招商获得快速增长，进入这一阶段，经营者的能力面临巨大挑战，从单店的管理能力转向同时兼具集团的管理能力和招商能力，企业的盈利能力也会大大加强，团队人员数量和质量都会加强，经营者会长期处于压力状态中。

第四个阶段是卖股权。终极的卖股权就是把公司做上市，公司的股权实现了在公开市场的自由交易，公司的创始人成了亿万富豪。这是一个阶段的表征，我并非建议经营者要以把公司做上市为终极目标。

卖股权是融资方式，它可以被运用在企业发展的任何一个阶段。在一定意义上，股权和会员一样都可以被视为一种产品，经营者可以划分出多种层次的股权，例如单个分店的股权、控股总部的股权、某一子公司的股权、某一项目的股权等，来进行单独融资，获得企业经营和发展所需要的资金。

上述每个阶段，并不独立存在，往往是同时存在的，只是相对而言，后一个阶段是在前一个阶段的基础上发展起来的，是对前一个阶段的质的飞跃。

第一阶段和第二阶段属于销售具体产品或服务的阶段，第三阶段和第四阶段属于销售商业（赚钱）机会的阶段。前两个阶段靠产品和服务来获利，它们的边际效益通常不太显著，而后两个阶段进入知识变现和资本变现的阶段，边际效益和利润率会大大提高，经营者有机会进入实现财务自由的阶段。

第二个阶段卖会员正是最重要的转折阶段，因为只有在会员制能够有效发展起来的前提下，卖模式才能够成立。所以为了实现从卖产品过渡到卖会员，经营者要尽早布局。

会员体系案例拆解

下面我以华饮小茶馆连锁为例，来展示会员体系的设计思路和演变过程。我们目前的会员体系是在最近三年多的时间里经过几次调整形成的，与一开始我们的设计已经有了很大的差别。

这不是说我们一开始设计得很差，而是说每一个企业的会员体系一定都是动态调整的，是一步一步优化起来的，并且一定是越来越贴合自身的业务需求的。

所以经营者不必在一开始设计自己的会员体系时就追求完美，而是尽快地执行、测试、调整。

会员分层

高效的会员发展节奏是基于针对性强的会员策略，它的基础就是做好会员分层。做好会员分层是一种相对高阶的经营管理技术，是经验的产物，开店的新手很难一开始就具备这种能力，所以要尽早有意识地去掌握它。

再小的茶馆，再简单的业务模式，在自然经营的过程中都会演化出几种不同类型的客户。因为他们的需求不同，所以想用一种会员模式去适应所有类型的客户是做不到的，科学的做法是针对每种类型的客户去设计会员，并且在发展的过程中试着把各种会员之间的转化和结算打通。

就茶馆而言，按照业务类型和客单价高低划分，有以下几类客户（见表 12-1）。

表 12-1　茶馆的业务类型和客单价对比

业务类型	客单价		
	低客单价	中客单价	高客单价
空间产品	消费 50 元左右的散座客户	消费 300 元左右的包间客户	消费 800 元左右的包间客户
零售产品	消费百元价位的口粮茶客户	消费千元价位的礼品茶客户	消费万元价位的企业采购客户
文化产品	消费单次课程或活动的学员	消费系列课程的学员	消费茶旅和企业团建的学员

设计权益和条件

上述 9 个类型的客户，不是每一个类型都要设计一种会员产品去满足，实际上空间业务和零售业务是比较适合用会员制来应对的。

零售业务的会员制比较简单，超市和电商的会员制可供我们参考，形式主要是超市常见的消费积分式和以好市多为典型的特权折扣式。

消费积分式，指的是会员资格不需要购买，只需要在 App 或小程序上完成注册，在消费时出示注册信息即可累积消费积分，未来积分可以抵现或兑换其他产品，是一种赚钱的逻辑。

特权折扣式，指的是花了一笔钱（如 200 元）购买了会员资格后，享受产品零售的会员价，会员价比门市价要低一些，长期累积下来也能节约出比购买会员卡要多的钱，是一种省钱的逻辑。

我们重点来讲茶馆的空间业务会员模型。空间业务呈现出来的是一个从低到高的三个层级的金字塔模型，区别明显但又相互贯通，我们给出的解决方式如图 12-3 所示。

图 12-3　空间业务的金字塔模型

（1）低客单价的散座客户。针对这类客户我们推出了两类会员，分别是注册式会员和订阅式会员。这一类客户和普通茶饮店（星巴克、喜茶等）的客户群体是重合的，在这个区间茶馆是没有一点竞争优势的，拼单杯饮品的价格，我们拼不过蜜雪冰城、1 点点奶茶等；拼品牌吸引力，我们和星巴克完全不在一个量级。

过去小茶馆对这类客户是不太在意的，虽然我们有一些散座，但是散座毕竟不是茶馆的主营收入来源，对茶馆而言可有可无。

对散座客户我们最早推出的是基于微信公众号的注册式会员。只要关注公众号，在弹出的链接里领取会员卡，激活会员卡，无须消费即可成为注册会员，买单时出示手机号可以享受 9.5 折优惠。这是门槛最低的营销方式，为我们将线下流量导到线上起到了很好的作用，而且我们还可以通过公众号向会员推送通知。

但是这类会员的黏性不够高，我们也没有预收款项，对现金流增长效果不明显。后来我们开始调整策略，在这个基础上引导客户储值。

当时锁定这类客户的策略是办 200~500 元的储值卡，相应地多赠送 10%~20% 的金额，这个力度不痛不痒，效果一般，并且因为系统不支持赠送部分金额和实际储值金额分离，导致我们的钱和账对不上，产生了新的问题。

由于散座客户在我们的整体营收中占比较低，所以我们有相当长的一段时间没有深入研究如何对这部分客户进行深入挖掘和绑定。直至 2019 年下半年，我们将高客单价客户转化为会员的方式摸得比较透了，才开始认真思考散座的经营。

既然我们在散座的产品和服务上与一些现有的大品牌相比没有任何优势，同时我们也不指望散座客户能带来多少收入，于是我们的认知就发生了一些改变。我们意识到可以把散座客户理解成托儿，有些店还是要请托儿来烘托气氛的，现在我们不用花钱，别人就来帮我们站台，甚至还能带来一定的营收，何乐而不为呢？另外散座客户可以是零售客户的储备，慢慢培养他们的喝茶习惯，等到他们需要买茶的时候，小茶馆可能就是最值得他们信任的选择。

于是我改变了思路，不再以储值式会员的方式来发展这类客户，而是改为订阅式，以时间为单位来设置条件。我设计上线了一款"无限畅饮卡"，分为 300 元的月卡和 2180 元的年卡两种类型。

客户购买了这张卡，就可以在有效期内在小茶馆的所有连锁门店，消费规定的 10 款左右的茶品，而且是每天不限次数地喝茶。

为了更好地推广这张会员卡，我们将散座单点的最低客单价提高到了 50 元以上，于是无限畅饮的月卡就显得非常划算，果然也非常好卖。同时，如我们所预计的，购买了月卡的会员，由于和我们门店员工的频繁互动，加强了彼此的熟悉度，有一定数量的会员就转化成了我们的零售客户和包间客户。

（2）中客单价的包间客户。针对这类客户，我们的思路是发展储值式会员。这类消费为 300~500 元的客户是茶馆的主流客户，占茶馆消费的最大比例。按照我们的黄金会员门槛，要求这类客户储值达到 3000 元，并不容易。

为了发展这类客户为会员，我们用了一个较为常规的方法——4 倍储值当单全免，相当于给了一个 7.5 折的优惠，也非常划算。只是消费金额没有达到 3000 元的门槛，暂时还享受不了更高的黄金会员的折扣。

（3）高客单价的包间客户。针对这类客户，我们的思路仍然是储值式会员。这类客户是最理想的客户，消费能力高，消费意愿强，是我们重点发展的黄金会员的储备对象。

高客单价会员使用储值式比订阅式要好得多，既然客户能够很轻松地把三五千元存在我们这里，为什么我们要只收他三五百元呢？

单次消费达到 800 元以上时，储值 3000 元就会是顺理成章的事。我们的常规营销策略，就变成了储值 3000 元之后，当次消费1000 元以内的金额就可以免掉了。此外，成为黄金会员以后用储值消费，包间价格和茶水价格都会有很大幅度的让利。

执行策略

会员战略的落地执行关键在于以下几点。

（1）一把手对此高度重视，不厌其烦地在各种场合强调发展会员的重要性，并对发展会员成绩较好的同事多多进行表扬，使企业内部形成你追我赶办会员的风气。

（2）茶单、海报、桌牌等宣传展示工具尽量齐全，并且从客人一进门就赶紧引导他注意到我们的会员策略，并产生主动询问的兴趣。

（3）引导储值的流程、话术等销售技巧按规定动作执行到位，在点单和买单流程中设计好引导话术，培训好员工，实操演练并监督员工是否执行到位，对执行不到位的员工要及时批评处罚。

（4）给员工的奖励要及时到位，储值提成最好当天就发，使员工得到及时激励。

会员维护

客户成为会员之后，就从成交阶段转入维护阶段，维护的目的是保持客户的满意度和提升客户的复购率。

常用的会员维护手段有以下几点。

（1）加微信，勤互动。加微信容易，勤互动困难。为了达到勤互动的效果，我们建议员工用自己的个人微信去加会员，虽然这么做有员工离职而没人跟进维护的风险，但是从维护客户的角度来讲是比较省心和有效的。

员工在线上成交的产品，同样有提成和奖励，如此一来员工就愿意主动做客户维护。同时我们要给员工提供方法和工具，就是教员工怎么发朋友圈，发什么内容，和客户说什么话。加了微信之后，方便经常给会员的朋友圈点赞；有好的内容推荐，可以直接转发给会员。

（2）建微信群。以茶友会或联谊会等名义，把会员集中拉到一个或者几个微信群里，以便通知他们我们的活动安排和进度。同时要安排专人来维护微信群的活跃度，并提供维持群活跃度的内容。

（3）组织线下活动。以茶话会、品鉴会、读书会等名义，召集会员到门店参加活动，强调我们能给会员提供社会价值，提高认同度和黏性。

会员发展规律总结

在小茶馆连锁多年研究与实践会员制的基础上，我们总结了以下发展会员的规律和经验。

储值黄金比例

引导会员储值的金额与会员当单消费金额的比例通常控制在 3∶1 到 5∶1 之间，在这两个比例之间的储值减免策略会比较有效，1∶3 会非常容易做，1∶5 会有一些困难。

储值活动一般有储值享优惠价活动、储值满减活动、储值赠送金额活动三种类型，小茶馆连锁一般使用前两种，避免使用第三种，原因是防止财务混乱。

在销售激励方面，因为 1∶3 较容易成功，销售人员的能力和努力不是很重要，所以提成比例不会太高，一般限制在 3%。而 1∶5 就有一些困难，需要销售好好磨一磨嘴皮子才能成交，这个比例越大，需要销售人员付出的努力就越多，提成的比例就可以适当提高。

赠礼品不赠金额

充 1000 赠 200 之类的储值赠送消费金额容易造成财务混淆，我们不建议使用。因为虚增出一部分收入，可能会有人利用这个做假账。

吸引客户储值时的会员激励方式我们更建议使用赠品，把赠品列入营销成本，一来好计算，二来很直观，对成交很有帮助。虽然现在的收银系统完全能够支持分账，但是我们希望管理上尽量简单，因为多一个管理步骤，可能对中老年员工就是一种学习负担。

如果门店已经习惯了给会员储值赠送金额，不打算调整已有的储值策略，那么我们建议最好采取赠送电子券或者代金券的模式，把赠送的这部分金额单独做成固定金额的消费券绑定在会员的账户上，不计入会员的储值余额。或者采用像小茶馆常规使用的满减模式，类似储值 5000 元免单 1000 元，这样钱和账都会很清晰。

简单粗暴快速回款

发展会员不要瞻前顾后，要大刀阔斧，抓紧时间快速收钱。

尤其是新开业的门店一开始发展会员一定要激进，要向美容美发店学习，大做声势，搞开业酬宾活动，在局部市场内做到人尽皆知。

早期推广一要把折扣力度做得足足的，给出折扣的理由也非常正当，就是新店开业大酬宾。二要准备大量的赠品，只要储值就大件小件地送客户。客户要的是当下马上就能得到的实惠，赠品就是为了满足客户的心态，所以建议选择那些看起来非常高档值钱，实际成本并不高的产品，最好是客户拿到手之后，要么自己家里马上能用，要么拿去送礼很有面子。赠品选得好，很多时候比赠送金额还管用，因为客户看得见摸得着，喜欢不喜欢马上就知道，不需要花时间考虑。

选择了简单粗暴的推广方式，就要配套简单粗暴的销售激励政策。给员工足够高的提成比例，公司不赚钱或者稍微亏一点钱也没关系，经营者要想清楚我们当前的目的不是赚钱，而是获得一拨长期客户，营销成本是应该付出的。然后让员工之间进行PK，搞销售竞争。

设置显著的层级落差

同一个类别的会员每个层级之间的落差要足够明显，比如储值 5000 元的档位和储值 3000 元的档位之间的权益差距要足够大。这样办了某个层级会员的客户，会牵挂着更高一个层级的权益。

而办了较高层级的会员，心理上会得到一种优越感和满足感。

层级落差的体现方式，我们认为最好的还是赠品，而不是折扣力度等制度性安排。使用赠品来拉开差距，对我们来讲方便灵活，而且还可以随时更改赠品品类，调整赠送的有效时间。

会员转介绍会员

会员直接转介绍另一个会员来办卡的可能性不大，但是会员的朋友来使用会员卡的情况有很多，这时候就是发展一个新会员的好时机。

当会员的朋友到店使用非本人的卡时，我们要么向其讲解会员政策，推荐他办一张属于自己的新卡；要么建议他把消费金额储值到朋友的卡上，这样还能给朋友增加积分，也不算占朋友的便宜，最重要的是自己也得到了服务。

转介绍是建立信任最好的方式，只要我们留心接待转介绍客户，成交一个长期客户的概率就非常大。

引导会员购买产品

储值式会员一般储值之后，不会主动提出要用账户的余额购买产品，因为他们毕竟是为喝茶而来，不是为买茶而来。我们要明确地多次主动提醒他们有这项权限和服务，让他们充分知晓储值会员卡的权利。

引导会员更多购买我们产品的方法，一是抓住机会跟会员多说话，二是创造机会邀约会员到店聊天喝茶。创造机会的方式有多种，也就是邀约客户到店的理由，平时要用心多储备，例如：即将举办一场线下沙龙活动；店里新到一批高品质茶叶；今天不忙，有时间过来喝茶；向客户请教某几个专业问题；帮客户约了几个有资源的朋友。只要能和客户多接触，客户能到店里，成交的概率就会明显提升。

13

风险管理：实体店绕不开的坑

成功的经验未必可以复制，但是失败的教训一定可以借鉴。

认真对待开店过程中一定会碰上的坑，做好随时处理的思想准备和物质准备，能让你节约很多时间和成本。

赚钱很难，亏钱很容易，一年赚的钱有可能一天就亏出去了。导致我们亏钱的是潜藏在我们身边的一个个坑，要开店就会不断地栽到坑里。本章所列举的坑，可能每一个你都不会错过，如果你还没有遇到，那只是因为你开店的时间还不够长，开店的经验还不够丰富。当经营了足够长的时间，你会发现永远没有不踩坑的一天。

坑，实际上就是风险。做生意就会发生频繁的利益往来，就不可避免地会有各种风险。提前预知这些风险，虽然不一定能够避开它，但是至少会让我们有心理准备，让我们知道，不管多大的坑，只要有信心，我们终究都能跨过去。

合规的风险

合规指的是合乎国家法律法规，合规的风险当然是因为某些经营行为不符合国家的法律法规而可能造成的风险。

合规的风险在我们所有的经营风险中是经常遇到的，也是比较容易预防和处理的。

负责检查经营行为是否合规的是行政监管部门，一般来说有市场监督管理局、应急管理部、城市管理综合行政执法局、环保局、税务局、法院等。

开店新手往往会天然地害怕和逃避监管部门，这是因为在大众传统的认知里，只要监管主动找上门，经营就一定存在违规。

其实我们需要正确认识监管。监管之所以存在，是因为市场的有序运转需要这些职能部门，它符合绝大多数民众的利益。

试想，如果没有监管，任由市场自由发展，一般会自然生长出一个或者几个行业内甚至跨行业的垄断组织。它们可以借助自己的资本优势、规模优势，甚至采用暴力手段来挤占弱小群体的生存空间，使得大多数的行业从业者要么被挤出竞争市场，失去生存空间，要么沦为它们的附庸。

从另一个角度看，如果没有监管部门提供一些政策性的引导和规范，市场上的组织可能会进入无序竞争状态，哪里看起来更赚钱大家就会涌向哪里，其结果必然是那个行业会一片狼藉，一些很重要但是不怎么赚钱的行业则会凋敝。我们作为小店店主，必定是行业里最不起眼的角色，那我们为什么能够生存下来？还是监管部门维护了我们的生存空间。

监管部门和企业／商家有三重关系：监管关系、共生关系、供养关系。

监管关系是指各个职能部门要监督企业合规经营、守法经营，也要保障企业能够正常经营，保障企业的合法生存权和经营权。

共生关系表明了监管部门和商家是同一生态下的不同物种，它们共同构建起生态的多样性，也共同维护着生态的平衡。

供养关系，指的是职能部门的收入来源是政府财政，政府财政的来源是税收，税收的来源是企业，所以职能部门的生存经费本质上是从企业创造的价值中剥离出来的一部分。同时企业赖以生存和发展的稳定的社会环境是国家创造出来的，没有国家创造的稳定的社会环境，绝大部分企业就失去了生存的土壤，所以国家是企业天然的合伙人。当国家财政不够支持职能部门的正常运转的时候，企业有义务去帮助自己天然的合伙人。

理解了这几层关系，我们就会明白，监管部门不会有意刁难我们某一个小商家。他们是制定和维护规则的人，关心的是规则是被遵守，还是被挑衅。他们对遵守规则的商家给予支持，对破坏规则的商家给予惩戒。

明白了这一点，经营者就要善于从更高的视角去理解问题，从容地处理好企业和监管部门的关系。

工商的风险点

工商局是企业最直接的监管部门，它可以查处我们的任何经营问题。企业经营的工商风险点主要有以下几点。

（1）无照经营。如果经营者租的是临街位置比较显眼的门面，那么在营业执照批下来之前切勿开门营业。此外有些房子是不允许办理营业执照的，这些铺面位置再好也不要租下来，否则会面临无照经营的风险。

（2）超范围经营。超范围经营就是经营者在营业执照允许的经营范围之外开展了经营活动，其证据往往是对外宣传的材料或开出的发票。例如茶馆的营业执照必须有餐饮管理、食品销售这样的经营类目，如果没有，就存在极大的风险隐患。我们在注册公司的时候，一定要尽量写全，把未来可能要做的，尽量写进经营范围。

（3）虚假宣传。虚假宣传是新广告法出台之后的执法热点，它的可管辖范围特别宽，商家特别容易违规。例如，在非药品类商品的广告中提及了某种疗效，在企业的宣传资料里提到一些不能够提供证明材料的数据，在传单或海报中标注了某种不能执行的特价产品等。并且在任何企业相关的宣传媒体上出现上述问题，都有可能被查出来，其细微程度是没有经验的经营者完全预料不到的。

微信公众号的文章就很容易违规。例如，2019 年小茶馆连锁的官方公众号里有这样一句话："为超过 10 万人提供服务，会员可全城刷脸消费。"有职业打假人发现了这句话，并向市场监管部门举报我们虚假宣传，市场监管部门要求我们证明自己已经为超过 10 万人提供服务，证明自己店内有支持会员刷脸消费的机器。如果无法证明，就要罚款 5 万元。

公众号里很不起眼的一句话，就足以让市场监管部门以虚假宣传为名义，对一家小微企业处以 5 万元的罚款，这样的风险还不够大吗?

（4）劳动合同。员工是否签订了符合《中华人民共和国劳动法》的劳动合同，也是监管部门的检查重点。无论是全职还是兼职，都应该有合规的劳动合同保障。企业要为全职的员工缴纳社保，要有劳动合同的备案和缴纳社保的证明。现在社保入税之后，这一块的监管工作有时也改由税务局来执行。

食品安全的风险点

食品安全的风险点主要有以下几点。

（1）超范围经营和无照经营。凡是有入口产品在店内销售的，食药监局都能管，所以茶馆是一定要办食品经营许可证的。

茶馆的食品经营许可证上面的经营范围至少要有销售预包装食品、自制饮品；最好还要有散装食品销售、农产品销售、冷餐或热餐制作等。

超范围经营是一个非常隐蔽的坑，没有经验的经营者一定会踩坑。例如当你的经营范围里有自制饮品时，你就可以用水果来制售生榨果汁，但是如果你的经营范围里没有冷餐制作或者沙拉制作，而你把水果制成沙拉并且销售了，那你就触犯了"超范围经营"这一条。

（2）食品无生产许可证。无论是预包装食品还是散装食品，都要有生产许可证，食品要有"SC"标志的编码，可追溯源头。茶行业过去存在大量的"三无"产品，现在的茶馆已经转向销售品牌厂家的产品了。没有"SC"标志的产品，不要摆在货架上；如果摆在货架上，不要摆价格签。没有价格签，可以解释为非卖品或者展示品，但是打上了价格签，就会被认定是在销售。

食品经营许可和超范围经营是最容易招来职业打假人的，要特别小心。

（3）食品过期。茶叶销售也非常容易被查处食品过期这一项，因为茶叶往往都适于长期保存，而且越老越值钱。所以要特别注意茶叶包装上的生产日期和保质期，如未标明长期保存的茶叶，快到保质期了就要尽快下架。一般来说，专门销售年份老茶的店，就会这么做。

（4）台账不规范。台账主要是用来检查追踪进货来源的，茶叶的台账容易做，不会有太多的更新，但是要注意进的货是否都手续齐全，厂家应该提供的证照信息是否一应俱全，包括营业执照、食品生产许可证、每个产品自己的生产许可、产品的质检证等。

（5）健康证是否齐全。涉及食品销售和食品制作的人员一定要有健康证。健康证的有效期是一年，在就近的医院就可以办理，员工入职之后，要尽快办理健康证。

城管的风险点

城管是城市管理综合行政执法局的简称，主要负责市容市貌的相关维护和管理。对我们商家来说，城管一般会检查以下几点。

（1）招牌是不是合乎规范。例如招牌是不是符合街区要求的风格，招牌是不是有过多的宣传字样，招牌的灯光是不是过于刺眼等。

（2）"门前三包"工作是否做到位：门前的卫生维护情况是否良好，门前是否乱停乱放，门前绿化是否合格等。

（3）是否有违建现象。例如是否私自拆除了公共区域的设施、私自拉电线、私自搭建楼梯、私自更改房屋格局等。

（4）是否遵守垃圾分类的规定。例如是否有垃圾分类的垃圾桶，是否有垃圾分类管理预案，人员培训和落实是否到位，是否违规清运垃圾等。

城管的违规处罚金额一般不会太高，但是对于新装修的茶馆，主动向城管报备非常重要，否则可能面临被迫停业的风险。

税务的风险点

税务合规的要求现在越来越严格，查处和执行的力度越来越大，还出现了很多专门为企业提供节税服务的公司。税务的合规问题主要有以下几种。

（1）发票和税控管理。是否有开超出经营范围的发票？季度报税之后是否足额缴税？如果平时没有开票，税控是否及时清卡？

（2）对私收款。茶馆等餐饮企业不可避免有大量的对私收款，这部分的收银如果没有开出发票，税务部门是很难追踪的，所以税务部门可能会专门查一些有这种现象的企业，比如开了很多发票，但是对公账户并没有多少流水。这里可能涉及代开发票或者对私收款后未如实记账和足额缴税。

（3）社保缴纳。从 2020 年年底社会保险的征收工作改由税务部门来执行起，对企业是否合规、足额缴纳社保的检查工作越抓越严。过去低端服务业一般很少给员工缴纳社保，现在千万不要心存侥幸，逃避履行给员工交社保的责任。经营者要调整观念，要为员工未来的养老承担起一个企业应尽的责任，不仅要缴纳，还应该足额缴纳。

经营者除了要注意税务部门查是否给全体员工缴纳社保，还要注意在员工离职当月，及时在社保系统里对该员工做离职处理，否则会有虚报工资成本、逃避缴纳企业所得税的风险。

税务部门找上门，一般不用太担心，正常出示缴税凭证，未足额缴纳的补齐就可以了，一般小微企业不会涉及处罚。

司法的风险点

法院找上门来一般是知识产权侵权问题，最常见的有三种：一是微信公众号转发了别人的原创文章；二是宣传物料里使用了未经授权的字体；三是在宣传海报里使用了未经授权的图片。

上述知识产权起诉，一般都是职业的知识产权公司或者律师事务所的业务，是一门"生意"。

由于存在知识盲区，我们普通商家一般不具备防范的能力，很容易遭遇这类知识产权侵权纠纷。以下两个方法可以有效预防和应对这类起诉。一是尽量以个人名义，而不是公司法人名义来做公开的宣传。如微信公众号不要认证公司主体，用个人注册即可，职业的知识产权公司很难起诉个人，这就避开了一定的风险。二是已经被法院找上门要求出庭的，积极应诉，表明自己的情况，配合整改，争取少赔偿或者不赔偿。

安全监督的风险点

安全生产监督管理局主要是防火、防电、防暴机制的落实，安监部门一般不会很主动地上门检查，但是每年临近年底可能会突击检查一次。

安监的检查一般是两项：一是安全生产监督的培训学习记录表有没有按月和按季度进行，每个月企业应该有一次关于安全生产的集体学习，大家签字并拍照存档；二是消电检，就是消防和电路的常规检查，企业每年要找相关公司出一个报告，证明门店的消防和电路是安全的，这个报告通常是 2000 元左右，碰到安监部门到店检查，企业就要把报告拿出来。

消防的风险点

消防检查主要是检查店内的消防设备是否齐全和正常工作，例如烟感的数量是否足够、灭火器是否在有效期内、消防喷淋装置是否被东西遮挡等。和安监部门相比，消防部门的处罚通常更重一些。

环评的风险点

环境监督管理局对茶馆的直接监督一般不多，通常是在开业之前，有些茶馆的规模较大或者所在物业有环评的要求，需要做一个环评报告。进行工商注册时，如果提供不出环评报告，有可能得不到批准。还有一种可能是茶馆开业之后一段时间，环境监督管理局的人再过来检查，要求提供报告。

街道办的风险点

街道办不是监管的职能部门，但是也可以对辖区内的商户开展监督和指导工作。

街道办会配合政府政策性监管的要求，不定期地检查茶馆的经营工作，一般是涉及城管和食药监的工作内容。例如疫情防控，各部门都有检查的责任，政府工作会下达到街道，街道工作人员就会到门店来检查。如果发现问题，街道办会移交相应的管理部门，由管理部门来处罚或者责令整改。

街道办虽然没有直接处的权力，但是由于街道办一般和我们很近，另外企业的党团关系也是落在街道办的，如果企业有党团组织，应该主动和街道办保持良好的关系。

治安的风险点

治安归辖区的派出所管，不过派出所虽然直接管辖商家，但是一般不会主动找上门来。

一般商务型茶馆，来往的客人比较简单，不会涉及黄赌毒，是没有什么机会和治安打交道的。但是棋牌类茶馆，还有一些带有按摩之类服务的休闲茶馆，可能暗藏黄赌毒，还有打麻将的噪声过高，有可能会被附近居民举报。

如果违反了《中华人民共和国治安管理处罚法》，一般是警告、罚款和拘留，罚款金额不会很高。派出所和街道办实际都是基层治理单位，也天然地和商家比较接近，我们都应该主动和它们保持良好的关系。

股权的风险

股权的问题是生产关系的问题，生产关系搞顺了，生产力才能被释放。

对企业来说就是股权关系搞好了，人们才会力往一处使，企业才会有活力和希望。股权架构如果没有设计好，就会阻碍事业的发展，再好的项目也会因为人心不齐而发展不好甚至失败。

股权问题涉及合伙人和投资人的关系问题。我们需要有基本的概念，股权是可以分为多种类型的。按投钱与否划分，有纯财务股东和非纯财务股东；按技术能力入股的有技术股东；按管理能力入股的有管理股东；还有按一定比例只拿分红的身股股东。对于开店新手来说，股权是有很多坑的。

没有分担股权

没有分担股权就是自己一个人当老板，团队里没有其他的合伙人。这种情况非常多，夫妻俩一起开一家店，也不存在股权分配的问题。常态下其实这不算是风险，甚至这种形式对于企业的稳定很有好处。

它的缺点是公司在面临一些重大风险的时候没有人来分担，例如疫情发生后很多门店的现金流中断三五个月，如果没有合伙人一起分担，老板一个人可能没有足够的资金去填补亏空，可能就要放弃这家店。并且这种结构的企业往往无法发展壮大，无法实现更多人一起创富，建立不起一支共同奋斗的团队。

股权过于平均

股权过于平均就是合伙人之间的股权比例差不多，或者是平分股权。这种情况也非常多，它的风险比没有分担股权大得多，几乎是一种注定失败的结构。平均股权会导致决策非常难，谁都想做主，谁都害怕自己的决策权被代替，尤其是几个合伙人都全职参与公司经营管理的时候。

公司如果无法有效决策，在决定发展方向和分配利润的时候就会有大量的内耗，这会使企业失去活力，走向衰亡。合理的股权结构是公司能够长远发展的基础，它的结构不是一成不变的，但是有一些原则，例如：①股权的比例分配要做到有一个有决策权的大股东，同时有几个股东的股权之和能与大股东形成一定的制衡；②纯粹的财务投资占股不能过高，一般不能超过 50%，最好不要超过 30%，要为经营者预留一些股权；③所有权和分红权、决策权分离，为了奖励经营者，经营者可获得比自身所有股权更高的分红权或者决策权。

没有预留调整空间

公司成立之后，最好设计一个在一年后或者半年后能调整股权结构的机制。假如半年后有股东不愿意继续参与公司的经营，股东之间可以商量购买彼此的股权，让愿意退出的股东能够退出；或者有合伙人可能发挥越来越大的作用，但是他的早期股权数量较低，那么可以商量给他分配更多的股权，以免他产生另立门户的想法。

如果没有预留调整空间，合伙人越多，后期就会越被动。因为在企业发展过程中每个合伙人能够发挥的作用不一样，他们的能力、贡献和股权未必是相互匹配的，这时候分配和决策不公平的现象就会出现，久而久之人心会疲惫，公司也相应地会被拖垮。

没有设计退出机制

这个问题的本质和上一个问题是一样的，退出本身也是一种股权的调整。特别是那些非全职又非纯粹财务投资的股东，在公司能够正常运转之后都应该尽快退出，否则一定会影响其他合伙人的积极性。

对大众来说，投资本身就是会让人产生退出欲望的，而且是有收获的退出。设计退出机制对人们管理预期和自我激励非常重要，特别是对非核心创始人，明确他们在什么样的时间节点能够按照什么样的条件退出，可以非常有效地激励他们参与公司的经营，毕竟赚钱是驱动人们努力工作的最底层动力。

没有设计多种股权

没有投钱的合伙人或者核心团队成员最好不要在工商注册层面分配公司股份，否则会出现一些不好的结果。如果分配股份比例太少，非但激励不了这名合伙人，反倒还可能使他在做成一些成绩之后，以成绩来要挟公司为其分配更高比例的股权，否则就消极怠工甚至离开团队。

可以用期权或者身股的方式来激励没有投钱的合伙人或者核心团队成员。期权是一种"未来可以拿到的"股权，它是有条件的，拿到它的条件就是现在和未来的工作业绩，并且期权是可以分期兑现的，比如按 3~4 年分期，每年兑换一定比例。它适用于计划上市的企业。

身股是一种在职期间可享受分红的股权，只有这名合伙人或者核心成员在职期间可以享受，离职了就自动被剥夺了。它适用于讲究短期激励和短期努力可见效的团队，例如以销售和销售管理人员为主的团队，华为的股票激励就属于一种身股。

此外，对那些光投钱却不参与公司经营，也不全职加入团队工作的纯财务型股东，则应该设置 AB 股。让这类股东把他们所持有股权的投票权和决策权，让渡给真正负责企业经营的股东。否则因为对风险和业务的理解不同、对投资安全认知的角度不同，都很容易产生不可调和的矛盾。

过度用股权来画饼

有些经营者以股权融资或者股权激励为名义来开展诈骗，对社会骗取融资资金，对员工骗取劳动付出。如果没有稳定的实体现金流支撑，这类资金游戏就很容易玩不下去，最终受到法律的制裁。

对茶馆来说，用股权来激励员工要考虑前提条件。茶馆的规模一般不大，到茶馆打工的人也大多是教育水平较低，期望到城市里谋一份生计的年轻人。客观地说，对这些年轻人来说，让他们多赚点钱、存点钱，比忽悠他们未来可能赚更多的钱要靠谱，是对他们更负责任的态度。作为经营者应该更多地考虑从薪资和福利待遇角度去提升他们的收入，而不是说服缺乏社会阅历的年轻人来买公司的股票。

组织的风险

组织的风险是在组织架构和人力资源上面的风险。

组织冗余

组织的第一个风险是组织冗余。有些创业是需求驱动的，有些创业是计划驱动的。计划驱动的创业，往往就是计划做好了，然后按部就班地推进创业工作，这类创业就容易出现组织冗余的风险。

这类创业，管理者需要从公司涉及的业务类型和所需的职能部门的角度去思考人员配置，往往会将企业的组织架构图画好，然后再按照理想的人力资源招聘需求去投广告吸引人前来面试，或者借助猎头去邀请一些背景深厚的职业经理人加盟。

以茶馆为例，茶馆的组织架构应该是超级扁平化，一两个人就能把一家店管好。茶馆其实对人才背景和经验的要求并不高，甚至没有什么要求，如果我们过于高配人力资源，实际上就是杀鸡用牛刀了。一来这些人才的管理经验派不上用场，二来我们的经营成本被拉高了。

分工不当

组织的第二个风险是分工不合理。有业务分类和上下级关系就会有分工，业务量越大，分工的必要性就越强。茶馆如果生意不好，店员大部分的时间都闲着，就没有分工的必要了。反过来说，如果生意好了，店员大部分的时间都在忙，为了提高效率，就必须分工。

　　作为经营者必定是努力让门店的生意越做越好的，最常见的做法就是只要有新的盈利点就想去尝试，只要做尝试就需要调配人力，人力如果不够就得增加，但是如果新的盈利点创造的收入不足以支付一个新增人力成本的话，就只能去调配原有业务的人力，这就会造成几个问题：一是现有员工可能会因新增工作量但未增加收入而怠工，也可能跟不上新业务的学习；二是新增业务可能需要专人管理，可能会和门店原管理人员产生管理范围和资源冲突；三是新增人力可能导致长期亏损，如果之后再砍掉新增的这条业务线，就会影响团队士气。

　　所以新设岗位就要考虑岗位分工设计，当然小团队最大的优势就是灵活，可以由老板直接管理，而稍大一些的团队就要考虑新增岗位对公司预算和组织架构可能产生的影响。

做减熵

　　组织的第三个风险是不能果断裁员。相比餐馆来说，茶馆的人员流动性不强。一方面是茶馆需要的人员少，管理扁平化，能在早期留下来的基本就会待很长时间；另一方面是茶馆员工的收入水平普遍比餐馆高，人员主动离职的意愿也不强。

　　从热力学第二定律来理解，造成系统失衡而走向死亡的是"熵增"，对组织而言，负能量的员工就是"熵增"。

人员流动性不强的结果，就是员工如果长时间得不到成长或者晋升，会表现出疲态，工作不细致了，对自身成长的要求也不高了。作为茶馆经营者，要在这时候有意识地解雇老员工，聘请新员工，或者让老员工成长到一个更高的岗位上，以便新员工进来，持续不断地重复这个过程，保持门店的新鲜血液。

如果不能做到及时果断地裁员或者分流老员工，茶馆就会进入一个死循环中，无论是员工还是客户，都会失去对门店的新鲜感，门店就进入瓶颈期，甚至业绩倒退期。

老员工的状态会影响整个门店的状态，新员工刚一入职，正在形成自己的职场价值观和方法论，极容易被没有激情的老员工带坏。所以，如果门店的风气被老员工的不良精神状态拖累，我们一定要果断淘汰老员工，末位淘汰制或者关键绩效考核就很重要，毕竟组织能够活下来才是大多数人生存的基础。

物业的风险

物业的风险主要是与物业方的合同风险。

转租风险

不能和房屋产权所有人签合同的商铺原则上不要考虑，因为你不知道自己是和二房东还是三房东签的合同，万一花了很高的转让费或者装修费，房东却要收回店铺，你将会非常被动。

当然事情也都有例外，如果没有转让费和装修费，也没有押金，房租的交付方式也很灵活（如一月一交），那是否从二房东手里转租过来也无所谓。

租期风险

合约如果只能签两年以内的，原则上不要考虑。

茶馆的回本周期不会很短，通常经营良好也要一年以上的时间，我们不能让自己刚刚把成本收回来，刚刚把客人累积起来，就放弃这门生意，或者又转战其他地方。

例外的情况是如果没有转让费和装修费，也没有押金，房租的支付方式也很灵活（如一月一交），租期非常短，甚至半年一年也无所谓。

合规风险

合规风险就是该处物业是否能够正常申办工商营业执照和食品经营许可证。

办理工商营业执照一般来说没有什么问题，需要注意的是营业范围是否能批准食品销售和餐饮管理。食品经营许可证相对就难办一些，手续费也会更高一些。食品经营许可证是合规经营最大的风险点，一定要规避。

那些在写字楼上用私人产业做成的茶馆，或者是无人值守的茶馆，要特别注意上述合规风险。

投资的风险

实体经营者计划做投资的风险一般有两种情况。一是经营者有一部分闲置资金需要找地方花出去，最好还能保值增值；二是经营者计划扩大再生产，如开新店或者增加新的业务线，投资款可能是闲置资金，也可能是融资。

无论是哪种情况，实体经营者做投资都应该遵循稳健的原则，实体经营者厌恶风险，追求的是在本金安全的前提下资产的保值和增值，对高回报率有天然的警觉。

实业经营和资本经营的底层逻辑是完全矛盾的，例如实业经营需要有某种产业偏好或者家国情怀，而资本经营则强调绝对的理性和反人性，投资时要将情感因素完全剥离。只有极少数的人能够同时拥有这两种思维，并且在这两个方面都做得不错。绝大多数人想要把这两件事同时做好，其结果就是自己很累，风险很大，最后可能倾家荡产。

不是说茶馆经营者不需要投资，而是要谨慎投资，毕竟我们都是普通人，投资也是每一个普通人日常生活都绕不开的话题。

如果我们将自己定位为实业经营者，而不是资本经营者，那我们就要给自己设置一些投资风险的预警机制。

加盟风险

　　加盟一个成熟品牌，是开店新手快速上手经营的好选择，能够为新手节约很多学习的时间，降低试错成本，提高生意存活率。但是市场上也有很多品牌是以快速收割加盟商为目标的，他们的全部精力都放在招商上，根本不花费什么成本在产品打磨和运营赋能上，这就造成了很多加盟的风险。

　　加盟的坑最常见的是遇到一些快招公司，它们一般是打造一个视觉效果很有特点的样板店，花钱雇些人假扮成消费者，通过在媒体上拼命打广告来获得大量的意向加盟商，邀约到总部考察，然后销售人员展开猛烈的攻势，尽快把客户拿下。

　　因为产品和运营的基本功不够强，加盟商交了加盟费之后才知道得不到什么服务，这些快招的品牌在发展到一定规模后就会支撑不住，很快就会全面崩溃，快招公司就会抛弃这个品牌，然后换一个品牌把上一轮的流程再操作一遍。这种模式最常见于奶茶店和单品餐饮店，这两类门店容易打造也容易管理，所以招商也相对容易。

　　就茶行业来说，茶叶品牌的加盟商非常多，典型的如大益、中茶、八马、华祥苑，都属于实力较雄厚、品牌知名度也较高的生产型厂家，普通的茶叶品牌更多的是发展经销商或者代理商，不会也没有能力推广单店加盟。茶馆品牌的加盟很少见，也没有做成全国连锁这种规模的，这是因为茶馆本身的业务属性和茶叶店的本质不同。

如果有一个茶馆品牌可供选择加盟，我们要看三点。

（1）该茶馆品牌的供应链。它是做自己品牌的茶叶和茶具，还是集合了多个品牌的茶叶和茶具？这些品牌在市场的知名度怎么样？它对这些茶叶生产源头的控制力怎么样？它用什么样的机制来保证自己茶叶和茶器的品质？加盟费有多高？起订量要多少？折扣能给到多少？

（2）该茶馆品牌的运营扶持能力。它在加盟商的运营扶持上采取了哪些措施？它的运营手册的可执行性细致到什么程度？它有没有长期的、持续跟进的培训体系，来保证加盟商能够一步一步地掌握运营管理的方法？它有没有和运营系统相匹配的信息系统来支撑门店的发展？它在招商的区域有没有设立一个分公司和安排专业的人去扶持加盟商开展业务？它是如何兼顾区域保护和业务发展之间的关系的？

（3）该茶馆品牌的引流能力。引流能力第一是看品牌的知名度，第二是看这个公司正在如何打造自己的品牌，它的做法能否持续下去，品牌积累能不能达到越来越强的效果。

越是知名度高的品牌，加盟的成本就越高。普通大众加盟某一个品牌的核心原因就是这个品牌的知名度，有些强势品牌甚至可以做到吸引消费者主动排队。

但是茶馆行业并没有那么强势的品牌，茶馆行业还没有一个真正全国知名的品牌，所以我们考察的重点仍然是茶馆品牌的供应链和运营能力。如果这两个能力很强，品牌知名度小一点其实也没关系。

除了上述三点，其他都不那么重要。例如招商品牌所展示的样板店是否火爆，如果很火爆，可能是品牌雇人制造出来的，如果并不火爆，也可能只是你考察的时候正好这家店不太行。轮到你自己开店的时候，几乎所有都要从头开始。

如果考察加盟品牌，一定要到现场去，最好能多待几天，把这个品牌的全面经营情况搞得更清楚一些，把上述三点情况看透，再来决定是要加盟一个品牌还是做自己的品牌。

开新店风险

茶馆经营者开了第一家店如果进展还不错，能够有稳定的现金流，并且可以脱身管理之后，很自然地会想开一家新店，这时候就会有开新店的风险。

当我们成功开了一家店，在开第二家店的时候反而会有更大的风险，因为我们可能获得了一些并不正确、并不能真实反映客观规律的经验。经验会误导我们，让我们以为自己已经掌握了开店的能力，而成功的自信心会促使我们想要开一家规模更大、投入更大的店，要注意了，这可能是失败的开始。

开一家新店，多少都是要投入的，而投入的这些资金要么是上一家店经过几年累积下来的利润，是辛苦得来的，要么是通过融资而来，是亲朋好友对我们的信任，无论是怎么得来的资金，都应该认真对待。如果一家新店没有开成功，持续地亏损，就意味着上一家店要不断补贴这家新店，经营者还要持续不断地培养一个好的店长去兼顾这两家店的运营，这从技术层面看也是有一定困难的。

如果新店不断地亏损，不断地蚕食老店的利润，还会造成员工的不满，使整体士气下降。一旦亏损超过一个临界点，可能会把前期搭建的大好局面全部亏进去，最后把经营者自己的心态也拖垮。

我们的第一家店之所以能够成功，往往并不完全取决于我们自身的经营能力。客观地评价自己真的很难，我们应该多问问自己也多问问那些更有开店经验的人，我们的店究竟是怎么活下来的？是因为地段好和成本低，还是因为我们做出的经营动作非常符合周边市场的真实需求？要把问题问得更深入一些，更透彻一些。

除了有用的经营经验之外，在任何一个新的地点开始新的经营，都是一次全新的尝试。无论前期调研有多深入，实际经营的时候，我们对本地客户需求的理解还是会有变化，甚至有可能是极大的变化，所以经营者对每一个新的选址都要有敬畏之心。

在物色到和培养出一个能把老店完全托付到他手里的人之前，

经营者不应该轻易开新店。只有后方完全稳定，经营者自己可以去新店负责全局工作，才有可能把新店同样做起来。这个发展顺序是很重要的。

过度的金融投资风险

这个风险指的是茶馆经营者的心思不放在自己的主业上，而是放在金融类投资上，这会对实体门店的经营产生不利的影响。

团队的士气是由经营者的状态来决定的。如果经营者不投入，没有理由要求普通员工比经营者更加投入。当经营者过度关心自己的股票收益和基金收益时，自然就会疏于考虑门店的常规经营，也会疏于考虑员工的成长，这样团队的凝聚力、战斗力自然就下降了。

和资本经营获得利润的能力相比，实业经营获得利润的能力往往是较差的。一旦经营者习惯了资本经营的获利节奏，就会越来越看不上实业经营的获利能力，甚至会开始厌恶实业经营的高风险和低利润的矛盾，对自己的事业产生动摇。一旦这个心态形成，茶馆的事业就必然做不成了。

所以茶馆经营者即使参与金融类投资，也应该是以长期的、稳健的金融投资为主，尽量不要去做短期的股票投资、贵金属投资、期货投资等。要学会接受人生的财富有可能快速积累，但是人生的事业需要慢慢经营的理念。

如果茶馆经营者把经营茶馆作为自己的事业主线，那么在做金融投资的时候，一定要设置好投资金额占自己总资产的比例和止损线，要保证能够及时止损。不能让金融投资部分的亏损波及实体经营层面。

退一步说，如果茶馆经营者并不把茶馆作为自己的事业主线，对茶馆的要求只是能正常运营，最好能有经营利润，那么就不存在上述问题，经营者也不必为了区分事业主次而为难自己。

认知的风险

上述所有的风险归根结底都是认知的风险。企业所有的经营管理行为都是企业主主观认知的客观反映，企业的经营成果是企业主的认知变现，企业的业务范围是企业主的认知边界。俗话说："不熟不做"，实际上说的就是我们不要轻易尝试我们认知之外的领域。

认知的建立需要投入成本，时间成本和财务成本都是少不了的，所有人都绕不开，差别只是每个人学习的效率有高低之分而已。下面我们总结几类重要的认知风险。

商业模式的认知风险

认知的风险首先来自对商业模式的理解，你究竟是卖什么的

（产品 / 服务）？你用什么方式把东西卖出去（营销 / 销售）？你能不能一直卖这个东西（持续性 / 延展性）？如果不能卖了你能不能很快找到替代品（第二增长曲线）？

事实上很多企业主和创业者对自己的商业模式并没有清醒的认知，只是凭着运气和习惯在赚钱，所以他们必然将在社会要求调整的时候面临风险。并且缺乏底层认知的企业主，不可能实现商业模型的规模化复制。

比如，茶馆的主营业务是空间，茶饮店的主营业务是饮品，两者有着本质的差异。如果开茶馆的老板，每天琢磨的不是怎么把空间卖好，而是把饮品一杯一杯地卖出去，那么即使他把饮品卖赚钱了，也无法改变他"不务正业"的本质，他的茶馆门店也不会有太长远的发展。

要建立对商业模式的正确认知，首先要借助公认的知识，听听行业里公认的专家行家是怎么看的，多找几个在行业里已经取得一定成绩的企业主聊一聊，认真地去思考和理解他们的想法。如果他们的想法和你的想法不一样，千万不要主观地认为自己的想法有多好，不要觉得别人的想法是传统的或者不先进的，这种新手的自我优越感往往源于对行业的无知。先学会理解和接受别人的想法，再去思考自己的想法为什么会和已经成功的人的想法不一样，这种不一样究竟有没有现实基础。

其次是根据自己各项业务的收入情况和趋势，做深度的数据分析，刨根问底地去剖析行业的本质。数据不会骗人，时间足够长和数量足够多的数据能够反映出一定的客观规律。什么收入是我们的主营业务收入？它在整体中占比多少？它的趋势是增长还是衰减？它的成本结构是怎么样的？反复从业务数据去倒推业务逻辑，就会越来越清楚自己的商业属性。

管理 vs 经营的认知风险

经营更重要还是管理更重要？对于以业绩为导向的营收规模和人员规模都普遍不大的茶馆来说，经营应该先于管理。尤其是在创业期 / 启动期，维持管理制度相对于经营拓展的滞后性，有助于企业更快更好地发展。

职业经理人、财务、法务和行政出身的人，也就是管理岗出身的人，很难在创业上获得成功，越是小规模的创业，对这几类人来说就越难应对。因为他们的思维习惯是用一套规章制度来应对瞬息万变的市场。

经营和管理的主要差异在于：经营的着眼点是解决市场的问题，管理的着眼点是解决人的问题。经营的目标是拿到市场的结果，管理的目标是约束人的行为。

成功的企业都是经营起来的，没有企业是脱离经营依靠管理而成功的。对于企业而言，发展能够掩盖一切问题，即使管理很不到位，但是如果经营情况良好，企业也能呈现出一片欣欣向荣的气象，反之则死气沉沉。

管理先于经营会产生一系列问题，当管理的节奏快于经营的节奏，企业会出现的最严重的问题是人浮于事，员工都以遵守规章制度为原则，而不以公司发展为原则，人人都通过管理制度来逃避责任，于是人人都不承担责任，人和人之间的关系冰冷，企业失去温度，久而久之企业就被掏空了。

所以在开店初期，在建立好基本的管理制度的前提下，有必要给管理空间留出足够的灰度，让经营去推动管理。通过经营来发现问题，用打补丁的方式去健全管理制度，而不必过多地提前做好规划和设计，却在未来的运营中被迫做大量的调整，那样不但浪费时间，也影响士气。

自我能力的认知风险

企业经营者建立客观的自我能力认知太重要了，如果企业经营者做不到正确客观地认知自己，那么企业是做不到持续成功的。

最常见的现象是企业经营者由于某方面的天分或者机遇开始赚到了钱，于是自我膨胀，对自己的能力产生了盲目的信心，认为自己什么都能干。狭隘主观的自我能力认知会阻碍我们去搭建一个能力相对互补的团队，从而阻碍我们取得更大更全面的成功。

一般来说，与企业经营相关的性格模型有以下几种：领袖型、管理型、专业型、销售型。

领袖型的人擅长战略规划和团队激励，能给团队指引方向，但是不适合也不擅长直接参与过多具体的工作。

管理型的人擅长目标拆分和细节落地，执行力和原则性强，但是前瞻性、开拓性偏弱。

专业型的人擅长把某个领域研究得很透，但是往往缺乏全局观，不太愿意与工作无关的事和人打交道。

销售型的人通常偏外向，对完成业绩有执念，目标感和执行力都很强，但是不愿意遵守纪律和关注细节。

一个好的团队是多种人才都齐全的团队，正如西天取经的师徒团队。但是也未必要追求完美，一般的商业公司把管理和销售做好，基本就可以正常运营起来了。

企业经营者要做的是尽快给自己的能力定性，清楚地认知自己的优势和短板，靠人力资源来弥补短板而不是靠自我能力提升来弥补，把时间更多地花在寻找与自己能力相互匹配的伙伴上。

14

创业人生：经营的若干终极问题

不忘初心，方得始终。对创业和经营的终极问题的持续思考很重要，但是很难做到。大部分的创业者和经营者很容易在无休止的困难和琐碎平淡的日常工作中，消耗掉自己对成就感和快乐的觉察，被企业运营的成本压得没有思考长远目标和商业本质的时间。

本章为大家总结了茶馆经营（也是所有创业）会面对的 6 个终极问题，能帮助大家提醒自己，要回到轨道上来。

创业是一条九死一生的路，开茶馆无论看上去有多美，本质上仍是一场创业。

2021 年年初，闲鱼 App（一个二手货交易平台）依据自己平台的交易数据总结分析出一个实体店创业失败率的排名，第一到第十名分别是：奶茶店、咖啡馆、花店、茶叶店、服装店、便利店、密室逃脱店、美容院、剧本杀店、婚纱店。

虽然这里面没有茶馆，但是前四名里有三个和茶馆高度相关的实体店：奶茶店、咖啡馆、茶叶店。这意味着无论是售卖空间还是饮品，都是很难实现盈利的商业模式。茶馆的创业者必须高度务实，丢掉对诗意生活的一切幻想，躬身入局，投入真实残酷的商业实战当中。

一个务实的创业者会不断思考自身的优劣势，以便做出最具合理性的选择，只要他一直在创业，他就始终都要思考以下终极命题。

我适合开茶馆吗

一个人是否适合开茶馆，并不能决定他最终是否会开茶馆，也并不能决定他最终在茶馆这份事业上能取得多大的成就。

我们首先应该明确一个客观规律，就是决定人能否做成一件事的核心因素是社会趋势，其次是这个人所能调用的促成这件事的社会资源，最后才是性格、喜好这些个人因素，而后两项就是我们所说的适不适合做这件事的条件。

所以，如果我们的内心渴望开一家茶馆，那我们不应该因为自己可能不适合就放弃内心的渴望；当然我们也不应该仅仅因为自己的条件适合开茶馆，就投身这份事业，毕竟条件再好也不一定能成功。

思考自己究竟是否适合开茶馆，其意义在于帮助我们想清楚是否真的要自己去开一家茶馆，以及如果经营不顺利，我们是要放弃还是坚持。

判断我们是否适合开茶馆的第一点也是最重要的一点是，我们是否能从这份工作中感到兴奋和拥有激情。

路遥说，只有初恋般的热情和宗教般的意志，人才有可能成就某种事业。如果放到茶馆经营上，这种热情和意志本质上源于对茶的热爱和对事业的热爱，这两种热爱必须都有，但是又必须分开。

简单来说，对事业不热爱不行，对茶太热爱不好。很多开茶馆的人只是爱茶，但是并不那么喜欢经营茶馆，也并不把经营茶馆当作事业，这导致他们没有用心去钻研茶馆的服务体系、产品体系、运营体系等。这类经营者往往要么是通过其他地方的收入补贴茶馆的经营支出，要么是亏损经营了一段时间之后发现自己不适合做生意，最后放弃了经营茶馆，还可能影响他对茶的喜爱。

如果只是把开茶馆作为一种雅致、一种兴趣，而不是当成自己的事业的话，那现实世界很快就会让你明白岁月静好并不存在，能够风花雪月只不过是有人替你负重前行。相反，如果我们提前做好了负重前行的准备，那真正走起来也未必会很累。

对茶既不能不爱，也不能太爱。不爱，则不可能懂茶，不可能真正进入这个行业；太爱，则容易走偏，离普通消费者越来越远。

如果不爱茶，纯粹为了做一门赚钱的生意而开茶馆，是完全没有必要的。毕竟比开茶馆更赚钱的生意还有很多，而且开茶馆的风险并不比其他实体店更小，其盈利点也并不比其他实体店更多。

如果太爱茶，就会觉得只有自己的茶最好，别人的茶都不怎么样。越来越追求所谓最好的茶，花大价钱去买好茶，存着不舍得卖，把茶做成了收藏品、奢侈品、投资标的、金融产品，但就不是日常用来喝的消费品，这就背离了做生意的初心和本质。总之，把握好对茶和对行业的热爱的尺度很重要。

判断我们是否适合开茶馆的第二点，是我们在茶馆行业有多少资源和经验。底蕴的厚度决定事业的高度，经验和资源就是我们做这份事业的底蕴。

茶馆行业毕竟不是一个创新行业，它的发展规律是可循的，如果我们在创业之前就已经有了充足的行业经验，那首次创业成功的概率肯定就会大很多。获得相关经验最直接的方法就是在茶馆行业工作，最好是在规范经营且经营良好的茶馆里工作过，而且从基层起做到过店长以上职位，拥有了方方面面的真实经验。这时候跟对人，进对公司，打下好的职业认知和技能基础，就显得非常重要。

资源是一个相对广义的概念，它既包括人脉，就是我们的家人、贵人、同学、朋友、客户、同事，还包括供应链、库存、资金条件等。资源的本质是杠杆，用好资源能让事业事半功倍。但不是没有资源就不能创业，创业者不一定是具备很多资源的人，但是他们往往能够快速地获得大量资源并且能够将资源变现，这就是人们常说的商业能力。商业能力杰出的人就是善于调用资源的人。

判断我们是否适合开茶馆的第三点，是我们对事业的发展是否有足够的耐心和毅力。

茶馆行业发展比较慢，哪怕我们积累了很多开店的经验，也只是在行业发展慢的基本面上加快了个别公司发展的速度，并不能改变这个行业发展慢的行业属性。那么，在我们的经验不起作用的地方，我们是否能够有足够的耐心和毅力去坚守一个点？我们坚守这个点是否就一定有希望，还是会让我们越陷越深？

这些问题虽然没有一成不变的标准答案，但是都是好问题。提问既是为了找到答案，也不光是为了找到答案，更多的是逼自己去思考和反省。我们只有对自己的耐心和毅力有比较客观的了解，才能预估我们在面对挫折时可能有的态度。

这其实也是我们的风险偏好和风险承受能力的一种表现。如果我们的角色是职业经理人，那我们应该更为保守，追求更为稳健的企业发展节奏。但是作为创业者，我们就应该锐意进取，偏好风险，同时要具备更加强大的抗挫折心理和更加坚定的事业目标。经营者应该反复思考如何认知自己，弄清楚自己的底层思考逻辑是哪一种偏向的：是创业者心态，还是经理人心态？

我的时间应该怎么分配

管理教科书上会说一把手的工作是定战略、搭班子、做流程。企业管理培训师会说一把手的工作是找钱、找人、定方向。

应用于一般的企业经营管理，他们的说法都很对，但是放在茶馆这样的小店经营上，我们就会被误导。他们说的都太大太虚了，对于一个小小的茶馆老板来说，战略真的重要吗？真的需要很好的人才吗？小店的未来需要什么坚定的方向吗？

仔细想想，其实都不需要，不是每个小店的老板都要把小店做成星巴克，但是每个小店的老板都需要养家糊口，大家开店的根本目的都只是赚钱而已。

把这件事想通，少一些情怀，多一些务实，既是对自己好，也是对员工好。毕竟真正赚到钱，员工才能分到更多的钱，员工才会变好，事情才会越来越顺。

人最大的不幸往往是志大才疏，就是以为自己能把生意做好，又不屑干最脏最累的活儿，却认为自己有理想、很聪明，理应得到上天的眷顾。这是典型的对自己的认知和对世界的认知都极不客观的表现，这样的人不在少数。

要做好一件大事，可能需要做好一百件小事为前提，但是缺乏客观认知的人会认为自己已经做了十件事了，应该马上就能拿到做一件大事的结果了，殊不知离得还远着呢。一旦没有拿到结果，这类人往往又会归因于外部世界对自己的不公平、不公正，并不会主动反思自己还差九十件事情没有做，也不会明白就算做好了这一百件小事，也未必能做好一件大事。这里面没有必然的因果关系，只有概率关系。

在我看来，一个务实的小店店主应该这样分配他的时间。

首先，把最多的时间，即1/3以上的时间用来和客户打交道。要么是给客人做服务，要么是找客户做销售，因为这是产生收入的最直接的动作。老板本来就是企业里最能带来现金流的人。

如果老板都不在主要的工作时间里为自己的小店创造收入，就不要指望员工会在工作时为你去做这件事。如果老板没有能力为自己的小店带来最多的收入，那这个老板就不适合坐这个位置。

其次，1/3 以上的时间要用来和员工打交道，给员工做培训，和员工聊天，了解他们当下的需求，给员工们鼓劲，令他们能够保持较好的工作状态。

普通员工的心理承受能力和抗压能力都是很一般的，很容易出问题。领导者要时刻关注员工的状态，然后及时通过分配或调整工作、聊天沟通、帮忙做事等手段，来调整员工们的情绪状态。此外，职业技能和职场价值理念的培训都非常重要。

最后，剩下不到 1/3 的时间用来学习，尽量充分地利用碎片时间来学习，而不是把一整段很长的时间用来脱产学习。

学习什么呢？首先要学习如何解决当下面临的问题，解决当务之急。其次要学习与生产经营高度相关的知识和技能，这是直接和生产力挂钩的。最后学习企业的管理机制、股权架构等对企业长远发展有作用的知识。

一个务实的小店店主会主动摒弃很多无效社交，也会主动放弃大量休息时间。这样他才能把时间用在销售上，用在与员工交流上，用在提升自己上。

我要开分店吗

当第一家店赚到钱之后，我们很容易产生想要再开一家新店的想法。这是人们天然地想要得到更多的本性，更是企业家不断投入扩大再生产的原始动力。

往往只有经营受过很多挫折的人，才会很自然地放下扩张冲动，去认真思考自己究竟想要一种怎样的经营结果。

对一个小店店主来说，每一分收入都是血汗钱，都来之不易，我们的抗风险能力普遍不高。而且我们也没有强大的资本力量支持我们去扩大规模，也没有资本在催逼着我们不断去扩张。对于是否要开一家分店，我们应该比开第一家更加慎重。因为人们开第一家店往往是因为冲动，但是开第二家店时已经积累了足够的经验，应该用理性来决策，而不应该用冲动来指导。

有些人是第一家店没有赚到钱，就想要开一家分店来试试能不能弥补第一家店的损失。有这种想法的，一定要摒弃，否则会把自己带到深坑里。既然第一家店都没有成功，大概率说明你还没有掌握这个行业的规律，经营的决策如果要靠赌一把来做，那输的概率在 90% 以上。

我们开分店的前提一定是第一家店已经成功了，获得了较为稳定的利润，并且团队也较为稳定，经营者甚至可以脱身管理了。

具体来说，在已经盈利的前提下，究竟要不要开分店，我们要依次考虑以下因素。

第一，问问自己的内心，你做生意的终极目的，是要做规模还是做利润。如果你经营企业的终极目的是做规模，你有雄心成为某个领域的霸主，那么不必怀疑，只要有较好的选址，成本可控，就可以尝试开新店。如果你做企业的目的是获得利润，你希望有更充分的资金去享受更好的物质生活，那么你就要问问自己，更多的利润一定要通过开分店来实现吗？做好一家店，把销售业绩都在同一家店里完成不是更好吗？

第二，问问自己的管理，是不是具备培养分店经营管理人才的能力。如果现在要开一家分店，前期是老板自己去开，还是派一个店长过去开？如果老板自己去，老店的正常运营能够保证吗？如果派一个店长过去，老板能够完全放心交给他吗？开分店听起来容易，实际上意味着茶馆从个体户升级为连锁企业，需要企业主的管理能力有本质的提升：一方面是利益分配机制需要重塑，另一方面是人才培养能力也要提升。

经营者有计划开分店之后，就要提前很长时间做好这两方面的准备，检验自己是不是已经做好开分店的准备了，以下指标可以作为判断的依据。

（1）经营管理是不是已经有一套方法论。这个方法论是指经营者要有一个经营框架，要全面了解和掌握开好一家茶馆的基本模块，从选址、装修、成本控制，到获客、服务、提升收入，再到管理员工、激励团队等。并且在这个框架上，积累了一些有效的打法，能够帮助企业降低成本或者提高收益。

（2）人才梯队是不是已经初步形成。至少是从老板到店长再到店员的三级组织架构是否具备，是否分工明确，是否有效运转。如果某一个环节的某一个人出现问题，在机制上是不是能够很快培养一个人来代替？如果业务严重依赖某一个人，复制性就差，只有形成了可持续发展的人才梯队，人们才能够有效地分工协作。

（3）利益分配机制是否能够激励每一个层级。企业的资金准备是否充分？如果资金出现缺口，团队能坚持多久？如果赚到了钱，是不是每个人都能分享到合理的一部分？老板如果能把分钱这件事做好，即使前面的两个条件都不具备，也能在发展中解决开分店的管理问题。

我能把茶馆做到什么程度

思考这个问题的目的是给自己以希望和目标。普通意义上把茶馆做成功有两个商业上的维度，一是规模，二是利润。

规模的核心指标是营业收入，它的决定因素有门店数量和单店营收、空间大小、产品种类、销售能力等。利润的核心指标是净利润，它反映了企业的经营能力和财务能力的总和，也决定了企业主真正能够为自己和股东创造多少财务回报。

规模上成功的茶馆企业我们可以参考北京的老舍茶馆，位于北京二环内天安门附近的老城区步行街，整体面积超过5000平方米，有餐饮区域、零售区域、表演区域、博物馆区域、商务茶馆区域等多个功能区，也是北京旅游的必游景点之一，平均每年接待超过10万人次游客，是北京的一张文化名片。

利润上成功的茶馆企业我们可以学习北京的嘉石木茶馆，位于北京金融街，面积五六百平方米，除了能够提供餐饮服务和包间茶水之外，更多依靠发展云南地方产品的团体消费，包括普洱茶、翡翠玉器等，每年营业收入能做到一个亿。

如果把规模和利润分别作为横轴和纵轴，画出一个平面，最理想的状态当然就是一条斜线——规模越来越大，利润越来越高，规模与利润双增长。

真正的商业现实是千变万化的，是上下起伏的曲线，其中也暗含着一些规律，例如：在规模扩大的同时，由于管理成本的激增，利润可能在下降；当规模大到一定程度的时候，随着边际成本的下降，利润又可能明显增长起来。

一个成功的茶馆纯粹地追求规模与利润的双增长是难以持续的，更合理的是把增长的曲线拉长一点，在时间上放慢一点，能够充分享受时间的复利。任何一家企业都有生命周期，有的长有的短，有的发展得快有的发展得慢，茶馆企业的生命周期可以很长。

除了普通商业意义上的成功，开茶馆也可以追求精神意义上的成功，同样体现在两个维度：个人兴趣和社会价值。

精神意义上的成功告诉我们，财富的价值可以是多元化的，不光商业上的成绩是成功，心理上的满足也是成功，身心的平衡也是成功。

为满足个人兴趣而开茶馆很常见，但是在持续地发展个人兴趣和取得一定的商业成就之间找到平衡比较难。很多老板因兴趣而创业，却在开店的过程中被经营的琐事逐渐消磨掉了热情，最后连对茶的喜爱都丢了，实在很可惜。

良好的状态是个人爱好和兴趣能够持续地发展，随着服务越来越多的客户，以及和供应链的伙伴不断地打交道，和同行、前辈、专家不断地相互学习，老板自身的专业能力越来越强，对茶和茶文化的领悟越来越深，人活得也越来越通透和自在，进入一种良性循环、螺旋上升的状态。

有的人开茶馆是为了寻找自己存在的社会价值感，找到"我为什么而存在"的答案，这类人是带着使命感创办企业的，追求的是实现更大的社会价值——帮助国家和社会解决更多人的就业问题，为行业进步和文化传播做出贡献。

在这两个方面，无论是发展个人兴趣，还是追求社会价值，王琼老师的和静茶修（和静园茶馆）都是我们关注和学习的模范。王琼老师不但自己爱茶，更把自己对茶的热爱转化为行茶的仪轨和一系列的教程，培养了大量以茶为事业的茶馆馆主，为推动茶文化的传播做出了不可磨灭的贡献。

除了上述四个维度的成功，还有一种延伸意义的成功：平台化。

茶馆平台化，以茶为媒，社群为实，实际是很常见的。茶馆本身就是一个社交的聚合点，在社交的基础上，形成信息平台、资源平台、项目平台、人才平台、资本平台等。很多茶馆老板开店最初的原因就是自身有大量的接待需求，与其在外持续花钱，还不如自己做一个会所，方便自己和朋友做接待和搞资源。也有一些茶馆因为老板/股东特殊的身份地位或者选址的特殊性，形成了平台属性比服务属性更加明显的特点。

例如在 2014—2016 年左右的"大众创业　万众创新"中，北京中关村创业大街上的车库咖啡、3W 咖啡，就成为互联网创业人才与资本的对接平台，在全国范围都有很大的名气。再例如北京大学校友会众筹开设的 1898 咖啡馆，它成了一个校友之间连接资源的平台，人们到店里来不是为了享受服务和购买产品，而是寻找项目机会和认识有资源的人。它们都是典型的平台化的茶空间，只是它们的名字不叫茶馆，叫咖啡馆，这是时代的特征使然。

相比前面四种成功，平台化的成功难以持久，通常都是火爆两三年随后就销声匿迹。毕竟平台化的成功取决于创始人 / 股东的精力投入和社会的发展趋势，它很难形成制度化的成果积累。但是平台化的成功有可能带来很大的衍生效益，这可能是远远超出创始人的预估的。

例如 2015 年前后的车库咖啡，聚集了最初一批区块链创业者和比特币玩家，其中有些人在日后陆续成了国内该领域的大佬，也有些人通过炒比特币实现了跌宕起伏的暴富，这里面发生了很多有趣又有历史意义的故事。如今互联网创业的浪潮退去，车库咖啡也冷冷清清几近倒闭，但是亲历了这一段历史的人们都记得，在车库咖啡这个平台，曾经产生了远远超出一家店营业收入的巨大价值。

回到这一节的主题我们做个小结，茶馆至少可以在规模、利润、个人兴趣、社会价值和平台化五个维度上获得成功。每一个维度都各有各的精彩，每一个店主都可以有自己的追求。不同维度间也都不是排他的，而是可以相互兼得的，只是我们也要明白，追求某个维度的成功，我们也要有放弃在其他维度上成功的思想准备，从而更加轻松地面对开茶馆这件事。

退一万步来说，即便我们没有获得世俗意义上的显著成功，只要我们在经营茶馆的过程中获得了一份稳定的收入，解决了几个人的生计问题，一家小店能够持续地经营下去，也已经是了不起的成绩。

如果你正在计划创业和刚刚启动创业，那么给自己树立一个更高的目标还是很重要的。既然每一个维度都有可能获得非凡的成功，那何不给自己树立一个更为高远的目标呢？

梦想还是要有的，万一实现了呢？

茶馆是做 To B 还是 To C 生意

茶馆是做 To B（企业）还是 To C（个人）生意，这可能是个小问题，但确实是个有意思的问题。来的都是个人，买单的却都是企业。

茶馆的消费中 70% 以上是要开发票的，开的名目最多的是餐饮，其次是茶叶，再次是会议和茶水。开发票说明买单的是企业，根据发票的金额和类目，也能看出一些规律。

能用餐饮票和茶水票报销的，一般是有市场接待预算的中型规模以上的公司，它们是真正向我们支付了最多费用的客户，来消费的一般是它们的市场人员和销售人员。它们之中附近公司的客户和外地出差来的客户各占一半。开会议票的，通常是小微企业的老板或高管，会议票是拿回去做费用票的。开茶叶票的，则必定是代表公司去送礼，要回去报销的，无论大小规模的公司都有送礼的需求。

从数据上看，茶馆确实是做 To B 生意的，但是如果我们认为企业是我们真正的客户，我们应该主动走进企业去拓展客户群体，那现实会给我们啪啪打脸。当我们主动去找企业谈合作，无论是使用场地的合作，还是定制茶礼的合作，都很难成交并且转化周期很长，更重要的是利润率会被压得很低。

实际的场景是，当企业里某一个客户需要找个安静的地方安排一场会议，于是他通过网络搜索或者朋友转介绍找到了我们，给我们打电话预约了房间。到了当天他们如约来开会，而我们认真地服务了他们，并且通过一些营销策略使这个客户成为我们的会员，他后来就慢慢成了常客，每一次消费之后都会开发票。

这是个典型的 To C 消费的场景，在这个场景中，需求的产生是临时的、消费的额度是弹性的、消费的意愿是随机的，它的整体支付过程和普通人在餐馆里随便多点了或者少点了几个菜没有什么区别。

经过相当长一段时间的观察、思考和实践，我认为茶馆其实存在一个以 To C 的手段来切入 To B 市场的机会。从 To C 到 To B，就是我们常常讲的企业的第二增长曲线。

众所周知，如果一家茶馆能够把多家企业全年的招待预算的大部分拿到手，那它全年的营业额一定可以做得很高。显然，茶馆比起其他公司会有一些竞争优势。对比茶叶店或者市面上的礼品公司，茶馆的优势在于它的实体空间。茶馆可以给企业提供商务会谈的空间，还可以免费或者低价让企业使用。最明显的是地缘优势，就在门店的周边，就有成千上万的各类企业，理论上有开发不尽的客户源。

倘若以一家茶馆为据点，我们就能在它周边几千米之内"扫楼""扫街"，以及投放门店广告，通过这种方式为门店导来企业里的个人客户流量，这是茶馆拓展企业对公业务的第一步。不过不要认为有了第一步就能顺理成章地把企业的定制业务谈下来，这仅仅是开始，但它是一个好的开始，因为第一步就把信任建立起来了，企业客户至少对茶馆的物理空间条件有了了解。

这第一步从周边引流获客其实比较简单，因为客户有商务会谈需求自然会来。难的是下一步的引导和转化，从商务会谈需求转向采购产品需求。如果是老板亲自做服务和做销售的小店，这个问题倒好解决了，因为老板的身份与企业客户更为对等，老板的做事动力又必定比员工强得多，只要老板肯努力，自然会有一些成交。但是老板不亲自做服务的门店，就会存在如何让店内的茶艺师同事来获得 C 端的企业客户，然后转交给 To B 业务同事的问题。

To C 转 To B 的过程中最大的障碍是店里为客户服务的茶艺师，因为：①他们没有受过 To B 销售的培训，不懂 To B 销售的流程和话术，也不懂对他们有什么好处；②他们忙不过来，也没有人专门去衔接和跟踪意向客户的后续服务，并且他们做方案的专业能力也不够。这两个因素就造成了 To C 和 To B 之间的断档，因为人力的不到位，使流程无法跑通。

所以要想不浪费 To C 的流量，就要借助它把周边的 To B 业务需求充分挖掘出来，茶馆需要培养和安排一个专门用来接住这一波流量的人。这个人是一个项目经理，不是一个服务员，他必须懂得怎么让作为一个独立项目的 To B 业务运转起来，他可以是老板，也可以是销售。

人员安排就位之后，最重要的是建好分配机制和操作流程。

分配机制是要解决一线服务员的动力问题，因为 To B 业务最后不是由他们来成交的，他们很可能拿不到这部分收入的提成，自然也就没有什么推广的动力。而且 To B 业务成交的周期又长，很可能一个意向客户从年初维护到年底才有成交，时间长了老板可能都不承认一线服务员的引流价值了，这个最好能通过信息系统来解决，在客户关系上进行明确的标识，使员工有充分的动力主动向客户介绍公司的 To B 业务。

我建议茶馆拿出 To B 业务每一单 5%~10% 的营收（或者利润的 10%~20%）分配给引流的服务员，同时也要约定服务员必须做到哪几个步骤，并为这几个步骤分别设置权重，做到其中哪几步，才能拿到整个提成中相应比例的部分。具体切分方法可以参考本书第 1 章 ITRI 模型中的案例。

操作流程是给一线服务员提供工作方法，让他们一看就懂，一学就会，一用就灵。操作流程只需要服务员做到两点，一是有意识地向客户传递我们可以给企业提供的服务信息，二是有意识地维护客户，平时抓住机会和客户聊天，约客户坐下来喝茶，充分利用好线下的场景和微信朋友圈的经营。

其实工作动力问题解决之后，方法问题就不再是问题，只要激励到位，员工常常会想出比我们设计的更好的方法。

做好细节和把好方向，哪一个更难

随着我们开店的时间越来越长，经营管理的经验越来越丰富，我们会进入一个自相矛盾的阶段。在我们对自己越来越有信心，经营越来越得心应手的同时，我们越来越知道自己在很多层面都没有做好，甚至也没有能力去做好，我们会对行业越来越有敬畏心。

如果你的店还算经营良好，能自给自足，更好的还能有些利润，请你问自己一个问题：我究竟做对了哪些事情，使我还能在市场竞争中活着？

每个老板会有自己的答案，人与人不尽相同。问这个问题的意义，是提醒我们永远不要过分强调自己或者某个人的重要性，永远要多想一想除了我们已知的原因，是否还有我们未知的原因。

顺着这个问题我们就会问出本小节的题目：在团队中，做好细节更难还是把握方向更难？

这个问题有两个层面：其一是从不同的岗位分工来看，做好细节由基层的员工来负责，把握方向由高层的领导来负责，这两种分工是否存在难易的分别。其二是从每个人自身的职业能力发展来看，做好细节是处理好具体的工作任务，包括人、钱、事的方方面面，把握方向是对重要性和紧急性的取舍，是把有限的资源选择投向哪里的取舍，这两方面平衡的度又在哪里。

细节代表了微观，方向代表了宏观，微观可以无限小，宏观可以无限大，它们共同构成了一个可以无限扩展的宇宙。

就茶馆的门店经营来说，宏观难在以下几点。

（1）对未来趋势的预判。企业经营者不可能不做预判，因为判断是决策的前提。但是人们都害怕承担决策失误的后果，这时候就需要勇气和认知。勇气是领导者性格的体现，认知是决定预判准确率的核心。勇气我们不谈，它太主观了，我们决定不了。认知是建立在信息尽可能周全和丰富的基础之上的，是领导者在自己头脑中反复思索而形成的概念，它具有主观倾向性和权变波动性。对未来趋势的预判要求我们快速地获取最大量的信息，同时快速地形成认知和判断，难度非常高。

（2）逻辑分析和抽象提炼。逻辑分析是为了找到问题的根源和解决问题的根本方法，抽象提炼是为了让所有人都能理解，能统一所有人的行动，抽象提炼是在逻辑分析基础之上的高度凝练的语言表达。

逻辑分析的前提是有逻辑，但是大多数人在日常生活工作中是不讲逻辑的。人们最容易出现不讲逻辑的地方是会臆想 A 和 B 之间有关联，然后脑子会去自动建构一套"逻辑"来帮助说服自己 A 和 B 有关联，即便 A 和 B 之间并没有直接的联系。比如在《疑人偷斧》的故事里，主人公在家里找不到斧头，就怀疑邻居偷了自己的斧头，怎么看邻居都像是偷斧头的人，在心里把证据都凑齐了，马上就要去报官了。然后回家一看，原来是自己把斧头放在了一个平时没注意的地方，这时候再看邻居，又怎么看都不像小偷了。这就是很多误会产生的根源。

我们不是搞哲学的，不需要多么高深的逻辑分析能力，我们只需要努力去掌握一点，就是分析出各个事物之间的相关性。我们的目的是分析问题和解决问题，把和问题有关系的原因都列举出来，一个一个地去比对相关性，排除掉相关性弱的，留下相关性强的，再经过集体讨论和时间检验，问题十有八九都能得到解决。

矛盾的是，逻辑有时候也会成为阻碍业务发展的绊脚石，因为讨论分析的过程可能会很长，影响了团体的一致行动，伤害了组织效率。

（3）驾驭复杂问题的能力。在宏观层面，问题会此起彼伏，只有轻重缓急，没有消停之日。驾驭复杂问题，一是要有能力识别我们究竟同时面临哪些问题，它们之间的主次关系是什么，这些问题又分为哪些层次，它们都发展到了什么阶段；二是要有平和的心态去与复杂问题共生，哪些问题必须解决，哪些问题搁置解决，哪些问题部分解决。

宏观的难无法穷举，下面我们再列几项微观的难。

（1）人情世故。例子一大堆：经营管理者自认为对员工很好，可员工就是不领情，表面一套背后一套，怎么看待？我们的产品再好，销售政策再好，员工就是不肯好好卖，卖也卖不好，怎么处理？员工拉帮结派，分裂成两个小团伙，互相掐架，明争暗斗。如果是团队 PK，拉动了业绩还好；要是弄得店里乌烟瘴气，顾客都不愿进门了，你有什么主意能摆平？

人情世故最是难，要求管理者有极高的耐心和同理心。一个大组织，就算简单粗暴地处理，辞退几个人也总有新的人跟上。但是一个小组织，如果简单粗暴地处理，团队凝聚力就永远起不来。

（2）执行到位。不是每个员工的理解力和执行力都很好，也不是每个好员工的状态都能保证一直好。事实上服务业的基层员工 80% 以上都没有达到基本的职业素养要求，需要经营管理者大量的培训、辅导、监督、管理。

就以最基础的卫生工作来说，小店不可能像五星级酒店一样专门安排一个督导来检查确保卫生 24 小时达标，实际情况是经营管理者只要疏于管控一两周，基层员工的卫生标准就会松懈，连客人都会感受到服务质量的下降。

要保障"责任落实到人"不是一句空话，经营管理者要付出的远不是下一句命令这么简单。

（3）节能降损。能源费用和器物损耗是门店经营中不可忽视的成本，这块的成本控制和员工的直接关系不大，所以不好管理，也很难设置明确的边界线。

这里面会持续不断地引发一系列的矛盾，比如有时候器物的破损不是很明显，一个公道杯裂了一条纹，一个品茗杯缺了一个角，可能是某次清洗过程中造成的，但是员工可能没有发现，或者发现了没有主动报告，也没有人每天专门检查。只有破损到不能使用，才被发现。这时候如果去惩罚最后的那个人，她可能会很委屈，带着这种情绪就不会好好工作。但是如果不处罚，损耗率可能又是我们无法接受的，怎么办？

本小节我们不讨论问题的解决方案，只是揭示问题。归根结底，做好细节和把好方向其实一样难。领导和基层，也没有谁比谁更轻松和更高尚，要做好一份工作，我们永远都要心怀敬畏，兢兢业业。

后记　中国茶馆业的核心命题

这是一本倾注心力和情感的书，写作的过程历经三四年，几易其稿，多次重新设计了结构，不断深化和丰富了内容以及案例。

当我完成这本书，我有较强的底气相信这本书揭开和解决了中国茶馆业的一些核心问题，是经得起商业实践检验的。无论是有志于在茶馆行业开创一片天地的企业家，还是在学术上研究中国茶馆行业的学者和文化人，这本书都有很大的参考价值，都能够成为他们放在手边经常翻阅的一部参考书。

我之所以这么说，是基于以下两个原因和自身的双重身份。

其一，我作为水木华饮连锁茶馆的创始人，在真实的商业实践中，从 2017 年开始，截止到 2023 年，我们以企业自有资金前后投入了数千万元的资本，启动了 20 多家自营门店。作为企业一把手，我对行业经营有充分的发言权，而且我对连锁茶馆的整体经营的理解有丰富的实战经验为基础，绝对不是纸上谈兵的学院派理论派。

其二，我在主导经营这家连锁企业的过程中，始终兼顾在宏观和微观的视角去思考茶馆行业的本质、规律和最重要的课题。本书的 14 个章节，正是我从事茶馆行业七八年以来日夜思考所归纳出来的 14 个子课题，对这些课题我均投入了大量的时间做调研，并且与行业内外的高手和专家进行了广泛而深入的交流。

"看似寻常最奇崛，成如容易却艰辛。"这句诗完美地诠释了这本书的成书过程。

相较其他成规模的服务行业，如餐饮行业、酒店行业、美容行业等，我国茶馆行业的整体发展仍处于较低的水平，比较突出的表现在以下几个方面。

第一，缺乏有影响力的行业监管主体或者行业协会。

以目前的监管体系或者社会组织视角，茶馆业往往被视为茶产业中的一部分。所以常见的茶馆业管理协调部门，一般是各地的茶叶流通协会或者茶业企业商会的一个下属专业委员会，或者工商联下设的茶业委员会之下的专委会。

具体来看，目前全国范围内对茶馆行业有一定影响力的社会组织主要有三个：中国茶叶流通协会茶馆专业委员会、中国国际茶文化研究会茶馆专业委员会、国资委商业饮食服务业发展中心茶馆行业办公室。

从它们的名字和归属关系中，我们大致也能看到，如果将茶馆业视为一个行业，它的社会影响力并不大，因此协调和管理茶馆业的社会组织所能调动的资源也不多。这一现状对茶馆业造成的最大问题是茶馆业的从业者对自身身份的认识不到位，不利于形成一个相对独立的行业共识。

事实上把茶馆业视为茶产业的一个子集的观念本身并不太站得住脚，因为茶馆业的主要收入来源是提供服务，而并非销售茶叶产品。

中国有总计超过 200 万家茶馆，这个数量可能远远超出普通人的认知，像在成都这样茶馆盛行的城市，在市区几乎走几步就是一家茶馆，一条街上能看到的茶馆比餐馆还多。如果单独统计茶馆所产生的 GDP，至少不会低于 1 万亿元人民币，这个数字实际上大于目前茶产业的整体规模。

所以现有的行业分类管理方式并不能正确反映茶馆行业在社会经济生活中的地位，行业的发展需要地位更高，更具社会影响力的行业监管主体或者行业协会。

第二，现有的行业标准在行业内缺乏认可度和约束力。

以 2013 年商务部牵头制订的《茶馆等级划分与评定》（SB/T 11072—2013）国家行业标准为例，该标准是依据茶馆企业规模、设备设施、技术力量、茶叶及茶水质量、服务能力、管理水平以及环境卫生状况等划分为五个等级，用星的数量表示茶馆的等级，即一星级、二星级、三星级、四星级、五星级，最低为一星级，最高为五星级。

截至 2023 年，全国范围内参与评星的茶馆只有 500 多家，相较全国总量的 200 多万家，可见这一标准在全国范围的认知度、认可度仍处于非常初级的阶段，发展的速度也比较缓慢，所以还没有产生足够的影响力，更不用说约束力。

行业标准的提出和制定，其目的就是规范行业的经营，提升行业的发展水准。但是行业标准的推动同样主要依靠的是商业的力量，需要资金和人力的支持，目前的运作模式显然不能支持行业标准的广泛落地。

第三，行业没有能起到引领作用的龙头企业。

每一个能够健康发展且发展势头良好的行业，势必会涌现出一个或若干个龙头企业。它们的基础特点是营收总额大、人员数量多、利税数额大、技术水平高、社会影响大等。龙头企业对社会资源有着极强的吸附作用，能够把资本、人才、需求、机会都聚拢在自己身边，而且对带动一个行业的整体发展有着至关重要的作用。

龙头企业的营收规模通常都在百亿以上。即便茶产业里还没有出现百亿规模的企业，也有数十亿规模的茶叶企业，但是茶馆企业在数量如此庞大的前提下，至今还没有出现十亿规模以上的连锁茶馆集团或者大型综合茶馆集团。

这种现象的背后，既有茶馆行业在改革开放之后重新发展起步较晚的历史原因，也有茶馆行业本身市场需求总体有限而分散的现实原因。

第四，行业总体的盈利能力偏弱。

全国的茶馆数量虽然庞大，但是真正实现稳定盈利的占比不高，大多数茶馆处在勉强维持，甚至持续亏损的状态。

换作餐馆酒店，如果持续亏损，一般早就关门止损了，为什么很多亏损的茶馆仍旧可以一直开着呢？这也反映了茶馆业在服务业中的一些特殊性。

其一，有相当大比例的茶馆经营者并不以开茶馆为自己的主业，只是把茶馆作为接待客户的场所，他们是可以用自己的主业来补贴茶馆的亏损的。

其二，茶馆历来有要用三年来养店的说法，前面可能需要用好几年来培养客户，但是后面客户累积到一定数量所形成的复利效应，能让茶馆越来越轻松地活下去，并且茶馆的装修折旧系数低，并不需要像餐馆酒店那样每隔几年就重新装修。

这种特殊的业态和并不激烈的竞争环境，造就了茶馆行业整体的盈利能力偏弱，自然也就限制了行业的发展。

第五，缺乏对现代企业管理理念和工具的运用。

所有的行业问题并非孤立存在，而是环环相扣的。

茶馆行业目前仍以个体户、夫妻店为主，自然对现代企业经营管理所要求的财务制度、库存制度、员工管理制度等心有余而力不足，对信息化数字化的管理工具，如智慧门店管理系统、网络新零售等，也不敏感，甚至持排斥的态度。

整个行业缺少一种向未来投资的态度，目光短浅、小富即安，只想赚眼前的钱，不考虑长远的收益。对各项投入的价值认识，有很大的偏颇，例如只愿意投到看得见的装修和茶叶上，不愿意投到看不见的人才培养和系统建设上，如此下来，加上茶馆行业本身竞争环境相对并不激烈，这个行业的发展水平相比高竞争性的其他行业就更是偏向低下。

各位请注意，上述五个核心问题并不能完全概括中国茶馆业在当下这一发展阶段的所有情况，但是作为一个行业的深度从业者，你应该对这五个问题有深刻的感受和一定的理解。

时间走到 2023 年的今天，正是一个新时代的转折点。我们在这几年经历了疫情、经济起伏、国潮兴起，我们发现中国文化的魅力越来越被人们认识到，越来越多的年轻人有了文化自信，社会也越来越认识到，要讲好中国故事，实现中华传统文化的繁荣昌盛，离不开茶叶这片小小的叶子。

凡是接触过茶和茶文化的人，都会不自觉地认识到，茶也许是传播传统文化最好的媒介。如果说茶是文化传播的媒介，那么茶馆就是文化传播的道场。如果说茶是文化传播的武器，那么茶馆就是文化传播的阵地。

中国的茶馆业从未像今天这样肩负着双重使命，那就是实现中华民族伟大复兴当中的产业振兴和文化兴盛。为了能担当这双重使命，今天的中国茶馆业亟需一场高质量发展的变革。那么我们作为茶馆业的经营者和研究者，如何为中国茶馆业在新时代实现高质量发展贡献自己的一份力量？

我在上文提到的五个问题，都是我们在未来将要持续投入大量时间、资本和资源去攻克的难题。其中任何一个问题的部分解决，对于中国茶馆业的未来都有重大的意义。鉴于此，我期望自己倾注心力写下的这本书，能成为中国茶馆业在今天这一特定的历史阶段实现跨越式发展的一个注脚。